O SOL AINDA BRILHA

Anthony Ray Hinton
com Lara Love Hardin

A HISTÓRIA REAL DO HOMEM QUE
PASSOU 30 ANOS NO CORREDOR DA MORTE
POR CRIMES QUE NÃO COMETEU

TRADUÇÃO DE
Luis Reyes Gil

VESTÍGIO

Copyright © 2018 Anthony Ray Hinton
Copyright do prefácio © 2018 Bryan Stevenson
Copyright © 2019 Editora Vestígio

Título original: *The Sun Does Shine – How I Found Life and Freedom on Death Row*

Todos os direitos reservados pela Editora Vestígio. Nenhuma parte desta publicação poderá ser reproduzida, seja por meios mecânicos, eletrônicos, seja via cópia xerográfica, sem a autorização prévia da Editora.

GERENTE EDITORIAL *Arnaud Vin*	REVISÃO *Eduardo Soares*
EDITOR ASSISTENTE *Eduardo Soares*	CAPA *Pete Garceau*
ASSISTENTE EDITORIAL *Pedro Pinheiro*	ADAPTAÇÃO DE CAPA ORIGINAL *Diogo Droschi*
PREPARAÇÃO DE TEXTO *Pedro Pinheiro*	DIAGRAMAÇÃO *Larissa Carvalho Mazzoni*

Dados Internacionais de Catalogação na Publicação (CIP)
Câmara Brasileira do Livro, SP, Brasil

Hinton, Anthony Ray
 O sol ainda brilha : a história real do homem que passou 30 anos no corredor da morte por crimes que não cometeu / Anthony Ray Hinton, com Lara Love Hardin ; tradução Luis Reyes Gil. -- 1. ed. -- São Paulo : Vestígio, 2019.

 Título original: The Sun Does Shine : How I Found Life and Freedom on Death Row.

 ISBN 978-85-54126-25-4

 1. Corredor da morte - Estados Unidos 2. Erro judicial - Estados Unidos 3. Discriminação e relações raciais 4. Hinton, Anthony Ray - Prisão 5. Presidiários do corredor da morte - Estados Unidos - Biografia I. Hardin, Lara Love. II. Título.

19-23972   CDD-364.66092

Índices para catálogo sistemático:
 1. Condenados no corredor da morte : Biografia 364.66092
      Iolanda Rodrigues Biode - Bibliotecária - CRB-8/10014

A **VESTÍGIO** É UMA EDITORA DO **GRUPO AUTÊNTICA**

São Paulo
Av. Paulista, 2.073, Conjunto Nacional, Horsa I
23º andar . Conj. 2310-2312 .
Cerqueira César . 01311-940 São Paulo . SP
Tel.: (55 11) 3034 4468

Belo Horizonte
Rua Carlos Turner, 420
Silveira . 31140-520
Belo Horizonte . MG
Tel.: (55 31) 3465 4500

www.editoravestigio.com.br

*Para minha mãe, Buhlar Hinton.
Que possamos todos amar tão
incondicionalmente quanto ela amou.*

Prefácio 9
por Bryan Stevenson

1. Crime capital 14
2. Clássico americano 31
3. Um *test drive* de dois anos 45
4. O assassino do refrigerador 58
5. Culpa premeditada 72
6. Toda a verdade 78
7. Condenado, condenado, condenado 91
8. Fique de boca fechada 103
9. Apelação 113
10. O esquadrão da morte 127
11. Aguardando a morte 141
12. A rainha da Inglaterra 151
13. Nenhum monstro 163
14. O amor é uma língua estrangeira 175
15. Vá ao alto da montanha dizer isso 186
16. Extorsão 197
17. O melhor advogado de Deus 207
18. Examinando as balas 216
19. Cadeiras vazias 227
20. Divergência 250
21. Eles matam você às quintas-feiras 263
22. Justiça para todos 273
23. O sol ainda brilha 280
24. Bata nas barras 288

Epílogo 294
Agradecimentos 312

PREFÁCIO

NO DIA 3 DE ABRIL DE 2015, Anthony Ray Hinton foi libertado da prisão depois de quase trinta anos em confinamento solitário no corredor da morte do Alabama. O senhor Hinton é um dos prisioneiros americanos que ficou mais tempo preso à espera de execução antes de sua inocência ser provada e ele ser libertado. A maioria de nós sequer consegue imaginar o que é ser detido, acusado de ter cometido algo horrível, ir para a prisão, ser condenado injustamente, não ter dinheiro suficiente para se defender e acabar sentenciado à morte. Para a maioria, é algo inconcebível. Mas é importante compreender que isso acontece nos Estados Unidos e que mais pessoas precisam fazer algo para evitar que se repita.

O senhor Hinton cresceu pobre e negro na zona rural do Alabama. Aprendeu a ser um observador perspicaz e atento das duras realidades da segregação Jim Crow[1] e da maneira como o preconceito racial coagia a vida das pessoas não brancas. Foi ensinado por sua mãe notável a nunca levar em consideração a raça ou julgar as pessoas pela cor. Resistiu intensamente à ideia de que havia sido detido, acusado e condenado injustamente por causa de sua raça, mas acabou não tendo

---

[1] De 1876 a 1965, nos estados do sul dos EUA vigoraram as chamadas Leis de Jim Crow, que institucionalizaram a segregação racial, afetando afro-americanos, asiáticos e outros grupos étnicos. Na segregação da "época Jim Crow" as leis estipulavam a rígida separação entre brancos e negros nas escolas e na maioria dos locais e serviços públicos. [N.T.]

como aceitar outra explicação. Era um homem pobre num sistema de justiça criminal que trata você melhor se você é rico e culpado do que se for pobre e inocente.

Ele foi abençoado com um extraordinário senso de humor, que usa para superar as barreiras raciais que condenam tanta gente. Viveu com a mãe até perto dos 30 anos de idade e era trabalhador autônomo. Nunca havia sido acusado de nenhum ato violento antes de ser detido.

Uma noite, enquanto trabalhava no armazém de um supermercado limpando o piso em Bessemer, Alabama, um gerente de restaurante, a 25 quilômetros dali, foi sequestrado, roubado e levou um tiro de um único bandido armado ao sair do trabalho. A vítima sobreviveu e mais tarde identificou indevidamente o senhor Hinton como a pessoa que o havia roubado. Apesar de o senhor Hinton estar trabalhando a quilômetros da cena do crime, numa instalação segura, com um guarda que registrava todo mundo que entrava e saía de lá, a polícia foi até a casa da mãe dele, onde encontraram um velho revólver calibre .38. Os funcionários forenses do estado do Alabama asseguraram que aquela arma havia sido usada não só naquele roubo recente, mas também em dois outros homicídios na região de Bessemer, quando gerentes de restaurantes foram roubados e mortos quando fechavam o estabelecimento. Com base nessa evidência da arma, o senhor Hinton foi detido e indiciado pelos dois homicídios, e os promotores do estado anunciaram que iriam aplicar a pena de morte. O senhor Hinton foi submetido a um teste no polígrafo (o chamado "detector de mentiras"), realizado pela polícia; o teste confirmou sua inocência, mas as autoridades do estado ignoraram tanto essa informação quanto seu álibi e seguiram adiante, conseguindo duas condenações e a sentença de morte.

No julgamento, o advogado nomeado para defendê-lo não conseguiu um especialista competente para refutar as falsas alegações do estado a respeito da arma de sua mãe. Durante quatorze anos, ele não conseguiu obter a ajuda legal de que precisava para provar sua inocência. Conheci o senhor Hinton em 1999, e ele me causou forte impressão. Ponderado, sincero, compassivo, engraçado, foi fácil querer ajudar Anthony Ray Hinton, embora fosse preocupante ver o quanto seria difícil obter sua libertação.

Trabalhei com a minha equipe na Equal Justice Initiative para envolver três dos maiores examinadores de armas de fogo do país, e todos testemunharam que a arma obtida na casa da mãe do senhor Hinton não podia ser associada à evidência do crime. Foram necessários mais quatorze anos de contestação processual e uma rara decisão unânime da Suprema Corte dos EUA para que ele fosse libertado em 2015. Durante esse tempo no corredor da morte do Alabama, ele viu 54 homens passarem diante da porta de sua cela a caminho da execução. A câmara ficava a nove metros de sua cela.

Durante seus longos anos no corredor da morte do Alabama, Ray Hinton teve o apoio de um amigo de infância que nunca deixou de visitá-lo no decorrer de quase trinta anos. Lester Bailey fez questão de que ele nunca se sentisse sozinho ou abandonado. O senhor Hinton aprendeu a se envolver com aqueles a sua volta e criou uma identidade no corredor da morte diferente de qualquer coisa que eu já tenha visto. Não só moldou a vida de dezenas de outros prisioneiros do corredor, mas também a de funcionários do sistema prisional que procuravam seus conselhos e orientação sobre tudo, desde casamento a questões de fé e às vicissitudes do cotidiano.

Embora seu caso tenha gerado anos de desapontamento e frustração para o senhor Hinton e tenha me tirado o sono durante muitas noites depois de cada decisão legal contrária, nós dois podíamos ser vistos frequentemente morrendo de rir na sala de visitas da Prisão Estadual de Holman. Tal é o extraordinário poder de Ray Hinton e sua impressionante energia.

No decorrer de minha carreira estive em inúmeras prisões e cadeias visitando centenas de clientes. Em geral, sou ignorado ou meramente tolerado pelos funcionários de penitenciárias nessas ocasiões. Já houve vezes em que fui assediado ou desafiado por membros da equipe prisional, que com frequência se ressentem de que as pessoas encarceradas recebam visitas de advogados. Visitar Ray Hinton foi, para mim, diferente de qualquer outra visita legal. Nunca vi tantos guardas, pessoal penitenciário e trabalhadores das prisões me chamando de lado para oferecer auxílio ou para me perguntar de que modo poderiam ajudar, durante os muitos anos em que trabalhei com Ray. Nunca tive uma experiência parecida com essa.

Representei muitos prisioneiros condenados durante meus trinta anos de prática judiciária. Muitos de meus clientes eram pessoas inocentes, culpadas ou condenadas erroneamente. No entanto, ninguém que eu tenha representado inspirou-me mais do que Anthony Ray Hinton, e acredito que sua história fascinante e única irá também inspirar nossa nação e leitores ao redor do mundo.

Ler sua história é algo difícil, mas necessário. Precisamos saber de coisas sobre nosso sistema de justiça criminal, sobre o legado do preconceito racial nos Estados Unidos e sobre a maneira como isso pode nos impedir de oferecer um tratamento justo e leal às pessoas. Precisamos entender os perigos da política do medo e da raiva, que criam sistemas de pena capital como o nosso, e a dinâmica política que tem feito alguns tribunais e autoridades agirem de maneira tão irresponsável. Precisamos também aprender mais sobre dignidade humana, sobre o que significa ser humano, sobre o valor disso. Precisamos refletir sobre o fato de que somos todos mais do que a pior coisa que tenhamos feito. A história de Anthony Ray Hinton nos ajuda a compreender alguns desses problemas e também, em última instância, o que significa sobreviver, superar e perdoar.

Desde a sua libertação, Ray Hinton tornou-se um orador extraordinário, e tem tido um impacto em suas plateias capaz de modificar suas vidas. Tem uma capacidade rara de combinar humor, emoção profunda e uma narrativa fascinante, que faz as pessoas compartilharem sua jornada cheia de agonia, mas triunfal.

Sua mensagem de perdão é transformadora, e tenho visto ele inspirar grupos de pessoas diversas, de delegados de polícia e promotores insensíveis a adolescentes e estudantes em situação de risco.

Sua história é sobre perdão, amizade e triunfo. Ela acontece em meio a racismo, pobreza e a um sistema de justiça criminal não confiável. O senhor Hinton apresenta-nos a narrativa de um homem condenado, moldado por uma jornada dolorosa e torturante às portas da morte, que mesmo assim se manteve esperançoso e soube perdoar e ter fé. Este livro é sobre uma espécie de milagre, porque houve vários momentos em que eu acredito que tanto eu quanto ele tivemos receio de que ele não iria sobreviver para contar sua história. Devemos ser gratos por ele ter sobrevivido, porque seu testemunho, sua vida e sua jornada são uma inspiração inesquecível.

Bryan Stevenson, advogado

1

CRIME CAPITAL

"Mas, mais ainda do que as provas, eu nunca havia tido uma sensação tão forte de que o acusado simplesmente irradiava culpa e pura maldade ao julgar qualquer outro caso quanto tive no julgamento de Hinton."
Promotor Bob McGregor

NÃO HÁ COMO SABER O EXATO SEGUNDO em que sua vida muda para sempre. Só dá para começar a entender esse momento olhando para trás. E, acredite em mim, você nunca, jamais, o vê chegar. Será que minha vida mudou para sempre no dia em que fui detido? Ou foi antes disso? Será que esse dia foi apenas a culminação de toda uma série de momentos fatídicos, escolhas ruins e falta de sorte? Ou será que o rumo da minha vida foi determinado pelo fato de eu ser negro e pobre e crescer num Sul que nem sempre se dispôs a agir com civilidade, mesmo após a implantação dos direitos civis? É difícil dizer. Quando você é obrigado a passar o resto da vida num quarto do tamanho de um banheiro – um quarto de um metro e meio por dois –, você tem tempo de sobra para repassar os momentos da sua vida. Para imaginar o que poderia ter acontecido se você tivesse fugido quando vieram atrás de você. Ou aceitado aquela bolsa para jogar beisebol. Ou casado com aquela garota quando teve a chance. Todos nós fazemos isso. Repassamos os momentos horríveis das nossas vidas e os reimaginamos indo para a esquerda e não para a direita, com tal pessoa em vez daquela, fazendo escolhas diferentes. Não é preciso estar trancafiado para ocupar a mente e os dias tentando reescrever um passado doloroso, desfazer uma terrível tragédia ou corrigir um erro. Mas dor, tragédia e injustiça são coisas que acontecem – acontecem com todos. Eu gostaria de acreditar que o que importa é o que você escolhe fazer depois de uma experiência dessas – que é isso o que de fato muda sua vida para sempre.

Eu realmente gostaria de acreditar nisso.

Prisão do Condado de Jefferson, 10 de dezembro de 1986

Minha mãe se sentou do outro lado da parede de vidro que nos separava, e destoava do ambiente com suas luvas cor de marfim, o vestido florido verde e azul e o chapéu azul largo, circundado por uma fita branca. Ela sempre se vestia para ir à cadeia como quem vai à igreja. Mas se vestir bem e ter maneiras impecáveis sempre foram boas armas no Sul. E quanto maior o chapéu, mais determinada ela estava. Aquela mulher usava chapéus mais altos que os do papa. Olhando minha mãe na sala de visitas, era difícil dizer que, em sua própria maneira sulista, ela estava armada até os dentes e pronta para a batalha. Durante o julgamento e até nos dias de visita, ela parecia um pouco deslumbrada e confusa com tudo aquilo. Estava daquele jeito desde minha prisão um ano e meio antes. Lester achava que ela ainda estava em choque. Lester Bailey e eu somos amigos desde que ele tinha 4 anos de idade e nossas mães disseram para a gente ir lá fora brincar juntos. Eu tinha 6 anos e me achava velho demais para brincar com um garotinho de 4. Mas mesmo que eu tenha tentado afastá-lo de mim naquele primeiro dia, ele ficou comigo. Vinte e três anos depois, ele ainda estava grudado em mim.

Em cada visita, era como se minha mãe não conseguisse compreender por que eu ainda estava na cadeia. Três meses antes, eu havia sido julgado culpado de roubar e assassinar duas pessoas. Fazia, portanto, três meses que doze pessoas tinham decidido que eu não prestava e que esse mundo de algum modo seria um lugar melhor se eu não estivesse mais nele. Sua recomendação era que eu fosse assassinado. Sim, a maneira mais aceitável de dizer isso é "sentenciado à morte". Mas vamos chamar as coisas pelo que são. Eles queriam me assassinar porque eu havia cometido assassinato.

Só que eles tinham pego o cara errado.

Eu estava trabalhando no turno da noite num armazém fechado quando o gerente de um restaurante Quincy's, a 25 quilômetros dali, foi sequestrado, roubado e baleado. Fui identificado erroneamente. A polícia alegou que um revólver velho, calibre .38, da minha mãe era a arma do crime. O estado do Alabama afirmou que essa arma havia sido usada não só no assalto do Quincy's e na tentativa de assassinato, mas também em dois outros homicídios na área, quando dois gerentes de restaurante haviam sido roubados no final do expediente, enfiados à força em refrigeradores e depois assassinados. Aquela velha arma que minha mãe guardava, eu acho que fazia 25 anos que ela não era usada. Talvez mais. Eu nunca me envolvera sequer em uma briga, mas, agora, era não só um assassino como também o tipo de assassino a sangue-frio que aponta uma arma para a cabeça de alguém, puxa o gatilho por algumas centenas de dólares e depois simplesmente vai cuidar da vida como se nada tivesse acontecido.

Deus sabe que minha mãe não criou nenhum assassino. E durante aqueles meses esperando a sentença oficial do juiz, sua atitude era a mesma de antes de eu ser declarado culpado. Será que ela sabia que apenas uma audiência me separava da câmara da morte? Não falávamos sobre isso, e na verdade eu não tinha certeza se era ela que fingia não saber por minha causa ou se eu é que fingia por causa dela, ou se simplesmente estávamos os dois tão envolvidos nesse pesadelo que nenhum de nós sabia de fato como enfrentar o que havia acontecido.

– Quando é que você vem pra casa, querido? Quando é que eles vão deixá-lo vir pra casa?

Eu olhei para Lester, que estava em pé atrás da minha mãe, com uma mão descansando no ombro dela enquanto ela segurava o fone na orelha direita. Ele geralmente vinha sozinho me ver, e minha mãe vinha com minha irmã ou a vizinha. Toda semana, Lester era o primeiro da fila nos dias de visita, passando por lá em seu caminho para o trabalho para dizer alô e colocar algum dinheiro na minha conta na prisão para que eu tivesse o essencial. Ele vinha fazendo isso havia um ano e meio, rigorosamente toda semana, sem falta. Era o primeiro a chegar ali, sempre. Ele realmente era o melhor amigo que um cara poderia ter. O melhor.

    Lester olhou para mim, deu de ombros e então balançou um pouco a cabeça. Minha mãe sempre perguntava quando é que "eles" iam me deixar voltar para casa. Eu era o bebê da família – o bebê dela. Até a minha prisão, ficávamos juntos todos os dias. Íamos à igreja juntos. Fazíamos as refeições, dávamos risada juntos, rezávamos juntos. Ela era absolutamente tudo para mim, e eu para ela. Eu não conseguia pensar em nenhum grande momento da minha vida em que minha mãe não estivesse do meu lado, me animando. Em todos os jogos de beisebol. Antes das provas e das apresentações na escola. Na formatura. Quando eu voltava para casa depois de trabalhar na mina de carvão, ela estava sempre lá esperando para me abraçar, por mais sujo que eu estivesse. No meu primeiro dia de trabalho na loja de móveis, ela acordou cedo, preparou meu café da manhã e embrulhou o almoço para eu levar. Esteve em todos os dias do meu julgamento. Sorrindo para todo mundo naquela sala de tribunal, com seu melhor vestido, com o tipo de amor que simplesmente parte em mil pedaços o coração de qualquer homem. Ela acreditava em mim – sempre acreditou, sempre teria acreditado. Mesmo naqueles dias. Mesmo que um júri tivesse me julgado culpado, ela ainda acreditaria em mim. Eu podia sentir um nó se formar na minha garganta e meus olhos começarem a arder. Ela e Lester eram provavelmente as únicas pessoas no mundo que sabiam o que eu sabia: eu era inocente. Eles não se importavam que a imprensa me pintasse como uma espécie de monstro. O fato de essas duas pessoas nunca terem duvidado um segundo de mim – bem, basta dizer que eu me agarrava a essa ideia como se a minha vida dependesse disso. Mas mesmo que eu fosse culpado, mesmo que tivesse matado aquelas duas pessoas a sangue-frio por um pouco de dinheiro, minha mãe e Lester ainda teriam continuado a me amar e a acreditar em mim. Eles ainda estariam bem ali onde estavam. O que um homem faz com um amor como esse? O que ele faz?

    Eu olhei para baixo até conseguir me controlar. Vinha fazendo o possível para manter meus sentimentos e emoções sob controle durante todo o julgamento, porque não queria deixar minha mãe angustiada. Não queria que ela me visse chorando. Não queria que sentisse meu medo ou minha dor. Minha mãe sempre tentara me proteger, aliviar minha dor. Mas aquela dor era demais até mesmo para que o amor de uma mãe pudesse atenuá-la. Eu não podia fazer isso com ela. Eu não faria isso, não importava o quanto eles me forçassem. Era tudo o que me restara, tudo o que eu podia dar naquela hora.

Depois de alguns momentos, levantei a cabeça de novo e sorri para minha mãe. Então o meu olhar e o de Lester se cruzaram outra vez.

Ele balançou a cabeça de novo.

Quando você conhece um cara há tanto tempo quanto eu conheço o Lester, desenvolve uma espécie de linguagem sem palavras. Eu havia pedido a ele que não deixasse ninguém falar com minha mãe a respeito da minha sentença. Minha irmã quis sentar com ela e fazê-la entender que eles poderiam decretar minha morte e que eu nunca mais iria voltar para casa. Fazer com que ela encarasse essa realidade e lidasse com ela. Lester interrompeu toda essa conversa. Eu voltaria para casa um dia. Eu não queria que minha mãe perdesse a esperança. Não há lugar mais triste para se estar no mundo do que um lugar onde não há esperança.

Quando Lester vinha me visitar sozinho, eu e ele podíamos conversar livremente – bem, tão livremente quanto dois caras podem conversar quando todas as suas palavras estão sendo gravadas. Tínhamos uma espécie de código. Mas desde que fui sentenciado, isso parecia não ter mais importância. O tempo corria, então falávamos sobre as minhas opções abertamente.

Eu coloquei minha mão em cima do vidro grosso que me separava da minha mãe e ajustei o fone na minha orelha. Ela inclinou-se para a frente e estendeu o braço dela de modo que sua mão parecesse pressionada contra a minha do outro lado da parede de vidro que nos separava.

– Logo, mãe – eu disse. – Estão cuidando disso. Tenho intenção de voltar logo para casa.

Eu tinha um plano. Lester sabia. Eu sabia. Deus sabia. E isso era tudo o que importava. Agora que eu tinha deixado de lado toda a tristeza, podia sentir a raiva crescendo dentro de mim e lutando para sair. Ela vinha em ondas desde a minha prisão. À noite, eu rezaria de novo.

Rezaria pela verdade. Rezaria pelas vítimas. Rezaria por minha mãe e por Lester. E rezaria para que o pesadelo no qual eu vivia fazia quase dois anos terminasse de algum jeito. Não havia dúvidas sobre qual seria a minha sentença, mas eu ainda assim rezaria por um milagre e tentaria não criticar esse milagre se não fosse o que eu esperava.

Era o que minha mãe sempre havia me ensinado.

Tribunal do Condado de Jefferson, 15 de dezembro de 1986

Não era nada menos que um linchamento – um linchamento legal, mas mesmo assim um linchamento. A raiva que eu me esforçara tanto para reprimir e que rezara para afastar estava de volta com toda a força. Meu único crime era ter nascido negro, ou ter nascido negro no Alabama. Para onde eu olhasse no tribunal, via rostos brancos – um mar de rostos brancos. Paredes brancas, mobília branca e rostos brancos. A sala do tribunal era impressionante, intimidava. Eu me sentia um visitante não convidado na biblioteca de um homem rico.

É difícil explicar exatamente qual é a sensação quando você está sendo julgado. Há uma vergonha. Mesmo quando você sabe que é inocente. Ainda assim dá a sensação de que você está coberto por algo sujo e mau. Eu me sentia culpado. Sentia como se minha própria alma estivesse sendo julgada e considerada falha. Quando parece que o mundo inteiro te acha um cara mau, é difícil você se conectar com seu lado bom. Mas eu tentava. Deus sabe que eu tentava. Passei a aparecer nos jornais de Birmingham desde o momento da minha detenção e depois ao longo de todo o julgamento. A imprensa me julgara culpado desde o segundo em que eu havia colocado os pés para fora do quintal da minha mãe. Assim como os detetives da polícia, os especialistas e o promotor – um homem de aspecto triste, com um queixo afilado, papada e uma palidez que dava a impressão de que ele nunca havia saído de casa na vida.

Bem, se eu tivesse que julgar alguém como mau naquela sala de tribunal, teria sido o promotor McGregor. Havia uma maldade saindo daqueles olhos pequenos, bem juntos – um ódio que era forte, tenso e instável. Dava a impressão de que ele poderia atacar a qualquer momento, como uma espécie de doninha raivosa. Se ele tivesse como me executar ali mesmo, naquela hora, teria feito isso e depois sairia para almoçar sem pensar mais no assunto. E então havia o juiz Garrett. Era um homem grande; mesmo naquela sua roupa preta folgada, parecia abarrotado e desconfortável. Tinha uma vermelhidão nas bochechas. Ele se pavoneava e bufava e fazia um grande espetáculo de qualquer coisa, mas era tudo uma farsa.

Ah, sem dúvida, todos eles apenas cumpriam o rito formal. Por quase duas semanas, fizeram desfilar testemunhas e especialistas e nos fizeram passar por toda a série de procedimentos da cadeia de custódia e da apresentação de provas, de A a Z, e tudo isso, eu imagino, dava legitimidade a uma conclusão já decidida de antemão. Eu era culpado. Era um inferno: no que dizia respeito à polícia, ao promotor, ao juiz e até mesmo ao meu próprio advogado de defesa, eu já nascera culpado. Preto, pobre, sem pai a maior parte da minha vida, um de dez filhos – na realidade era bem impressionante que eu tivesse chegado aos 29 anos sem uma corda no pescoço.

Mas a justiça é uma coisa engraçada, e no Alabama a justiça não é cega. Ela sabe qual é a cor da sua pele, qual é seu grau de instrução, e quanto dinheiro você tem no banco. Eu podia não ter dinheiro nenhum, mas tinha instrução suficiente para entender muito bem como a justiça estava operando naquele julgamento e qual seria exatamente seu desfecho. Os bons e velhos rapazes haviam trocado suas vestes brancas por roupas pretas, mas ainda se tratava de um linchamento.

– Meritíssimo, a acusação encerra.

– Certo, algum testemunho para a defesa?

Assisti incrédulo ao meu advogado se abster de questionar o segundo oficial de justiça, que acabara de mentir a meu respeito sob juramento. Eu nunca havia dito a nenhum dos dois oficiais de justiça que sabia como passar incólume pelo teste do polígrafo. Eu passara quase dois anos aguardando o julgamento – determinado a não falar com ninguém a respeito de qualquer coisa que tivesse a ver com meu caso –, e agora, no corredor do lado de fora do tribunal, eu teria supostamente confessado a um oficial de justiça que havia trapaceado para poder passar no teste do polígrafo, um teste que o estado proibira de ser aceito porque havia provado que eu era inocente? Não fazia sentido. Nada daquilo fazia sentido.

Meu advogado deu as costas ao juiz e olhou para mim.

– Você quer testemunhar?

Pude ver o oficial de justiça dando um sorriso forçado ao sair do banco das testemunhas. Se eu queria testemunhar? Eles estavam prestes a me dar uma sentença de morte, e ninguém falava em minha defesa. Havia coisas que precisavam ser registradas. Meus pulsos estavam acorrentados e algemados, uma corrente pesada ligando-as às algemas em volta dos meus tornozelos. Por um momento, imaginei enrolar aquela corrente em volta do pescoço de todos eles, mas então parei de apertar os punhos e juntei as palmas das mãos como se rezasse. Eu não era um assassino. Nunca fora, nunca seria. Olhei para o júri; para McGregor, que olhou para mim com ódio e falso moralismo; para o juiz, que parecia acalorado e com muito tédio. Eu passara bons anos dando testemunho a Deus na igreja, e agora era hora de testemunhar a meu favor, mesmo naquele tribunal.

Fiz que sim com a cabeça para meu advogado.

– Sim – eu disse, um pouco mais alto do que queria. Dentro da minha cabeça, eu estava gritando, *Raios, sim!*, e sem querer acabei batendo minhas correntes contra a mesa ao levantar da cadeira.

– Seria possível que ele tivesse as algemas removidas, senhor Juiz?

Finalmente meu advogado fazia algo por mim. Lutava um pouco. Eu sabia àquela altura que ele procedia assim mais para manter as aparências e conseguir alguma coisa do que por acreditar em mim. Quando lhe passaram meu caso e disseram que iriam pagar 1.000 dólares, ouvi-o murmurar "Isso não paga nem meu café da manhã". Ele cumpria o roteiro, mas eu sabia que não se importava nem um pouco com aquilo. Talvez me achasse culpado, ou então para ele era indiferente qualquer das opções. Eu era apenas outra pasta de arquivo numa grande pilha de pastas. Estávamos juntos havia quase dois anos, mas ele não me conhecia. Não de verdade. Não da maneira que você quer que alguém te conheça quando sua vida está nas mãos dele. Mesmo assim, eu precisava dele. Ele sabia disso, e eu sabia disso. Então eu era educado e respeitoso. Mesmo que as coisas corressem hoje da maneira que todo mundo sabia que iriam correr, ainda assim eu precisaria dele.

Estendi os pulsos para o oficial de justiça. Ele sorriu outra vez enquanto abria as algemas. Pelo canto do olho, pude ver minha mãe na segunda fileira. Lester sentava de um lado dela, e minha irmã Dollie, do outro. Nossa vizinha Rosemary também estava ali. Olhei por cima do ombro enquanto as algemas iam sendo retiradas e ela me fez um pequeno aceno. Olhei para Lester e ele assentiu, com um gesto sutil de cabeça. Tínhamos uma cartada final em mente.

Caminhei até o banco das testemunhas e virei-me para olhar para a sala do tribunal. Eu estava feliz por ser capaz de ver minha mãe e encará-la olho no olho. Ela sorriu para mim, e senti meu coração apertar. Meu Deus, quanta falta eu ia sentir dela. Por mais que ela sorrisse, eu sabia que ela estava assustada, e que para ela todo aquele trololó jurídico deveria ser como uma língua estrangeira. Quando minha mãe saiu da última visita, achou graça eu dizer que logo estaria em casa sentado na nossa mesa e comendo um dos bolos que ela fazia domingo à tarde. Ela preparava um bolo tão bom que teria feito o próprio capeta confessar seus pecados e implorar perdão só para ganhar um pedaço. Às vezes, tarde da noite, eu fechava os olhos e via aquele bolo vermelho dela, de beterraba, com cobertura de creme de manteiga, com tanta clareza na minha mente que juro que sentia até o cheiro da manteiga e do açúcar. Minha imaginação sempre foi uma bênção e uma maldição, as duas coisas. Ajudou-me a superar algumas fases difíceis enquanto eu crescia, mas também me valeu alguns problemas. Nada, porém, como a encrenca em que eu estava metido agora.

Todo dia desde que tinham me prendido eu pensava *Vai ser hoje. Eles vão saber que eu estava no trabalho. Vão encontrar o cara que realmente fez isso. Alguém vai acreditar em mim.*

Era tudo apenas um pesadelo do qual eu não conseguia acordar.

Sorri de volta para a minha mãe, e então olhei para McGregor. Ele já estava havia um tempão olhando fixo para mim. Era uma tática famosa dele. Olhar fixo para o réu até ele se acovardar. Mostre a ele quem é o líder da matilha. Bom, eu não era um cachorro, e também não ia me acovardar. Por dentro, estava absolutamente apavorado. Queria ir para casa. Não queria morrer. Mas por fora precisava ser forte. Precisava ser forte, pela minha mãe, pelos meus amigos. Martin Luther King uma vez disse: "Um homem não vai conseguir montar em você, a não ser que suas costas estejam curvadas". Então sentei com as minhas costas o mais eretas possível naquela sala de tribunal, e quando McGregor me encarou, endireitei as costas ainda mais e olhei bem nos olhos dele. Ele estava tentando montar em mim, mesmo, tentando me matar. E eu não ia deixar mais fácil para ele, nem para nenhum deles, mais do que já estava sendo.

– Meritíssimo – meu advogado começou –, permita-me tornar do conhecimento da corte que o senhor Hinton solicitou a oportunidade de testemunhar. Não tenho nenhuma ideia do assunto de seu testemunho, portanto, não há como fazer-lhe perguntas. Não vejo como pode fazer alguma diferença se ele simplesmente testemunhar.

Ele não sabia qual seria o assunto? O assunto era que aquele tribunal me acusara de ter cometido dois assassinatos a sangue-frio, sem qualquer prova. O assunto é que meu advogado simplesmente permitira que me considerassem culpado de dois crimes capitais com base numa terceira tentativa de homicídio que aconteceu enquanto eu estava trabalhando. O assunto era que meu advogado contratara um especialista em balística que mal conseguia enxergar e que havia sido massacrado no banco de testemunhas. O assunto era que o estado do Alabama queria me amarrar na *Yellow Mama*[2] e me matar por crimes que eu não havia cometido. O assunto era que alguém estava tentando me matar e eu estava defendendo minha vida. Era esse o assunto.

Respirei bem fundo, fechei os olhos, e fiz a mesma oração que eu rezara em silêncio mil vezes. *Meu amado Deus, faça com que eles saibam a verdade das coisas. Faça com que vejam dentro da minha mente e do meu coração e descubram a verdade. Abençoe o juiz. Abençoe o promotor público. Abençoe os familiares das vítimas que estão sofrendo. Meu amado Deus, permita que se faça justiça. Justiça de verdade.*

– Antes de mais nada, não matei ninguém. É importante para mim que as famílias saibam disso. Acreditem nisso. Eu jamais iria querer que

---

[2] *Yellow Mama* ["Mamãe Amarela"] é o apelido dado no estado do Alabama à cadeira elétrica, que foi usada para execução de sentenças de morte de 1927 a 2002. [N.T.]

alguém tirasse a vida de alguém que eu amo. Não posso sequer imaginar essa dor. Eu sei o que é não ter pai, ser criado com essa ausência na sua vida, e não faria com que isso acontecesse com ninguém. Tem um homem lá em cima que sabe que eu não fiz isso, e um dia talvez eu não esteja mais aqui, mas ele irá mostrar a vocês que eu não fiz isso. Eu jamais ousaria sequer pensar em matar, porque não sou capaz de criar uma vida e, portanto, não tenho direito de tirá-la de ninguém.

Eu podia ouvir minha voz tremendo um pouco, então respirei fundo de novo e olhei diretamente para a viúva de John Davidson.

– E se você... Se sua família está satisfeita por eles terem pego o homem certo, sinto muito, mas se você quer realmente que o assassino de seu marido seja de fato levado à justiça, ajoelhe-se e reze a Deus por isso, porque não fui eu.

Eu olhei para o juiz Garrett.

– Faça comigo o que lhe parecer bom, mas a partir do momento em que mandar me matar, com certeza estará manchando suas mãos de sangue. Amo todas as pessoas. Nunca alimentei preconceitos na vida. Fui à escola e me relacionei com todo mundo, nunca entrei numa briga. Não sou uma pessoa violenta.

Minha mãe assentia. Sorria para mim como se eu estivesse numa peça de teatro da escola ou dando um recital. Eu segui adiante.

– Tenho rezado a Deus pelo promotor público, por este juiz e especialmente pelas vítimas. Vocês terão que responder por seus atos, e isso não é da minha alçada, porque, se lembro bem, Jesus foi julgado, acusado falsamente por faltas que não havia cometido, e tudo o que fez foi tentar amar e salvar este mundo, e acabou sofrendo e morrendo. Se eu tiver que morrer por algo que não fiz, que seja. Minha vida não está nas mãos deste juiz. Minha vida não está nas suas mãos, está nas mãos de Deus.

Falei com os oficiais de justiça que haviam acabado de mentir ao testemunhar. Disse a eles que iria rezar ao Senhor para que os perdoasse. *Perdoai-os, eles não sabem o que fazem.*

– Vocês todos mandaram um inocente para a prisão. Vocês mantiveram um homem inocente preso por dois anos, e eu pedi, implorei que vocês me dessem qualquer coisa em que acreditassem. Soro da verdade, hipnose, qualquer coisa. Não tenho nada a esconder.

Vi McGregor balançar a cabeça e revirar os olhos e depois meio bufar, meio rir.

Olhei bem direto nos olhos dele.

– Estou rezando por você – repeti. – Estou rezando para que Deus perdoe vocês todos pelo que fizeram, e espero que você tenha sabedoria suficiente para pedir a Deus que o perdoe. Você vai morrer, assim como eu vou morrer também. Minha morte talvez seja na cadeira elétrica, mas você vai morrer também. E tem uma coisa: depois que eu morrer, vou para o céu. E para onde você vai?

Olhei para o juiz, para os oficiais de justiça, para o promotor-público, para os detetives de polícia.

– Para onde vocês vão? – perguntei de novo. – Uma mentira não passa aos olhos de Deus. Quando a polícia veio me prender, eu não tinha ideia do motivo pelo qual estavam me prendendo. E quero que a família saiba que se eu tivesse matado alguém, vocês não iriam me encontrar no quintal dos fundos da casa da minha mãe cortando grama. Eu não tinha nada a esconder, e não sei nada a respeito desses assassinatos.

Meu advogado estava olhando para baixo, rabiscando alguma coisa no seu caderno de anotações. Eu tinha pressa de colocar tudo para fora. Só Deus sabe se o que eu dizia fazia sentido ou não.

– Desde que vim parar na prisão, leio o jornal todo dia, e dificilmente passa um dia sem que alguém seja enfiado num refrigerador, e vocês ainda vão ler essa notícia outras vezes. Mais gente vai morrer. Talvez então vocês percebam que pegaram o homem errado. Mas eu rezo a Deus para que isso não aconteça desse jeito. Eu rezo apenas para que os homens que realmente fizeram isso – eu só espero que o Senhor coloque um peso suficiente no coração deles para que simplesmente se entreguem. Mas não tenho certeza se vocês vão querer acreditar neles. Só que quando Deus faz parte do plano, eu não me preocupo com o que vocês vão acreditar. Não quero ser eletrocutado, mas qualquer que seja o destino que o Senhor me reserve, estou pronto para ir. E vocês sabem que eu olhei e vi preconceito neste tribunal. Vocês não queriam a verdade. Vocês não queriam a pessoa certa. Tudo o que vocês queriam era uma condenação.

– Nunca, de forma alguma, cometi um crime violento. Sim, enveredei pelo caminho errado, roubei e assinei alguns cheques sem fundos, mas não tentei esconder isso. Eu admiti, e paguei por isso. Por quanto tempo vou ter que pagar por isso? Eu não estou aqui tentando reabrir esse caso, mas acho que cada um de vocês tem algumas dúvidas. Algumas dúvidas. Lamento que não possamos viver num mundo justo. Minha Bíblia diz que todo joelho deve se dobrar e toda língua deve confessar.

Rosemary gritou "Amém!" e vi minha mãe dar um tapinha no braço dela. Olhei bem nos olhos de McGregor.

– Não acho que *as pessoas aqui* realmente se importem com quem é inocente. Sou apenas um homem negro, e isso não significa nada para vocês. Eu não sei a cor de Deus, mas posso lhes dizer que ele me ama tanto quanto ama vocês. Vocês podem achar que são superiores neste mundo, mas não são. Eu tenho uma vida, assim como todos os demais têm uma vida, e não odeio vocês. Senhor McGregor, eu não o odeio. Mas por um breve momento durante o julgamento, comecei a odiá-lo, realmente, mas agradeço a Deus por ter me feito perceber que não posso alcançar o céu enquanto odiar alguém.

– Amém – ouvi de novo.

– Amo você. Pode achar que sou louco por dizer a um homem que o amo, sendo que ele me levou a julgamento e está tentado me mandar para a cadeira elétrica, mas eu o amo.

– Amém. – Rosemary estava com as mãos erguidas como fazíamos na igreja quando ouvíamos um bom sermão. Minha irmã estava de olhos fechados. Mamãe estava só sorrindo e assentindo, e Lester parecia triste.

– Sabe, eu não contei isso a muitas pessoas, mas quando era adolescente tive umas aulas de Direito Comercial na escola, e adorei. E eu queria ser juiz, pensei talvez em fazer faculdade e me tornar procurador público ou algo assim, mas, sabe, fico feliz por não ter feito isso. Fico feliz porque nunca sabemos direito quando uma pessoa é inocente ou culpada. E vocês provaram isso.

Então fechei os olhos. Se eu pudesse tocar o coração do juiz com o meu, ele saberia que eu não havia feito aquilo. Ele saberia que eu não era violento. Eu sempre me importei com todas as pessoas – brancos, pretos, verdes, roxos – e quando precisavam de ajuda, eu ajudava. Fui criado assim, e é assim que eu sou. Eu sabia dizer o que era certo e o que era errado. E o que aconteceu naquele tribunal foi errado. Estava tudo errado.

– Vocês sentiram prazer em me condenar – eu disse.

Eu não tinha certeza sobre como expressar isso exatamente, mas sentia que havia uma excitação envolvida. Durante todo o julgamento, a sensação era de que McGregor, os detetives e os especialistas do estado estavam tendo prazer naquilo – como se tirar a vida de alguém fosse alguma espécie de evento esportivo.

– Todos os que testemunharam a meu favor disseram a verdade. Não posso dizer o mesmo a respeito das pessoas que vocês chamaram. Eles vão ter que responder por isso, e você colhe o que planta, podem estar certos disso. E lamento por aquelas doze pessoas que me consideraram culpado. Eu realmente sinto por elas, mas não estou com raiva delas. Se por acaso vocês as encontrarem, digam a elas que não fiquei com raiva. Vou sempre rezar a Deus para que as perdoe, e sei no meu coração que ele é um Deus que perdoa. Não há dúvida quanto a isso.

– Pode soar maluco, mas estou feliz – mesmo com os pés algemados. A felicidade que sinto não foi o mundo que me deu, e o mundo não pode me tirar. Isso é um fato. Meritíssimo, eu lhe agradeço por me deixar falar. Senhor McGregor, eu rezo muito pelo senhor. Desde que o vi, o senhor tem estado constantemente em minhas orações, e vou continuar rezando pelo senhor. Para onde quer que eles me mandem, Deus poderá ouvir minhas preces. Sabe, o que realmente me preocupava era que o senhor fosse capaz de me afastar de Deus, mas o senhor não tem como fazer isso. O senhor me afastou da minha família, mas não pode me afastar de Deus.

– Sabe, eu tenho orgulho de ser negro. Eu sentiria orgulho se fosse branco. E é triste quando um policial que supostamente deveria ser um defensor da lei chega para você e diz que será condenado porque é preto, e então você pega um júri de brancos e tem um procurador-público branco. Sabe, isso é triste. É triste, realmente triste. Se encontrar o tenente Doug Acker, diga que estou rezando por ele também.

– Bem, eu olho para aquelas crianças pequenas lá no fundo, e é uma coisa triste saber que o pai delas não vai mais estar por perto. Eu sei o que é isso. Eu sei o que é isso.

Olhei de novo para o Lester, sentado ao lado da minha mãe. Ele tomaria conta dela por mim. Isso me deu um pouco de paz. Mas me preocupava que, se isso tinha acontecido comigo, poderia acontecer com ele. Ou com algum dos meus irmãos. Ou com qualquer negro do Alabama. Ou com qualquer negro em qualquer lugar.

– O único mal do qual sou culpado é ser parecido com alguém. E vocês sempre dizem isso – que todos nós somos parecidos. Mas é uma coisa engraçada – somos todos parecidos, mas vocês podem nos identificar categoricamente nesses tempos difíceis. Sabe o que o tenente Acker me disse? "Ponha isso na conta da má fama que vocês têm, porque se não foi você que fez isso, então foi um dos seus irmãos, porque vocês todos ajudam uns aos outros, então aceite isso." E isso é triste.

Fiz uma pausa e respirei fundo mais uma vez.

– A coisa mais triste de todas é que vocês estão prontos a encerrar o caso. Esse juiz está feliz porque vai terminar. As famílias estão indo para casa achando que o homem foi julgado. O caso policial está encerrado. Mas Deus não encerrou o caso, e também não vai encerrá-lo. Ele vai reabri-lo. Pode ser daqui a um ano, pode ser amanhã, pode ser hoje – ele vai reabri-lo.

Lester assentiu para mim, e eu retribuí o gesto. Este caso seria reaberto por Deus, mas Lester e eu iríamos fazer tudo a nosso alcance para dar a Deus uma pequena ajuda.

Era hora de o juiz proferir a sentença. Esse era meu destino desde o instante em que eles haviam me prendido. Algum dia iriam saber que não havia sido eu. E então o que ia acontecer? O que você diz a um homem quando você descobre que não foi ele o autor de um crime? O que todos eles iriam dizer nesse caso? Eu sentei o mais ereto possível. Não iria implorar pela minha vida.

– Eu não estou preocupado com aquela cadeira elétrica. Você pode me sentenciar a ela, mas não pode tirar minha vida. Ela não lhe pertence. Eu não pertenço a você. Você não pode pôr as mãos na minha alma.

Houve um breve recesso. Apenas três horas até eles me levarem de volta àquela sala de tribunal de madeiras de lei e rostos brancos pela última vez. Ouvi meu advogado fazer uma última tentativa de contestar o fato de eles me julgarem por dois crimes capitais que estavam relacionados entre si por circunstâncias, sem terem relação comigo por meio de qualquer prova. De algum modo, o estado do Alabama foi capaz de juntar os casos, relacioná-los a um terceiro, e colocar a pena de morte como opção. Esse foi o verdadeiro crime capital.

O juiz bateu o martelo. Limpou a garganta.

– Esta corte julgou que o réu, Anthony Ray Hinton, em cada um desses casos é culpado de crime capital, de acordo com o veredito do júri em cada um desses casos. E é o julgamento da corte e a sentença da corte que o réu, Anthony Ray Hinton, sofra morte por eletrocussão em data a ser estipulada pela Suprema Corte do Alabama, em respeito às Regras do Alabama para Procedimentos de Apelação 8-D (1).

– O xerife do Condado de Jeferson, Alabama, é instruído a entregar o réu, o referido Anthony Ray Hinton, à custódia do diretor do Departamento de Instituições e Medidas Correcionais de Montgomery, Alabama, e a referida eletrocussão deve, no local apropriado para a eletrocussão de alguém sentenciado a sofrer morte por eletrocussão, causar uma corrente de eletricidade de suficiente intensidade para causar a morte e permitir a aplicação contínua de tal corrente para que passe pelo corpo do referido Anthony Ray Hinton até que o referido Anthony Ray Hinton esteja morto.

Abaixei a cabeça. O juiz Garrett bateu o martelo, e meu advogado disse alguma coisa sobre uma apelação, mas eu sentia meu estômago na garganta e um zumbido nos ouvidos como se um enxame de abelhas tivesse sido solto na sala de tribunal. Pensei ter ouvido minha mãe chorando sofregamente e, quando olhei para trás, vi Dollie e Rosemary rodeando-a. Os oficiais de justiça estavam me conduzindo à porta que leva à parte de trás da sala do tribunal, mas eu me virei e comecei a andar em direção a minha mãe. Um dos oficiais agarrou meu braço por baixo do ombro, e pude sentir cada um de seus dedos apertando forte. Não teria como ir até ela. Não havia maneira de eu confortá-la. Eles me matariam se pudessem. Não poderia deixar que fizessem isso. Eu precisava voltar para a minha mãe, e ela precisava me ter de volta. Eu era o bebê dela. Meu Deus, eu era o bebê dela, e era inocente. Assisti como se estivesse debaixo d'água a Lester e minha mãe se levantarem. Vi as lágrimas no rosto de Lester, e minha mãe estendeu os braços na minha direção na hora em que eles me empurraram porta adentro. Era coisa demais para um só homem suportar.

Meu Deus, por favor, deixe que a verdade se revele.
Meu Deus, não me deixe morrer assim.
Meu Deus, sou inocente.
Meu Deus, proteja minha mãe.
Eu sou inocente.
Eu sou inocente.

 Enquanto eles me levavam rapidamente pelo corredor atrás da sala do tribunal, me lembrei do semblante triste de Lester enquanto eu testemunhava. Ele sabia o que eu sabia. Aquilo que toda pessoa pobre envolvida nos emaranhados do sistema legal sabe. McGregor podia ter vencido, mas não acho que ele ou o juiz tivessem entendido que, ao me sentenciarem à morte, estavam me dando a única chance que eu tinha de provar minha inocência. Agora, como condenado à morte, eu teria garantia de uma apelação e de alguma representação por meu advogado. Se tivesse sido sentenciado à prisão perpétua, teria que contratar um advogado para apelar.

 A melhor chance que eu tinha de salvar minha vida era a sentença de morte. Não tinha dinheiro para provar minha inocência. Eu iria para a Prisão Holman. A Casa da Dor. A Terra do Homem Morto. O Abatedouro do Sul. Tinha um monte de apelidos. Eu estava em pânico, mas sabia que a única maneira de combater essa injustiça seria de dentro.

 Deus, tenha misericórdia da minha alma.

2

CLÁSSICO AMERICANO

*"Algum de vocês tem algum viés ou preconceito
que poderia influenciar seu veredito se fosse selecionado
para atuar como membro deste júri?"*
Meritíssimo James S. Garrett

Escola West Jefferson, maio de 1974

IGNOREI TODO O RUÍDO E FIRMEI O PÉ esquerdo um pouco mais fundo na terra. Mesmo protegido pelo capacete, juro que sentia como se o sol de maio estivesse chamuscando o topo da minha cabeça. Fiz alguns movimentos com o taco para praticar, olhando nos olhos do arremessador. Seu olhar encontrou o meu e então ele deu uma cusparada por cima do ombro esquerdo. Ouvi o receptor murmurar alguma coisa atrás de mim, e o juiz principal deu uma risadinha, mas não liguei para o que ele havia dito ou para o que o juiz tinha achado tão engraçado. Haviam me insultado antes e iriam me insultar de novo, mas eu simplesmente deixei que os insultos passassem por mim como água sobre uma rocha.

Assisti como em câmera lenta ao arremessador erguer a perna esquerda e engatilhar o braço direito, levando-o para trás. Eu conhecia esse cara. Ele já aparecera por ali antes. Ano após ano, tínhamos encarado um ao outro. Ele não reagia bem quando perdia. Atirava longe a luva ou o boné, ou chutava a cerca em volta do banco de reservas. Eu fui ensinado a ficar calmo. Quando você ganha, você fica calmo. Quando perde, fica calmo também. Bem, não me entenda mal, eu queria ganhar. Ninguém gosta de perder no beisebol ou em qualquer coisa. Mas minha mãe sempre me ensinou que se você tem um chilique lá no campo e deixa que o outro time fique sabendo que conseguiram te deixar chateado, é como perder duas vezes. "Eles podem ganhar de você algumas vezes", ela costumava dizer, "mas isso não quer dizer que acabaram com você. Você não deixa de ser quem é, nem muda o jeito que foi criado por causa de ninguém. E eu não criei nenhum filho para ele ficar tendo chilique de raiva no meio de um campo de beisebol ou seja lá onde for".

Portanto, encarei firme o arremessador e deixei o receptor e o juiz rolarem pelas minhas costas como água, porque tinha cem vezes mais medo da minha mãe do que de qualquer um daqueles três palhaços.

Não tirei o olho da bola um instante e, embora o que eu mais quisesse fosse rebater, e rebater com força, a bola fez uma curva imprevisível e não chegou nem perto da luva do receptor, passando bem longe da área da base.

– *Strike!*

Eu me virei e olhei para o juiz. Ele enlouquecera?

– Vamos, garoto – disse ele, e dessa vez o receptor riu. Então era assim que as coisas iriam correr.[3]

Eu olhei para a arquibancada ao redor. Era um mar de rostos brancos, e ninguém pareceu muito preocupado ou contestou a decisão. Olhei adiante para o banco dos reservas, mas o treinador Moore estava de costas para mim, conversando com nosso jogador da primeira base.

Quando o condado finalmente cedeu e integrou as escolas, fomos levados de Praco para uma escola branca. Nos últimos quatro anos, as coisas haviam sido mais ou menos assim – as pessoas ou nos ignoravam completamente, ou murmuravam ofensas quando passávamos. Os garotos brancos eram mais valentes quando estavam em grupo. Como Lester e eu éramos grandões, ninguém nunca nos ofendia na

---

[3] No beisebol, o *strike* é o "acerto, o ponto". Neste caso, pelas regras do jogo, o juiz jamais poderia ter apontado *strike* e eliminado Hinton, o rebatedor. [N.T.]

nossa frente. Tinham medo de nós, o que era engraçado, porque tanto Lester quanto eu havíamos sido criados para ter medo deles. Antes do primeiro dia em que peguei o ônibus escolar para ir à West Jefferson, minha mãe sentou comigo e disse para eu não falar com nenhuma garota branca.

– Você nem olhe para elas – advertiu. – Você vá lá e estude. Fique de cabeça baixa. Olhe para o chão. E quando os professores falarem com você, seja educado e siga as regras. Você vai para a escola e depois volta para casa. Rapidinho.

– Sim, senhora – eu já tinha ouvido esse sermão antes, mas sabia que era melhor não reclamar.

– É sério essa história das garotas brancas – ela acrescentou. – Você tem que fingir que, para você, elas sequer existem.

Eu concordei, mas por dentro dava risada. Minha mãe não era boba e sabia que não só as garotas eram o *meu* fraco, mas eu também era o fraco *delas*. As garotas me adoravam. As mulheres adultas também. Eu tinha quase 18 anos e sempre havia sido alto para minha idade, então as garotas de Praco e na igreja me achavam interessante desde a sétima série, e isso só tinha aumentado à medida que eu ficava mais velho. Mas eu não estava a fim de mexer com nenhuma garota branca. Elas algumas vezes torciam por mim no basquete e às vezes no beisebol, mas nunca passara disso. Uma coisa eu havia aprendido na escola nova – quanto melhor seu desempenho numa temporada nos esportes, menos as pessoas ao seu redor se mostram racistas.

Eu ia me formar logo, mas Lester ainda teria mais dois anos na escola. Eu me preocupava com ele ter que voltar para casa sem mim. Eram quase oito quilômetros, e nem minha mãe nem a dele sabiam dirigir. Mesmo que soubessem, não era provável que pudéssemos comprar um carro. Minha mãe já tinha muita dificuldade para ganhar os 44,29 dólares que pagava todo mês pela nossa casa.

Eu não tinha visto Lester antes do jogo, mas sabia que ele devia estar por ali, assistindo e esperando por mim. O ônibus nos levava até a escola, mas quem praticava esportes tinha que voltar para casa sozinho, à noite. Às vezes, voltar andando era como estar no meio de uma guerra. Era preciso ficar alerta o tempo todo – pronto para se defender ou se proteger. Já era difícil se você vinha acompanhado, mas, se tivesse que fazer a caminhada sozinho, era como se estivesse assistindo a um filme de terror o tempo inteiro, apenas esperando o assassino saltar de detrás de alguma porta. Lester sempre me protegia nessa caminhada e eu, a ele.

Dei uma olhada no campo, o Tiger Field, marrom, de terra batida, nada muito atraente quando comparado com a maioria dos campos das escolas grandes do Alabama. Os bancos de reservas eram feitos de blocos de cimento cinza, e você tinha a sensação de estar numa prisão quando sentava ali e olhava para a velha cerca de alambrado em volta do campo. Ele sequer ficava na escola; era a uns três quilômetros de distância. Era a "Casa dos Tigers". E de fato dava um pouco a sensação de que você estava numa jaula quando jogava lá.

Circulava um boato de que havia alguns olheiros de faculdades da Geórgia assistindo ao nosso jogo. O último olheiro que havia visto uma partida nossa viera falar comigo depois, dizendo que ficara impressionado com minha média de rebatidas de 0,618,[4] mas que precisava de alguém com mais velocidade. Eu era um rebatedor acima da média, e nada me fazia sentir melhor do que mandar uma bola para fora do Tiger Field.

Claro, eu teria adorado ganhar uma bolsa de beisebol, especialmente se fosse convidado pela Universidade de Auburn ou talvez por uma escola na Califórnia. A USC, a UCLA, a Cal[5] – eu iria feliz da vida para lá, mas faltava um mês para a formatura e não parecia provável que eu tivesse muitas oportunidades de impressionar os olheiros. Sabia que estava pelo menos entre os dez melhores jogadores de beisebol do ensino médio no estado, talvez até entre os cinco, mas ninguém na minha família nunca tinha ido à faculdade. Eu era

---

[4] Principal estatística para avaliar o desempenho de rebatedores no beisebol. É calculada dividindo-se a média de rebatidas válidas pela quantidade de vezes que o jogador foi ao bastão, e varia entre zero e um. [N.E]

[5] Três das maiores universidades do estado da Califórnia são a USC, Universidade do Sul da Califórnia; a UCLA, Universidade da Califórnia em Los Angeles; e a Cal, a Universidade da Califórnia em Berkeley. [N.T.]

o mais novo de dez filhos, e depois que eles se formaram no ensino médio quase todos eles, exceto duas das minhas irmãs, haviam saído rapidinho do Alabama.

Muita gente ia embora do Sul para Cleveland, e meus irmãos e irmãs fizeram o mesmo. Em Cleveland, os brancos não punham bombas nas igrejas, nem nos bairros negros, como vinham fazendo em Birmingham desde que eu nascera. Os brancos moravam em Birmingham; os negros, em Bombingham. As pessoas aqui não tinham problema em soltar os cachorros em cima das crianças. Eu havia crescido ouvindo os adultos falando disso. Quatro garotinhas mortas por uma bomba que explodira numa igreja. Quase mil menores na cadeia. Quem morava em Dynamite Hill precisava se esconder na banheira de casa porque soltavam bombas lá dentro. Algumas pessoas se recusavam a te atender se você fosse negro. Raios, eu nem podia entrar na Woolworths em Birmingham, sentar no balcão e pedir um *cheeseburger* até uns dois anos antes. Mesmo agora, dava para ver que as pessoas só estavam me atendendo porque eram obrigadas. Não estavam felizes com isso. E em 1974 não era muito diferente do que era em 1954 ou 1964.

Eu tinha 7 anos de idade quando Martin Luther King foi preso na nossa cadeia, e me lembro do atentado a bomba à nossa igreja e de nossa mãe não ter deixado que nós, crianças, saíssemos de casa naquele dia. Foi o único domingo de que me lembro em que não fomos à igreja. Ela disse para a gente correr se algum homem branco de carro parasse perto de nós. Sentamos na encosta de terra que fica acima de Praco, falando sobre o que faríamos se eles viessem nos perseguir. Meu irmão Willie disse que lutaria, e minha irmã Darlene disse que iria correr até o bosque e se esconder. Lester e eu ficamos sentados, apoiados um no ombro do outro. Ele tinha apenas 5 anos, portanto eu tomava conta dele a maior parte do tempo. Os Hinton e os Bailey. Eram, ao todo, dezesseis crianças, e nenhuma das duas famílias tinha pai em casa, então gostávamos de pensar que éramos nosso próprio pequeno exército protegendo a cidade. Nunca chegamos a imaginar o que faríamos se viessem atrás de nós naquele dia, mas lá em cima do nosso monte, à beira de uma floresta de carvalhos da Turquia e de pinheiros de folhas longas, que era para onde poderíamos correr se necessário, éramos corajosos e fortes e estávamos prontos para defender o que era nosso.

Todos os que viviam em Praco trabalhavam nas minas de carvão ou, de um jeito ou de outro, para a empresa mineradora. Ela era a dona da cidade. A dona das nossas casas. Eles tinham uma loja – uma cooperativa – onde comprávamos comida, roupas e qualquer coisa mais de que precisássemos. Se aparecia uma goteira no telhado, a companhia mandava alguém para consertar. Tínhamos uma igreja e na realidade, a não ser para ir à escola, nunca precisávamos sair da cidade. Meu pai trabalhara nas minas de carvão até ser atingido na cabeça e ter que ir viver numa instituição psiquiátrica. Então minha mãe assumiu os dez filhos, e precisava pagar o aluguel, alimentar todo mundo, comprar nossas roupas e nos manter unidos. O pai de Lester também tinha ido embora, mas eu nunca perguntei a ele por que ou o que tinha acontecido.

Éramos todos iguais em Praco. Os negros moravam no alto do monte e os brancos embaixo, nas partes planas. A companhia era dona de tudo, e a única diferença era que as casas dos brancos tinham encanamento embutido, e cozinhas e banheiros de verdade. Nós tínhamos um banheiro externo e uma grande bacia de alumínio para tomar banho no quintal dos fundos. Nossa casa tinha quatro cômodos, e um deles era a cozinha, onde comíamos, fazíamos a lição de casa e assistíamos TV. Dormíamos três ou quatro crianças numa cama em cada quarto. Duas das minhas irmãs dormiam com a mamãe. Éramos felizes em Praco. Comíamos a comida boa que nossas mães preparavam. Brincávamos fora de casa até anoitecer. E íamos à igreja. Todo mundo tinha as mesmas coisas, então ninguém se sentia melhor ou pior do que ninguém. Nossa comunidade era fechada, e todos se gostavam, como uma grande família. Qualquer adulto podia dizer a qualquer criança o que ela tinha que fazer, e todas obedeciam. Todo mundo tomava conta de todo mundo. Se você se metia em alguma encrenca três ruas para baixo, sua mãe ficava sabendo antes mesmo de você chegar em casa e contar. Os adultos lidavam com coisas de adultos e, se dois adultos estivessem conversando, o esperado era que você não se intrometesse. Costumávamos nos esconder e ouvir quando possível, mas na maioria das vezes simplesmente ficávamos brincando e correndo, e não sabíamos muita coisa a respeito de como o mundo lá fora funcionava, exceto pelo que víamos na televisão.

E então eles integraram as escolas.

Agora que eu era um veterano no colegial, não passava um dia sem que eu ouvisse alguém gritar "*Nigger!*"[6] para mim. Não importava se eu estava apenas andando pela rua, em pé junto do meu armário na escola ou mesmo jogando beisebol e ajudando o time a ganhar. Eu estava quase me formando, e o que eu mais havia aprendido em quatro anos, além de Biologia e Matemática, era o quanto as pessoas podem te odiar por causa da cor da sua pele. As pessoas podem querer te machucar sem nenhuma razão a não ser que a sua aparência é diferente da delas, ou que você fala de outro jeito, ou vive de maneira diferente. Ah, sim, eu recebi instrução frequentando a escola branca, só que não o tipo de educação que os políticos e legisladores haviam planejado.

– Esse é o meu bebê! – ouvi minha mãe gritar, em pé do lado de fora da cerca de alambrado, perto das arquibancadas. Eu não tinha ideia de como ela conseguira vir de casa até o campo. Ela ganhava dinheiro trabalhando de faxineira, mas nunca tinha tempo livre nem um carro para poder vir aos meus jogos. Ela balançou um lenço branco para mim e gritou de novo. – Vamos lá, bebê! Esse é o meu bebê!

Eu sorri. Não importava que eu pesasse 100 quilos e tivesse o dobro do tamanho dela. Era o seu bebê. Sempre iria ser seu bebê. Olhei firme para o arremessador e balancei mais algumas vezes o taco. Talvez houvesse mesmo algum olheiro por ali assistindo ao jogo, mas a não ser que ele dissesse "Eu vou pagar sua faculdade, levar você de carro até lá, e então volto para ajudar sua mãe a ir ao supermercado e fazer as coisas dela enquanto você estiver fora", eu acho que depois de me formar não iria a lugar algum, a não ser para as minas de carvão.

---

[6] *Nigger* é uma injúria racial utilizada para se referir aos americanos negros. O termo tem pesos diferentes quando utilizado por negros para se referir a si mesmos (por exemplo, no cenário do hip hop) e quando pronunciado por brancos. É considerado tão ofensivo que, quando é preciso citá-lo, geralmente se usa a expressão "the N word", "a palavra com N". [N.E.]

Mas, de novo, eu realmente tinha a melhor média de rebatidas de toda Birmingham e talvez até de todo o Alabama. Hank Aaron era do Alabama. Willie Mays também – ele era daqui mesmo do Condado de Jefferson. E eu tinha sido criado para acreditar em milagres.

Vi o arremessador balançar a cabeça em resposta a sei lá que sinal que o receptor havia lhe dado para o arremesso seguinte. Não queriam que eu acertasse a bola, e não parecia provável que o árbitro fosse ser justo em sua decisão, mas isso não me incomodou. Eu jogava beisebol desde que aprendera a andar. A gente pegava pedaços de papelão e de papel atrás da cooperativa e amassava, depois enrolava fita isolante preta em volta da maçaroca até ficar do tamanho de uma bola de beisebol e quase tão dura quanto. Como taco, a gente usava o cabo de alguma vassoura velha, e as bases eram um sapato ou a camisa de alguém, ou então mais um pedaço de papelão velho, se a gente arrumasse. Jogar segundo as regras, ou jogar como num jogo de rua, dava na mesma para mim. De um jeito ou de outro, eu ia acertar aquela bola. Ia deixar minha mãe orgulhosa. Ela andara tudo aquilo para me ver, e eu não ia decepcioná-la. Claro que eu me importava com o que um olheiro pudesse pensar, mas me importava mais ainda com minha mãe.

O arremessador cuspiu de novo e começou aquela dança que precede o arremesso. Que tipo de bola ele lançaria? Uma bola com efeito? Uma bola rápida? Uma *knuckleball*?[7] Eu conseguia rebater todas. Iria girar o taco e acertar a bola, não importava se ela viesse fora, baixa ou dentro. O beisebol de rua nunca tinha as nuances do beisebol mais organizado. Existiam regras, mas não se discutiam detalhes. Se o arremessador fizesse a bola cair mais perto, você balançava o taco e batia forte. Quando a gente jogava na terra em Praco, nunca esperava o arremesso perfeito para decidir dar a tacada. Você dava a tacada qualquer que fosse o arremesso, e tentava fazer o melhor possível com o que viesse.

Eu estava mais do que pronto. Sentia o peso do taco nas mãos, sentia o cheiro forte de pinheiro do bosque. Chequei o taco para ver

---

[7] A *knuckleball* é um arremesso no qual a bola muda de direção várias vezes até chegar ao receptor, e é muito difícil de rebater, além de dificultar a interpretação do árbitro a respeito da validade ou não do ponto. [N.T.]

se o nome Louisville Slugger estava alinhado, porque isso significava que o ponto em que o veio da madeira é mais forte estava voltado para o arremessador. Ele terminou sua dança preparatória, e eu fiquei de olho na bola quando ele a liberou. A sensação era de que o taco vibrava nas palmas das minhas mãos, e eu não ouvia mais a multidão, nem minha mãe, nem o árbitro trapaceiro ou o receptor. Era só eu, o taco e a bola. Vi a bola chegando cada vez mais perto, e trouxe o taco um pouco mais para perto para poder batê-lo com mais força ainda, mas a próxima coisa que eu vi foi que a bola vinha direto no meu rosto. Abaixei o taco e me esquivei para trás e para baixo, o mais rápido que deu, mas juro que ainda senti a bola resvalar na minha bochecha. Caí com o quadril esquerdo na terra e tentei aparar a queda com a palma da mão, mas senti como se uma broca perfurasse meu braço, do pulso até o ombro. O receptor riu quando virou para repor aquela bola maluca, e eu só podia esperar que o juiz não fosse intolerante a ponto de dizer que aquilo fora também um *strike*.

– Bola! – ele gritou enquanto eu ficava em pé e sacudia a terra da calça. Meu braço doía muito, mas não falei nada.

– Vamos lá, bebê! – ouvi minha mãe gritar.

O arremessador estava dando uma risadinha quando voltei para minha posição e me preparei para a tacada seguinte. Ele podia dar quantas risadinhas quisesse, mas se pusesse aquela bola em qualquer lugar perto da base, já era. Se arremessasse a bola na minha cabeça de novo, eu iria cair, mais ainda assim levantaria. Não importava o que acontecesse, daria na mesma. Ou ele me acertava ou eu acertava a bola – de qualquer jeito, eu iria ficar na base.

O arremesso seguinte foi uma *changeup*.[8] Soube disso assim que ele soltou a bola. A maioria das pessoas acharia que era uma bola rápida, mas eu sei identificar uma *changeup* a um quilômetro de distância. Joguei meu peso para trás e parei. A maioria dos caras perde uma *changeup* porque gira cedo demais, e aí você pode acabar dando um rodopio inteiro se não acertar. Nada mais ridículo do que isso, mas

---

[8] A *changeup* parece uma bola rápida ao sair da mão do arremessador, mas perde altura ao se aproximar da base, enganando o rebatedor. [N.T.]

eu já estava cansado de ser uma fonte de entretenimento naquele dia. Esperei, esperei, e então pus todo o meu peso na tacada, e juro que vi o momento em que bola desacelerou. Bati pelo meu time, pela minha mãe, por Lester e por todos os meninos de Praco que iam ser insultados naquele dia, e ouvi o único som que um batedor quer ouvir. É aquele som doce e agudo da bola atingindo o taco bem no lugar que você queria. Eu costumava sonhar com ele tão alto e nítido que me acordava. É como o som de um trovão num dia quente de agosto. Eu nem olhei para onde a bola estava indo quando ouvi aquele barulho. Só larguei o taco, mantive a cabeça abaixada e comecei a correr.

– Esse é o meu bebê! Esse é o meu bebê!

Passei pela primeira base e, de canto de olho, vi minha mãe agitando os braços no ar. A caminho da segunda base, vi a bola subindo, subindo, e saindo pela cerca que fica no meio do campo. Foi quando desacelerei. Não acho que exista alguma razão para se apressar quando há um bando de brancos te incentivando. Plantei meu pé na segunda base e fui com toda a calma do mundo em direção à terceira. O jogador interbase murmurou alguma coisa quando eu passei, mas não entendi o que era, e nem liguei. Esses são os momentos que fazem a vida valer a pena. Eu adorava ouvir o aplauso, ouvir os estudantes gritando "*Homer*".[9] Às vezes eles até cantavam: "*Ho-mer! Ho-mer! Ho-mer!*". Uma vez, no campeonato de basquete, fomos jogar fora, na cidade de Good Hope, onde eu fiz trinta pontos no primeiro tempo – um recorde para a escola – e saí da quadra com o público cantando "Hin-ton! Hin-ton! Hin-ton!". Eu não entendi por que todos os fãs do time de Good Hope estavam gritando meu nome, nem por que, ao sentar no banco, nenhum dos meninos do meu time estava sorrindo ou me cumprimentando.

Meu treinador foi até o centro do campo e começou a gritar para a multidão.

– Já chega agora! Podem parar já com isso!

---

[9] *Homer* é uma maneira de se referir ao *home run*, um lance em que o batedor, após acertar a bola, consegue dar uma volta completa pelas bases, até chegar à primeira de novo (*home*). [N.T.]

Eu virei para o armador do meu time, que estava sentado ao meu lado, e disse:

– O que é que eles estão falando? – ele só sacudiu a cabeça, e então eu perguntei de novo. – O que eles estão falando?

– Cara, eles estão dizendo "*Nig-ger! Nig-ger!*" – Ele abaixou a cabeça.

Era isso o que o público estava gritando. Achei que fosse "Hinton!". Numa fração de segundo, meu orgulho virou vergonha. Ninguém estava me celebrando por eu ter quebrado o recorde de cestas. Quando entramos no ônibus para voltar para casa, uma viagem de uma hora, nosso treinador nos fez sentar no chão no corredor do ônibus até sairmos da cidade. Não era seguro se sentar junto à janela se você fosse negro.

Quando cheguei de volta à primeira base, levantei os olhos e vi o arremessador atirando a luva no chão, e por algum motivo isso me fez sorrir mais do que o *home run* ou a multidão gritando para mim. *Eles podem ganhar de você, mas não podem acabar com você.* Acho que a mãe dele não tinha lhe ensinado as mesmas coisas que a minha ensinara.

Consegui mais uma rebatida tripla e outro *home run*, e acabamos ganhando o jogo, 7 a 2. Soube depois que havia um olheiro ali, mas ele não devia estar procurando um terceira-base ou um rebatedor, porque não pediu para conversar comigo ou com minha mãe antes que ela tivesse que ir embora. Quando saí do vestiário na escola, Lester estava esperando por mim. O sol começava a brilhar menos no céu quando começamos a caminhada de volta para Praco.

– Jogo duro.

Olhei para Lester e assenti. O time ganhara, mas havia sido um jogo duro para mim. Eu podia sentir ainda o machucado no quadril e o ombro começando a ficar dolorido de verdade.

Lester me deu um tapinha nas costas e começamos a andar.

A Flat Top era uma estrada de pista dupla, e ao longo dela corria uma vala que cercava os bosques a maior parte do caminho. Lester olhava para a frente e eu olhava para trás, de modo que pudéssemos ver qualquer carro se aproximar antes mesmo de ouvir o barulho. Se fosse alguém conhecido, acenávamos para pegar uma carona até

Praco. Se a gente não reconhecesse o carro, pulava para dentro da vala e ficava o mais escondido possível. Em geral, precisávamos nos esconder umas quatro ou cinco vezes durante a caminhada de uma hora e meia até em casa.

Eu queria que aparecesse logo alguém conhecido. Minha vontade era chegar em casa e comer a comida da minha mãe.

Lester e eu não conversávamos muito durante a caminhada. Ocupávamo-nos em vasculhar a estrada nos dois sentidos. Se ficássemos falando, podíamos nos distrair e sermos surpreendido por um carro chegando atrás de nós. Não havia muitas casas nessa estrada, então era difícil arrumar alguém para ajudar se surgisse alguma encrenca.

Eu ouvi o carro antes de vê-lo, mas quando entrou no campo de visão ele era vermelho-vivo. Ninguém que eu conhecesse tinha um carro vermelho como aquele.

– Carro! – eu gritei, e Lester e eu viramos à direita e fomos em direção ao mato à beira da estrada. O carro vinha muito rápido, então nós dois meio que pulamos e rolamos para dentro de uma vala bem funda que corria junto à estrada. Acho que meu pé deve ter batido na cabeça dele na queda, mas no final acabamos ficando ombro a ombro. Eu prendi a respiração porque, caso alguém parasse, se ficássemos bem quietos dava para ouvir o freio sendo acionado. Ficamos em silêncio até que o carro passou a toda velocidade.

Meu coração batia forte.

– Você está bem? – perguntei a Lester.

– Estou. E você?

Pensei por cerca de um segundo. Eu estava bem? Lá estava eu de novo, caído na terra pela segunda vez naquele dia. Talvez caísse de novo algumas vezes até chegar em casa. Podia sentir uma pedra pontuda pressionando a parte de trás da minha cabeça. Eu havia ralado o braço em alguma coisa espinhosa – talvez uma aralia, ou outro tipo de planta que a gente chamava de "árvore da dor de dente". Se pelo menos eu tivesse carro, não precisaria ficar deitado na terra olhando para baixo como um cão desobediente, tão assustado que quase fazia xixi de medo. E o que o Lester iria fazer no próximo ano, quando eu me formasse e ele tivesse que fazer essa caminhada sozinho? Eu não estava bem. Nem ele. Nada disso estava bem. Mas lá estávamos nós. De novo.

– Sabe o que é estranho? – perguntei ao Lester.

– Além de nós dois aqui nessa vala?

– Sim, além do óbvio.

– Além do seu cabelo?

Eu ri.

– Isso mesmo, além do meu cabelo e dos meus pés enormes e tudo mais.

– Certo, certo. O que é estranho?

Olhei para o céu. Estava com aquele tom intermediário perfeito, quando passa do azul-claro do dia para o azul-escuro da noite. Eu queria saber o nome daquela cor. Era como um final e um começo. Seja qual for o nome dessa cor, ela sempre me deixava triste e feliz ao mesmo tempo. Como quando todo mundo cantava "Amazing Grace" [Maravilhosa Graça] na igreja. É uma canção que faz o cara ter esperança, mas que também o faz lembrar que é um desgraçado que precisa ser salvo.

– É estranho como você acaba se acostumando.

Lester grunhiu do jeito dele. Eu sabia que isso queria dizer que ele concordava comigo. Lester não era muito de falar.

– Há certas coisas com as quais um corpo não deveria se acostumar – eu disse. Lester virou a cabeça para mim e levantou um pouco o queixo, concordando. Nós dois ouvimos outro carro vindo à distância, e soubemos que ainda não era hora de levantar da terra. Ainda não.

Respirei bem fundo. Sabia que tinha uma escolha. Olhando para aquele céu, sabia que podia ficar com raiva ou podia ter fé. Era sempre uma escolha. Eu podia facilmente ter ficado com raiva, e talvez até devesse sentir raiva. Esse era um país de Deus, então em vez da raiva escolhi amar cada tom de azul que o céu quisesse me mostrar. E quando virei a cabeça para a direita, pude ver o que pareceram ser dez tons diferentes de verde. Isso era real e verdadeiro, e me lembrou que mesmo quando você está deitado de costas no chão, existe beleza se você procurar por ela. Respirei fundo de novo. A terra cheirava um pouco a açúcar queimado. Eu sabia que minha mãe me esperava em casa com algumas panquecas de milho e pescoço de peru, e um pedaço de torta de frutas. Eu acabara de jogar uma partida de beisebol sensacional, e mesmo que os olheiros e os treinadores de faculdades não quisessem prestar atenção, eu sabia que era capaz de rebater como ninguém. Raios, mesmo ali na terra, eu tinha meu melhor amigo ao meu lado. As coisas poderiam ter sido piores. Elas sempre podiam ser piores.

Ouvi o carro chegar mais perto. Tinha aquele zumbido de pneu e aquele barulho de pisar fundo no acelerador que parecia ser mais de um caminhão velho do que de um carro. Fechei os olhos quando ele passou, e esperamos. Não ouvi freios, e não ouvi nenhum outro carro. Só ouvia minha respiração e a de Lester. Eu queria protegê-lo. Proteger a mim mesmo. Proteger minha mãe e minhas irmãs e irmãos. Proteger todos que seguem pelo mundo inteiro e não podem andar por uma rua sem sentir algum tipo de medo. O solo do Alabama estava cheio de suor, lágrimas e sangue de rapazes como nós dois. Rapazes obrigados a deitar no chão simplesmente por causa da cor da pele.

Isso era uma coisa com a qual eu não queria me acostumar. Uma coisa que nunca deveria ser normal.

– Vamos – eu disse, e então saímos da vala e continuamos a longa caminhada até em casa.

3

UM *TEST DRIVE* DE DOIS ANOS

*"Se você é grande e valente o suficiente para atirar
uma pedra, é melhor que seja grande e valente também para
não esconder a mão nas costas quando for pego.
Você tem que mostrar as mãos, e assumir o que fez."*
Buhlar Hinton

Mina Mary Lee No 2, 1975

HAVIA SANGUE POR TODA PARTE. Eu podia sentir no rosto, sentir o gosto à medida que escorria como uma cachoeira para dentro da minha boca, pelo meu queixo e até minha camisa. Queria cuspir, mas era como se meus lábios não obedecessem, então apenas virei a cabeça para não engasgar com o sangue ou enjoar com o gosto doce, de cobre. A dor era forte e quente, e eu sentia como se minha cabeça inteira tivesse sido partida em duas. Podia sentir algo pendendo abaixo do lábio, mas, por mais que quisesse passar a mão pelo rosto para tentar ajeitar as coisas, sabia que o que quer que estivesse sangrando não iria melhorar nada entrando em contato com a sujeira tóxica da Mary Lee.

Eu nunca acreditei muito que fosse acabar trabalhando nas minas de carvão, mas era o único lugar onde podia conseguir um salário decente ao sair do ensino médio. Não havia muitas opções depois que me formei. Nada de bolsa, nada de faculdade. Nenhuma oportunidade além daquelas que eu pudesse arrumar por conta própria. Diabos, a gente não tinha nem os dez dólares a mais para pagar meu anel de formatura. As minas eram o emprego que pagava melhor por ali e, por mais que eu tivesse jurado que nunca iria trabalhar nelas, não havia como recusar um emprego decente. Bons empregos eram escassos e raramente apareciam, e havia longas filas de homens tentando uma vaga nas minas. Eu tinha vantagem porque morava em Praco, meu pai trabalhara na companhia e eu conhecia alguns dos caras brancos do ensino médio, que deram boas referências minhas ao superintendente. Minha capacidade de me dar bem com os brancos também ajudou, e eu não tinha fama de causar problemas, nem na escola, nem na cidade.

Eu trabalhava instalando aquelas longas barras de aço que sustentam o teto das minas, para impedir que caiam. Às vezes tetos inteiros desabavam e esmagavam mineiros, outras vezes eram pesadas rochas que se soltavam e caíam pelos espaços entre as barras, mas de qualquer modo a morte numa mina sempre vinha de cima. Você podia literalmente ser nocauteado e perder os sentidos, como meu pai, ou ter o crânio esmagado por uma pedra que se soltasse, ou fatiado por uma lasca de xisto despencando de uma altura de doze metros. "Enfiar barras", como a gente chamava esse trabalho, não era nada fácil. Nenhum trabalho nas minas era fácil. Na maior parte dos dias, trabalhávamos em pequenos poços e em túneis com menos de um metro e meio de altura, onde mal dava para se mexer. Descíamos de elevador por mais de um quilômetro, então entrávamos em carrinhos e rodávamos quilômetros naquele ar úmido, num mundo sem luz e sem cor. Estava escuro quando descíamos de manhã, era escuro o dia inteiro, e já tinha escurecido quando saíamos à noite. Não era fácil manobrar o equipamento e as barras, algumas delas com um ou dois metros de comprimento, abrir buracos na rocha sólida com a furadeira e prender as barras com placas de aço, mas tinha que ser feito, e bem feito, se não alguém podia morrer. Em alguns dias, a sensação era que o melhor que dava para fazer era rezar para que o teto aguentasse o peso.

Eu odiava cada segundo daquele trabalho.

Eu não fui feito para ficar preso num espaço pequeno. Não gostava de ficar encurvado, sentir como se as paredes estivessem aos poucos se fechando em cima de mim, não ter espaço para correr ou um lugar iluminado e arejado para respirar. Eu não sabia muita coisa, mas sabia que Deus não tinha me feito para viver debaixo da terra ou num ambiente apertado. A impressão era que todo dia eu entrava em meu próprio caixão. Que homem em sã consciência iria querer aquilo? Eu costumava me imaginar fora dali – andando pelos bosques ou dirigindo numa longa estrada pelo país. Não tinha carro, mas adorava dirigir. Eu descia de elevador até o fundo da mina, mas minha cabeça ficava viajando pelo Alabama e mais para oeste. Eu dirigia pelo Texas e pelo Novo México. Havia dias em que ia direto até o Oceano Pacífico, outros em que virava à esquerda no Texas e descia pelo México, ia até a América Central, dançava com lindas mulheres em Honduras e no Panamá. Outras vezes, ia para o norte e visitava os Grandes Lagos, e depois seguia pelos grandes espaços a céu aberto de Montana e mais para cima, até o Canadá. Nunca tinha certeza de até onde era possível chegar dirigindo na direção norte – era a Groenlândia que ficava lá para cima? Era possível ir de carro até o Alasca ou o Polo Norte? Eu não sabia, e também não me ligava muito em lugares de clima tão frio, então sempre pegava meu automóvel imaginário e, quando chegava no Canadá, dava meia-volta. Alguns dias, subia até o Maine e comia lagosta banhada em manteiga quente; em outros dias ia nadar em Key West, na Flórida.

Em minha mente, eu ia a qualquer lugar, exceto àquele poço preto e escuro, onde cada respiração trazia poeira em suspensão, levando carvão e pedra e terra até meus pulmões, onde eles se assentavam e enraizavam como se quisessem puni-los por ter tido a ideia de perturbar aquele lugar. Eu cresci vendo velhos que não desciam nas minas havia vinte anos e ainda deixavam seu lenço preto toda vez que tossiam, assoavam o nariz ou enxugavam o suor da testa num dia quente de verão. Vi homens morrerem antes de ter a oportunidade de se aposentar – vi como penavam para respirar, com pulmões afetados por uma doença que não tinha nem nome. Me lembro da minha mãe fazendo sopa e bolo e levando para mulheres que haviam perdido o marido na mina. Muita sopa e muito bolo, e muitas mulheres e crianças deixadas desamparadas. Fui crescendo, e parecia que todo mês algum homem desaparecia de Praco, e lembro que via as entradas da mina como se fossem bocas de grandes monstros vivendo debaixo da terra, que pegavam os homens que entravam lá, mastigavam e cuspiam fora, arrebentados, como meu pai; ou então engoliam e faziam-nos desaparecer para sempre. Eu não queria morrer na mina ou ficar suando carvão o resto da vida, ou que a mina crescesse dentro dos meus pulmões até eu tossir tudo para fora, mas o que mais um garoto podia fazer quando estava pronto para trabalhar e ganhar a vida? Trabalhar por um salário mínimo numa loja de *fast-food*, onde os brancos continuavam não querendo que um homem negro pusesse a mão na comida deles, tampouco era algo que combinasse comigo. A triste verdade era que a melhor maneira de subir na vida era descer até as minas. E quanto mais perigoso o trabalho, mais bem pago.

Minhas lembranças do trajeto dentro da ambulância são um borrão, mas me lembro de ver minha irmã esperando na entrada da mina quando eles me levaram para fora. Ela chorava por causa de todo aquele sangue, e eu não entendia por que os paramédicos diziam que não dava para colocar a máscara de oxigênio no meu rosto. Tentei contar para eles a respeito do monstro, e de como ele me mastigara e cuspira fora, mas havia muito sangue na minha boca e eu não conseguia mexer os lábios direito para pronunciar as palavras, então pareceu mais fácil simplesmente fechar os olhos e me imaginar de volta ao Panamá. Vi uma mulher linda de vestido vermelho, com os ombros de fora, querendo dançar comigo, então tomei-a nos braços e dançamos devagar em círculos, demos voltas, voltas e mais voltas, enquanto as sirenes da ambulância tocavam sua música.

A pedra que praticamente decepou meu nariz caiu de uns seis metros de altura em cima de mim naquele dia. Tive sorte porque, apesar de ser pesada o suficiente para provocar uma concussão e afiada a ponto de poder fatiar meu rosto como se fosse de manteiga, não houve dano permanente, a não ser uma grande cicatriz no nariz, decorrente dos 22 pontos necessários para me reconstruir. Eu adoraria poder dizer que nunca mais voltei à mina depois daquele dia, mas estaria mentindo. Trabalhei naquela mina por cinco longos anos.

Não houve um grande evento que me levou a sair de lá. Um dia simplesmente perdi a hora, e o sol estava brilhante e eu ouvia passarinhos cantando e o céu tinha o azul mais claro que eu já havia visto, e então eu soube que não podia mais descer naquele lugar escuro. Queria ficar na luz do sol. Tinha 24 anos de idade, e parecia que tudo o que havia na minha cabeça eram mulheres, e não havia nenhuma mulher no fundo daquela mina.

Depois do ensino médio, criei um campeonato amador de *softball*, tendo Lester como meu arremessador principal. Mas quase todos os caras que haviam jogado estavam indo embora, ou ocupados demais com o trabalho e a própria vida para comparecer regularmente, então acabamos encerrando o campeonato. Lester também tinha ido para as minas, mas trabalhava na Mina Bessie, não na Mary Lee, e não tinha planos de abrir mão de um emprego estável tão cedo. Ele apenas balançava a cabeça quando eu dizia que preferia ser pobre à luz do dia do que ser rico no escuro. Lester abaixava a cabeça, ia para o trabalho, e não comentava nada. Eu admirava isso nele. Mas a vida me empurrava em outra direção, e eu sonhava com grandes aventuras, mulheres maravilhosas e uma vida na qual um homem fosse recompensado por trabalhar duro sem ter que colocar a vida em risco. Pretendia fazer faculdade de Direito ou mesmo Administração. Vestiria ternos de seda e me imaginava como um CEO ou um advogado capaz de superar qualquer um com sua argumentação num tribunal. Às vezes me imaginava também como médico ou bombeiro. Não sonhava mais em ser jogador de beisebol; isso havia ficado doloroso demais. Eu sabia que se tivesse nascido outra pessoa teria conseguido uma bolsa e ido para a universidade, talvez fosse até convocado para o time principal da escola, e ter consciência disso era muito doído, portanto deixei esse sonho de lado.

Durante os cerca de quatro anos em que levamos adiante o campeonato de *softball*, eu também namorei duas irmãs, sem que uma soubesse da outra. Um dos caras contra os quais eu jogava, Reggie, ficou com muita raiva disso, porque havia pedido a mais nova em namoro e ela não tinha aceitado, e acabou revelando a ele que me namorava em segredo. Eu assumira o namoro com a irmã mais velha, mas o relacionamento com a mais nova era secreto. Reggie andava falando grosso pela cidade, dizendo que iria acabar comigo. Eu não me preocupava muito com isso, porque era uns quinze centímetros mais alto que ele e devia pesar uns trinta quilos a mais. Reggie era baixinho, com olhos maldosos, que sempre pareciam estar me encarando. Tínhamos muitos amigos em comum, então eu estava bem a par do que ele dizia a meu respeito. Eu sabia de tudo. Ele era como uma serpente rastejando atrás de mim, onde quer que eu fosse, mas eu sabia que ele só chiava, não mordia.

Eu não me orgulhava de estar namorando duas irmãs ao mesmo tempo, e sem dúvida minha mãe me esfolaria vivo se descobrisse, mas mulheres eram o meu fraco. Meu único e verdadeiro vício. Eu não bebia, não fumava e não consumia drogas. Mas parece que não conseguia deixar de me envolver com mulheres. Para mim, não havia uma emoção maior do que a da conquista. Não me importava se eram casadas, se tinham namorado ou se eu já estava namorando a irmã delas. Talvez fosse um dom, ou uma maldição, mas quando eu conversava com uma mulher, fosse por uma hora ou por uma noite inteira, ela passava a ser a única que existia para mim. Eu não estava jogando um jogo, e não sei como explicar direito de que maneira eu justificava isso na minha cabeça, mas qualquer que fosse a garota que estivesse na minha frente, ela era absolutamente o único foco da minha atenção e do meu amor. E o que eu mais gostava era quando algum dos meus amigos vinha me dizer que uma garota não era para o meu bico. "Me dê cinco minutos", eu respondia. E nunca falhava. Eu sabia conversar com muito jeito com qualquer mulher até seus joelhos fraquejarem. E cada palavra que eu dizia a cada uma delas era a pura verdade. Eu acreditava no que eu dizia, portanto elas acreditavam também.

Mas no instante em que me afastava delas, era "o que os olhos não veem o coração não sente".

Como eu disse, mulheres eram meu ponto fraco, minha criptonita e meu calcanhar de Aquiles, tudo numa coisa só. E em mais de uma ocasião me vi saindo da casa de uma mulher bem na hora em que o namorado ou o marido dela estavam chegando em casa. Sem dúvida, eu era um pecador durante a semana, mas aos domingos ia sempre à igreja com minha mãe e pedia perdão. Chegava a segunda-feira, porém, e aquelas mulheres enchiam de novo minha cabeça, e embora eu soubesse que era errado, sabia também que, à minha maneira, eu me preocupava de verdade com cada uma delas.

O único grande obstáculo tanto para meu trabalho quanto para minha vida amorosa era um carro. Havíamos sido obrigados a sair de

Praco – a Alabama By-Products primeiro fechou a loja e depois notificou oficialmente que iria fechar o núcleo habitacional. Eles entregaram o aviso final de despejo pouco antes do Natal de 1981, o que não deixou as pessoas que ainda moravam lá muito felizes. As minas de Praco tinham encerrado as atividades havia bastante tempo, e embora nunca tivéssemos conseguido água encanada eu adorava Praco e não queria me mudar de lá.

Carregamos as coisas da nossa casa num caminhão e mudamos para um terreno em Burnwell, não muito longe de Praco. Eu era o filho caçula, e a ideia era que ficasse com minha mãe para ajudá-la. Todos os meus irmãos, exceto dois, haviam saído de vez do Alabama. Não era um lugar fácil para morar. Alguns foram para Ohio, mais ao norte. Meu irmão Lewis foi mais longe, para a Califórnia. Ficar com minha mãe, porém, não era uma obrigação; era uma alegria. Eu a amava mais do que qualquer coisa, e não teria conseguido morar em nenhum outro lugar se soubesse que ela não contava com ninguém para ajudá-la. A felicidade dela era a minha felicidade e vice-versa, era assim que sempre havia sido e que sempre iria ser. Eu tampouco me importava de ela cozinhar para mim. Ela cozinhava de dia ou de noite, e aquela comida tinha o mesmo gosto do amor.

Sair de Praco significava que eu precisava mais do que nunca de um carro, porque não havia mais vizinhos com quem pudesse ir e voltar, e toda vez que pedia carona a desconhecidos nunca sabia onde estava me metendo. Eu tinha passado de me esconder de carros estranhos na estrada para entrar neles, desesperado por uma carona. Era um risco, porque o mundo não havia ficado minimamente mais seguro para um negro. Eu sabia que podia me defender se fosse preciso, e precisava ir a lugares, ganhar dinheiro, e ver mulheres. Mas não podia arrumar emprego sem carro, e não podia comprar um carro se não tivesse emprego, então estava empacado, e muito cansado de não ter nada, de querer, de batalhar para ganhar algum dólar que não fosse da mina. Eu sempre trabalhara duro, mas não dá para andar 20, 25 quilômetros até o trabalho e depois o mesmo tanto de volta para casa. Alguma coisa tinha que mudar.

Essa *alguma coisa* mudou num sábado. Acordei, pus minha melhor roupa de ir à igreja, tomei café com a minha mãe, despedi-me dela com um beijo e então peguei uma carona até Vestavia Hills com um amigo. Pedi para ele me deixar a alguns quarteirões de uma revendedora de automóveis que eu já havia visto antes. Não vou dizer que o que aconteceu em seguida foi exatamente premeditado, mas foi uma daquelas vezes em que você se vê fazendo uma coisa e é como se estivesse assistindo a um filme. Há dias em que você quer tanto ser outra pessoa que é como se realmente acreditasse que é mesmo essa pessoa imaginária. E nesse sábado, eu não era um garoto pobre de Praco que estava batalhando para arrumar um emprego – era um cara que acabara de sair da faculdade e arrumara um cargo numa grande corporação e estava comprando um carro zero quilômetro. Fiquei andando entre as fileiras de carros e, apesar de ter passado muitas noites imaginando que dirigia um Monte Carlo, ou um Buick Regal ou um Pontiac Grand Prix novinho, foi o Cutlass Supreme que fez meu olho brilhar naquele dia. Era uma beleza de carro, lustroso, azul-céu, duas portas, com estofamento de veludo azul tão macio que parecia que você estava sentado nas nuvens, com quatro faróis que davam a impressão de que o carro tinha rosto, e que esse rosto estava sorrindo só para mim. Eu parei na frente dele na loja por tempo suficiente para que o vendedor percebesse e chegasse para fechar o negócio.

– Uma beleza esse carro.

Sorri para o vendedor. Era um cara branco, de costeletas compridas e cabelo castanho, que parecia estar ficando um pouco ralo em cima.

– Com certeza. Uma beleza de carro. Sem dúvida – concordei.

– Não tem carro melhor que o Cutlass.

Apertei a mão que ele me estendeu.

– Você quer fazer um *test drive*?

Concordei com a cabeça.

– Adorei o carro. Gostaria de ver como é dirigi-lo.

O vendedor sorriu, achando que já tinha a comissão dele no bolso. Fiquei olhando-o entrar na parte dos fundos da loja e voltar com as chaves.

– Essas são suas.

Ele estendeu a mão, e minha sensação foi como se eu me mexesse em câmera lenta. Me vi estendendo a mão e pegando aquelas chaves.

— Não se esqueça de pisar fundo nele na estrada. Você vai ficar surpreso com o que esse carro é capaz de render.

Ele abriu a porta do lado do motorista e continuou sorrindo enquanto eu sentava. Bateu a porta e deu dois tapinhas no teto do carro. Enfiei a chave na ignição e girei. O estofamento dos bancos tinha cheiro de brinquedo novo, de taco de beisebol novo, de um par de sapatos novos, e de todas as demais coisas novas maravilhosas que se pode imaginar, todas juntas. Tinha cheiro de manhã de Natal, de Domingo de Páscoa, de jantar de Ação de Graças e de dia de aniversário, tudo junto. Eu nunca havia respirado um ar mais doce do que o ar dentro daquele carro quando girei a chave para dar a partida.

Saí da loja e virei à direita. Dei uma volta pelas ruelas do centro por uns vinte minutos. Sentia-me forte e poderoso, como se não houvesse nada no mundo que eu não pudesse fazer. E quando finalmente peguei o acesso e entrei na estrada, pisei fundo no acelerador e ouvi o ronco do motor. Dirigi aquele carro para o sul em direção a Montgomery por mais de uma hora. E quando fiz o retorno para voltar a Birmingham, me pareceu que não tinha nada de mais passar direto pela saída que levava até a loja e, em vez disso, seguir em frente até a casa da minha mãe, onde eu sabia que um jantar estaria à minha espera. Não via a hora de mostrar o carro novo para minha mãe. Não via a hora de dizer a ela que a nossa vida realmente iria mudar agora. Naquele momento, senti uma esperança tão grande que achei que meu coração ia pular do meu peito. Sabia que tudo ia ser diferente, e foi quando decidi realmente pisar fundo e ver o que aquele carro era capaz de fazer. Era uma beleza. E era todinho meu.

Dirigi aquele carro por dois anos. Instalei um sistema de som Pioneer novinho, que eu consegui comprar porque tinha carro e podia dirigir até meu novo emprego numa loja de móveis. Mantive o carro em perfeitas condições, lavando e encerando todo fim de semana. Minha mãe estava feliz por eu poder levá-la até o supermercado e fazer as tarefas dela. Sempre sentava bem ereta no carro, com um grande sorriso no rosto. Eu não me orgulho de ter andado com minha mãe num carro em situação irregular, mas nunca avancei um sinal amarelo, nunca desrespeitei um sinal vermelho ou dirigi um quilômetro sequer acima do limite de velocidade.

Dois anos depois de ter pegado o carro da loja, eu juraria que ele estava melhor do que quando eu o tirei de lá. Mas a coisa começara a me incomodar. Minha mãe confiava em mim, e toda vez que eu dirigia com ela ao meu lado, ficava imaginando o que poderia acontecer se houvesse algum acidente, ou se o carro quebrasse e ficasse no acostamento e a polícia chegasse. O que ela iria pensar do que eu havia feito? Eu queria devolver o carro, mas não sabia como explicaria a ela que o carro havia sumido de repente. Estava enrolado numa mentira que ficara tão grande que eu não achava mais um jeito de sair.

Quando eu soube por um amigo que a polícia estava me procurando, vi que não podia mais continuar fingindo. E também que chegara a hora de contar para minha mãe.

Nunca senti tanto pavor por ter de contar alguma coisa a alguém, mas não havia outro jeito. Me sentia enjoado. Podia devanear o quanto quisesse, mas havia uma culpa em mim que vinha crescendo havia anos, e agora eu tinha a sensação de que ela estava supurando e fazendo apodrecer tudo o que havia de bom em mim. A última coisa que eu queria era magoar minha mãe. Ela estava em pé perto da pia quando cheguei por trás e envolvi meus braços em volta dos ombros dela. Não era uma mulher pequena, mas sempre parecia miúda comparada comigo.

Ela ergueu uma mão molhada e deu um tapinha no meu braço quando a abracei.

– O que é isso? – ela perguntou.

– Preciso lhe contar uma coisa. É sério.

Ela se virou e secou as mãos num pano de prato.

– Certo, então vamos sentar. Não dá para falar coisas sérias em pé.

Sentei à mesa e esperei enquanto ela pegava dois copos e uma chaleira cheia da geladeira.

– E nunca se fala sobre algo sério sem beber alguma coisa – acrescentou. Serviu o chá e se sentou à minha esquerda na mesa. – E então, do que se trata?

– Eu fiz uma coisa. Uma coisa errada.

Ela olhou bem nos meus olhos e tomou um gole do chá. Não falou nada. Minha mãe conseguia dizer mais em silêncio do que a maioria das pessoas consegue falando dez minutos seguidos. Ela esperou. Deu mais um gole. Então fez um sinal com a cabeça, e a história toda veio à tona. Contei do *test drive* e do meu desejo de ser alguém diferente de quem era e que eu nunca havia pagado pelo carro. E que agora estava tudo desabando e eu não sabia o próximo passo que deveria dar.

Ela tomou outro gole do chá e olhou para mim com os olhos mais tristes que eu já havia visto.

– Você está arrependido?

– Estou.

– E agora vai fazer o certo?

– Vou, sim, senhora.

– Bem, então vá lá e faça o certo. Vá até a delegacia de polícia e conte tudo a eles, e então encare as consequências. Eu não te criei para pegar uma coisa que não lhe pertence, mas sim para saber admitir o que fez de errado. Você não é mais criança, e eu não posso protegê-lo disso. Vá lá, admita o que fez para os policiais, e depois admita para Deus seu erro. Ele irá perdoá-lo, e eu também. Mas você precisa decidir quem você é, Ray. Precisa decidir que tipo de homem vai ser. E precisa escolher agora. Sei que vai escolher bem. Sei que vai.

Senti que a voz dela embargou um pouco ao dizer isso, e fiquei coberto de vergonha. Esse não era o cara que eu queria ser. Eu iria escolher o caminho certo. O caminho que iria deixar minha mãe orgulhosa. Ela pôs a mão no meu rosto e balançou a cabeça, e eu jurei bem ali naquela hora, naquela mesa da cozinha, que nunca iria fazer nada que pusesse aquele olhar de dor no rosto da minha mãe de novo. Eu não me importaria se tivesse que ir a pé para todo canto pelo resto da vida ou se tivesse que voltar para as minas – eu só iria trilhar o caminho correto. Seria o filho que minha mãe merecia e o filho que ela me criou para ser. Lester estava no trabalho, então chamei outro amigo para me levar até a delegacia. Foi um alívio. Confessei meus pecados e aceitei quando me puseram na cadeia. Fui a julgamento em setembro de 1983. Admiti minha culpa e fui sentenciado a um ano e meio de prisão, mas como me concederam dois dias para cada um em que aguardara a corte definir um acordo, acabei ficando apenas alguns meses num programa com permissão de trabalho externo. Fiquei na Prisão Kilby apenas o tempo em que o processo correu, mas o suficiente para que meu nome passasse a constar no sistema.

Minha mãe e um de nossos vizinhos foram me buscar em Birmingham no dia em que consegui a permissão de trabalho, e fui ver Lester assim que pude.

– Está livre desse absurdo todo agora? – ele perguntou.

Pensei muito sobre aquela conversa na mesa da cozinha com minha mãe, e soube que ir para a cadeia havia sido a melhor coisa que poderia ter acontecido comigo. A prisão não era para mim. Não havia glamour nenhum ali. A comida era horrível. O cheiro era horrível. A falta de liberdade fazia cada célula do meu corpo doer. Nenhum carro, nenhum dinheiro, nenhum emprego e nenhuma garota iriam justificar que eu arriscasse minha liberdade. Eu ficaria em liberdade condicional por um ano e meio, mais ou menos, até agosto de 1985. Não me importava – por mim poderia ter ficado na condicional cinquenta anos –, e sabia que nunca mais faria nada que estivesse fora da lei. Nunca iria fazer nada que me tirasse da minha vida ou pusesse aquele olhar de dor nos olhos da minha mãe. À noite, longe de casa, passei um bom tempo pensando nas coisas e nas pessoas que tinham importância para mim nessa vida.

Deus era importante. Lester era importante.

Minha liberdade era importante.

E acima de tudo minha mãe era importante.

Todas as outras coisas na vida eram apenas temporárias.

– Juro por Deus – eu disse a Lester, e levantei a mão direita. Ele deu uma risadinha. – É sério. Juro por Deus, nunca mais vou pegar nada que não seja meu.

Lester me olhou fixo para ver se eu ia fazer mais uma das minhas piadas, e como eu continuei olhando fixo também, finalmente deu seu grunhido de aprovação.

Esperei um pouco e então fiz minha melhor voz de pregador.

– Mesmo que seja o Corvette mais lindo que você já tenha visto. Mesmo que Deus em pessoa desça do céu e venha dizer "Esse carro aqui é seu", prometo que se eu precisar de um carro, vou fazer um empréstimo. Se eu der um cheque, vou me assegurar de ter saldo no banco para cobri-lo. Se alguém me der as chaves do carro, vou devolvê-las na mesma hora se elas não me pertencerem. A não ser que seja você me dando as chaves do seu carro. Ou a não ser que seja uma bela dama que queira que eu dirija porque bebeu um pouquinho além da conta. Mas fora isso, juro solenemente que eu, Anthony Ray Hinton, jamais vou roubar de novo. Mesmo que...

Lester me interrompeu, rindo.

– Já entendi da primeira vez; não vou ficar aqui ouvindo você falando o dia inteiro quando tem um belo churrasco aqui pra gente comer.

4

O ASSASSINO DO REFRIGERADOR

"Todo delegado e policial desse país soube depois do Captain D's[10] que havia um assassino frio e brutal andando pelas ruas desse país como nunca houvera antes."
Tenente Doug Acker

Birmingham, 25 de fevereiro de 1985

> MORRE TRABALHADOR BALEADO
> EM ASSALTO A RESTAURANTE
>
> O subgerente de um restaurante de Southside morreu ontem à noite depois de ter recebido dois tiros na cabeça de um assaltante pela manhã.
> John Davidson, 49, morador do número 2249 da Rua Third Place Northeast, teve decretada morte cerebral às 22h55 de ontem no Medical Center East, após passar por cirurgia durante o dia.
> Além dos ferimentos por bala, Davidson também havia sido brutalmente espancado.[11]

---

[10] Captain's D é uma rede americana de restaurantes de *fast-food*, especializada em frutos do mar. [N.T.]

[11] Mike Bennighof, "Worker Shot in Restaurant Holdup Dies" ["Morre trabalhador baleado em assalto a restaurante"], *Birmingham Post Herald*, 26 de fevereiro de 1985.

Não sei onde eu estava na noite em que John Davidson foi assassinado. Eu não passava os dias pensando em álibis para minhas noites. Nunca havia sequer comido no Mrs. Winner's Chicken & Biscuits, em Southside. Mas em 23 de fevereiro alguém assaltou o restaurante, enfiou John Davidson à força na área refrigerada e deu-lhe dois tiros na cabeça. Alguém tirou um filho de seus pais e um marido de sua esposa.

Não havia impressões digitais. Nem testemunhas oculares. Nem DNA. Qualquer um podia ter feito aquilo. O assassino foi embora com 2.200 dólares. Qual é o preço de uma vida? Qual é a quantia em dólares que um homem irá trocar pela própria alma? Não sei as respostas a essas perguntas. Tenho pensado a respeito desse homem – tentando imaginar o que pode tê-lo levado a um ato desesperado como esse. O que será que pensava quando estava sentado no escuro esperando para assaltar e matar? Todo ato desesperado tem seu preço, mas eu não sabia então que a pessoa que iria pagar esse preço era eu. Onde é que eu estava na noite em que John Davidson foi assassinado? Não tenho ideia. Será que estava dormindo em minha cama? Rindo de alguma coisa com Lester? Jantando com minha mãe? Visitando uma amiga? Meus dias e noites não tinham absolutamente nada de extraordinário. Eu trabalhava num armazém montando e despachando camas, seis dias por semana. Vinha mantendo minha promessa de ficar fora de encrencas. E embora não seja capaz de dizer onde estava ou o que fazia naquela noite em particular, sei muito bem que não estava espancando, assaltando nem matando.

E sei também que alguém escapou impune de um assassinato.

Birmingham, 3 de julho de 1985

Meu emprego na The Brass Works não era algo que eu pudesse manter por muito tempo, porque não entrava na minha cabeça ter que trabalhar aos sábados. Os sábados para mim eram para almoços comunitários na igreja, churrascos com os amigos, levar minha mãe para resolver algumas coisas, pescar ou assistir a algum jogo de futebol universitário. Nossa igreja não tinha muitos homens, e parecia que aos sábados eles sempre tinham o carro para lavar ou algum conserto para fazer na casa, e sempre pediam que outros homens dessem uma ajuda.

Por mais que eu tivesse tentado durante mais de seis meses, não conseguia me conformar em ter que trabalhar aos sábados, e isso acabou ficando evidente. De segunda a sexta, eu trabalhava o máximo que podia – sempre chegava no horário e dava o melhor de mim –, mas no sábado era como se um interruptor dentro de mim desligasse, e eu sabia que isso não era justo com meu patrão. Eu inventava mil desculpas para não ir aos sábados, e acho que uma vez ou outra até distorci um pouco a verdade, mas acabou ficando claro que aquele não era um emprego para mim. A cada sábado ficava mais difícil ser o tipo de empregado que eles precisavam que eu fosse. Saí de lá umas duas semanas antes do meu aniversário. Saí sem ressentimentos e fiz planos de procurar uma empresa chamada Manpower, que arrumava trabalhos temporários em empresas na área de Birmingham.

Eu acabava de fazer 29 anos e, sinceramente, ainda não sabia o que queria ser. Às vezes tinha a impressão de que a vida era mais um processo de eliminação do que uma série de escolhas. Sabia que não queria ser minerador de carvão. Sabia que não queria ficar na prisão. Sabia que não queria ser um ajudante de convés numa barcaça transportando carvão para cima e para baixo pelo rio. Sabia que não queria trabalhar aos sábados. Sabia que não queria deixar minha mãe sozinha. Mas fora essas coisas todas, eu simplesmente queria ganhar a vida, pagar as contas, ter um carro bacana para dirigir e encontrar uma mulher bonita pela qual me apaixonasse e com a qual me casasse e tivesse filhos. Eu esperava que essa mulher se dispusesse a morar comigo na casa da minha mãe, mas imaginava que lidaria com isso quando fosse necessário.

A Manpower não iria me render muito dinheiro, mas já era alguma coisa, e eu estava otimista, achando que ir de um emprego para outro e fazer coisas diferentes iria me ajudar a descobrir o que eu queria fazer da vida. Nunca se sabe quem se pode conhecer ou o que pode acontecer de repente. Já fazia dez anos que eu saíra da escola, mas ainda adorava aprender coisas novas. Gostava de falar com pessoas diferentes e ir a lugares onde nunca tinha estado e ver como eles funcionavam. Tinha uma cabeça boa para negócios e cheguei a pensar em abrir um restaurante onde eu pudesse servir às pessoas a comida que minha mãe fazia para mim havia tanto tempo. Ela me ensinava a cozinhar tudo o que preparava para mim.

Suas lições de culinária sempre começavam com ela dizendo "Se você gosta disso, é melhor ser capaz de fazer você mesmo. Não vejo você arrumando uma esposa tão cedo".

Minha mãe sempre dava um jeito de dizer as coisas que queria.

Ela me fazia rir, me mantinha na linha e nunca me pressionou para resolver minha vida. Ela simplesmente me amava do mesmo jeito que sempre havia me amado desde que eu conseguia lembrar – de maneira absoluta e incondicional.

> **GERENTE DE RESTAURANTE ENCONTRADO MORTO A TIROS**
>
> Um funcionário que trabalhava há cinco anos no Captain D's foi encontrado morto a tiros ontem na área do refrigerador do restaurante em Woodlawn. Ao que parece, ele foi vítima de assalto.
>
> A polícia de Birmingham disse que Thomas Wayne Vason, 25 anos, morador do número 11 da Rua Oak, em New Castle, morreu vítima de disparo de arma de fogo na cabeça. Não havia sinais de luta corporal. Algum dinheiro foi tirado do cofre, mas até ontem a quantia não era conhecida.
>
> O sargento de Homicídios C. M. Quinn disse ver algumas similaridades entre o assassinato de Vason e o do subgerente de um restaurante Mrs. Winner's Chicken & Biscuits, ocorrido em fevereiro. Quinn, no entanto, disse não saber se os dois homicídios estão relacionados.[12]

Comemoramos o feriado de 4 de julho como fazíamos todo ano – com o melhor churrasco que se pode imaginar, amigos da igreja e chá gelado à vontade. Não havia um feriado maior no Alabama do que o Dia da Independência. Não dava para andar pela rua sem ser convidado por estranhos para comer alguma coisa da mesa deles. Rojões, melancias e

---

[12] Kathleen M. Johnson e Mike Bennighof, "Restaurant Manager Found Fatally Shot" ["Gerente de restaurante encontrado morto a tiros"], *Birmingham Post Herald*, 3 de julho de 1985.

crianças correndo por todo lado, enquanto os adultos esguichavam água nelas com uma mangueira. Podíamos ficar afastados o ano inteiro, mas algo desse feriado conseguia unir os bairros e as pessoas como nenhuma outra coisa. Não éramos negros ou brancos, éramos americanos, e todos riam e brincavam e batiam palmas para os carros alegóricos dos desfiles, e era o único momento do ano em que parecia que todos em Birmingham se apaixonavam uns pelos outros.

Em 1985 não foi diferente. Corridas de saco, lançamento de ovos,[13] e mais comida do que se pode imaginar. Minha mãe vestia seu melhor chapéu branco e um vestido azul com debrum vermelho nas mangas. Me lembro de sentar em cadeiras dobráveis com Lester e ficar vendo minha mãe rindo com as senhoras da igreja, me fazendo sentir uma alegria tão grande que eu nem conseguia contê-la. Eu sabia que dali a uns dois meses estaria livre da condicional, e todos aqueles erros do meu passado ficariam para trás. Tinha uma namorada nova, Sylvia, e esperava que o trabalho da Manpower que eu estava a ponto de pegar me levasse para algo melhor. Virei para Lester e disse:

– Esse feriado pra mim é como se eu estivesse fazendo juramento à bandeira.

– Rapaz, como assim?

Então tentei explicar.

– Sabe, "uma nação unida por Deus, com liberdade e justiça para todos". Tudo hoje me passa essa sensação. De esperança. Como se a justiça e a liberdade e tudo mais fosse possível. Você entende?

– Acho que sim. Ele me parece igual a qualquer outro 4 de julho num dia quente de verão, mas acho que entendo o que você quer dizer.

– E se no ano que vem um de nós casar? Ou tiver um filho? Ou sei lá o quê? – Parei, porque naquela hora senti tamanho amor por Lester e por minha mãe, com as luvinhas e o chapéu, e pelo Alabama e pelos dias quentes de julho com chá gelado que refresca de dentro para fora, que na realidade me faltavam palavras.

---

[13] O lançamento de ovos é uma brincadeira tradicional dos países anglo-saxões associada à Páscoa, em que as pessoas atiram ovos, em geral sobre gramados, de maneira a não os quebrar – o que exige certa técnica. [N.T.]

— Você está pensando em ter filhos logo? — Lester riu.

— A gente nunca sabe — eu disse, engolindo um nó na garganta que surgira do nada. — Só estou sentindo que tem um clima de mudança no ar.

— Não sei, não. — Lester olhou para o céu, cheio de nuvens escuras, e riu. — Para mim acho que o que vem vindo são trovões.

Ensley, 25-26 de julho de 1985

Cheguei ao armazém do Bruno's às 23h57. Não me incomodava trabalhar no turno da noite, e quando o relógio deu meia-noite eu estava em pé junto com um grupo de outros doze trabalhadores temporários, pronto para receber as ordens de serviço para aquela noite. O Bruno's era uma empresa atacadista gigante, e os temporários tinham que ser checados num galpão externo e depois entravam para se reportar ao supervisor. Havia um controle rígido, imagino que pelo fato de sermos temporários, pela possibilidade de alguém roubar alguma coisa ou fazer corpo mole. Isso nunca fez sentido para mim — trabalhadores temporários querem empregos permanentes, portanto na verdade trabalhávamos até mais duro do que os registrados.

Minhas tarefas em geral consistiam em operar uma empilhadeira — levar paletes até a traseira de um caminhão, onde eram carregados de mercadorias por outros trabalhadores, e então transportá-los cheios até a parte alta, como chamávamos o lado do armazém onde ficavam as maiores prateleiras, e empilhar ali as mercadorias. Não era ciência espacial, mas era até divertido dirigir uma empilhadeira.

Meu turno começou à meia-noite no dia 26 de julho. Ficávamos ali uns dez, quinze minutos, enquanto o supervisor, Tom Dahl, fazia a checagem, anotava nossos nomes e passava as tarefas. Minha primeira tarefa era pegar a empilhadeira com um palete cheio de baldes, suprimentos de limpeza e vassouras de pano e levá-lo a todos os lugares onde havia pessoal fazendo a faxina. Isso consumiu uns dez minutos, então meu supervisor me pediu para subir, limpar os banheiros e raspar todos os chicletes dos pisos. Era impressionante a quantidade de chicletes que ficavam grudados nos pisos durante o dia. Eu não entendia por que homens e mulheres adultos simplesmente jogavam chiclete no chão, mas não estava lá para fazer perguntas. Meu trabalho era raspar todos os chicletes, passar a vassoura de pano e limpar aqueles banheiros de cima a baixo. Não era meu tipo de trabalho favorito — mas era trabalho, e eu gostava de fazer direito, não importava o que fosse. Terminei essa tarefa específica por volta das 2 horas da manhã, recebi a aprovação de Dahl, e então fiz meu intervalo de quinze minutos.

Depois disso, trabalhei na parte externa separando os paletes quebrados dos que estavam em ordem — e vendo quais dos quebrados tinham conserto e quais estavam tão danificados que não valia a pena perder tempo consertando-os. Havia neblina naquela noite — não dava para ver nenhuma estrela —, mas fiquei feliz por ter vestido uma camiseta sem mangas, pois mesmo às 3 da manhã fazia uns 25 graus e estava úmido. Parecia que ia chover. Nada de mais excitante aconteceu naquela noite. Fiz minha refeição às 4 da manhã, limpei o piso embaixo do latão de lixo e dei a noite por encerrada.

Birmingham, 27 de julho de 1985

ASSALTO COM TIROS PODE ESTAR LIGADO A ASSASSINATOS

A polícia investiga se o assalto com tiros a um gerente de restaurante de Bessemer nas primeiras horas de sexta-feira está relacionado aos assassinatos anteriores deste ano, quando dois gerentes de restaurante de Birmingham foram mortos.

Os três gerentes foram baleados na cabeça durante assaltos tarde da noite a seus restaurantes. Mas o subgerente da Churrascaria Quincy's Family, na Avenida 9, SW, 1090, em Bessemer, sobreviveu aos ferimentos e a polícia o interrogou.

Sidney Smotherman, morador do número 3341 da Rua Berry, Hueytown, foi admitido em boas condições no Centro Médico Metodista de Carraway, em Birmingham, na sexta-feira à noite, segundo porta-voz do hospital. A polícia disse que Smotherman foi alvejado na cabeça e na mão.

O capitão J. R. Pace de Bessemer disse na sexta-feira que a princípio a polícia acreditava que uma bala "foi responsável por todo o dano" a Smotherman, mas que agora acreditam que podem ter sido dois disparos.

Pace disse que Smotherman também foi ferido no peito, embora a causa desse ferimento não tenha sido determinada.

Os três assaltos tiveram lugar depois que os restaurantes haviam fechado, e todos os gerentes foram obrigados a ir até os fundos do estabelecimento, onde levaram os tiros.

A polícia vem trabalhando desde fevereiro tentando resolver o latrocínio do Mrs. Winner's Chicken & Biscuits, na Rua 29, 737, no qual John Davidson, 49, de Center Point, levou dois tiros na cabeça e foi abandonado para morrer dentro do restaurante.

Devido a manchas de sangue na parte de trás do restaurante, os detetives acreditam que Davidson, subgerente, foi obrigado a entrar na câmara frigorífica e baleado ali.

Em 2 de julho, Thomas Wayne Vason, 25, gerente noturno do Captain D's, na Avenida 1, 5901, foi encontrado morto no refrigerador do restaurante quando os funcionários abriram o estabelecimento.

Pace disse não querer fazer especulações sobre os fatos do caso Bessemer, mas leu a declaração que Smotherman deu à polícia.

Segundo a declaração de Smotherman e outros relatos da polícia de Bessemer, o assalto e tiroteio de sexta-feira no Quincy's deu-se do seguinte modo:

Por volta de 0h30, Smotherman e quatro outras pessoas saíram do Quincy's em veículos separados a caminho de casa, depois de fecharem o restaurante. Smotherman estava sozinho num Pontiac Fiero 1985 e passou numa mercearia no caminho.

Ao sair da mercearia, Smotherman diz ter parado no cruzamento da Avenida 9 com a Rua Memorial e levado uma batida na traseira, de um Chevrolet ou Buick preto.

Quando Smotherman desceu do carro para ver o dano da batida, o motorista do outro carro puxou a arma, mandou que voltasse a entrar no Fiero, e um homem armado foi com ele no carro.

O homem armado disse para Smotherman pegar a Avenida 4 e a Rua Memorial, onde deixaram o Fiero estacionado no meio-fio e foram para o carro do homem armado.

Ele levou Smotherman de volta ao Quincy's, onde o obrigou a abrir a porta e entrar.

Uma vez lá dentro, o assaltante mandou Smotherman abrir o cofre e então pegou um saco plástico de lixo de uma lixeira e encheu-o com o dinheiro. Em seguida, mandou Smotherman entrar na câmara frigorífica. Mas Smotherman tentou convencê-lo do contrário, dizendo que lá dentro era frio demais. O homem então disse a Smotherman que entrasse no depósito e, quando Smotherman virou-se para fazer isso, deu-lhe um tiro na cabeça.

Smotherman caiu no chão, onde ficou parado de propósito, até que o assaltante fosse embora. Quando ele saiu, Smotherman foi até o Motel 6, junto ao restaurante, e procurou ajuda.

Smotherman descreveu seu assaltante à polícia como negro, 1,80 de altura, 85 quilos, bigode, e usando calça jeans azul e uma camisa xadrez vermelha.

Pace disse na sexta-feira que seu departamento havia discutido o roubo na Quincy's com os detetives de Birmingham. "Mas estamos investigando nosso próprio incidente por aqui também", declarou.

Howard Miller, sargento de Homicídios de Birmingham, que investiga o assassinato de Vason no Captain D's, disse ter falado com um detetive de Bessemer na sexta-feira de manhã e que "estamos trabalhando com Bessemer".

Smotherman trabalha na Quincy's há cerca de três anos, declarou sua filha, a senhora Martie Hamilton, de Atlanta. Ela informou que ele começou como auxiliar administrativo no restaurante.

A senhora Hamilton disse ainda que o pai estava "em condições muito boas e de bom humor" na sexta-feira à noite.

– Sabemos que ele teve sorte. Simplesmente não era a hora de ele ir – declarou ela. – Esperamos que ele seja pego (o assaltante) e que isso não aconteça com mais ninguém.[14]

---

[14] Peggy Sanford e Kaye Dickie, "Robbery-Shooting May Be Tied to Murders" ["Assalto com tiros pode estar ligado a assassinos"], *Birmingham News,* 27 de julho de 1985.

Burnwell, 31 de julho de 1985

Julho é sempre um mês quente no Alabama, mesmo quando está nublado, portanto quando minha mãe me pediu para cortar a grama, eu resisti. Na realidade, era a última coisa que eu queria fazer. Queria ir ver minha namorada, Sylvia, mais tarde, e estava pensando na cerimônia de avivamento que iríamos assistir na igreja. E a última coisa que eu queria era ficar todo acalorado e suado cortando a grama. Já havia lavado meu carro, um Nissan vermelho muito bonito, colocado no nome de Sylvia porque eu estava ainda limpando a bagunça que tinha feito no meu crédito com minhas estripulias de garoto. O calor aumentava, e tudo o que eu queria era tomar algo gelado na sombra da sala da minha mãe.

— Amanhã eu corto a grama — eu disse, acomodando-me no velho sofá. Ela simplesmente olhou para mim com aquele jeito tranquilo de dizer "estou falando sério".

— Estou fazendo o maior esforço para tentar entender como é que você chegou a "Amanhã eu corto a grama", sendo que o que eu lhe disse foi para você cortar agora.

Não se cria dez filhos sozinha protelando as coisas para o dia seguinte, e todos nós quando crianças crescemos sabendo que quando recebíamos ordens de fazer alguma coisa, raramente escapávamos. Mas se alguém tinha alguma chance de levar mamãe na conversa era eu.

Só que não naquele dia.

Montei o velho cortador de grama e comecei a repassar mentalmente alguns versos da Bíblia. Eu teria que recitar alguma coisa mais tarde na igreja, e queria fazer uma boa figura tanto para Deus quanto para Sylvia. Enquanto passava o cortador de lá para cá no gramado da frente, finalmente me decidi por um versículo que parecia perfeito para aquele dia – Filipenses 2:14-15. Sabia que minha mãe iria achar graça quando me ouvisse ler o começo do versículo: "Fazei todas as coisas sem murmurações nem contendas".

Não sei o que me fez olhar para cima naquele exato momento e ver dois caras brancos em pé na varanda de trás. Olhavam fixo para mim, e nenhum dos dois sorria. Desliguei o cortador enquanto o resto do versículo passava na minha mente: "...para que vos torneis irrepreensíveis, filhos de Deus imaculados no meio de uma geração corrupta e perversa, entre a qual resplandeceis como luminares no mundo".

– Anthony Ray Hinton? – Um dos homens deu um passo na minha direção, gritando meu nome, e percebi que cada um deles vinha com a mão em cima da arma que portava do lado do corpo. – Polícia!

Eu não entendi por que havia dois policiais na varanda da minha mãe, mas não fiquei com medo. Sempre fomos ensinados que, se você não fez nada errado, não tem razão para temer, e com certeza nenhuma razão para fugir. Eu não havia feito nada de errado desde que saíra da prisão, e me apresentava regularmente desde que fora posto na condicional. Não havia nada a temer.

Andei até o alto da entrada da garagem.

– Precisamos conversar com você. – Eles me ladearam e meio que me empurraram para descer a entrada da garagem até o carro deles. Foi então que senti uma pequena pontada atrás das minhas escápulas, e meu estômago ficou com aquela sensação de quando se faz uma curva com o carro no alto de uma montanha a toda velocidade.

– Estou sendo preso?

Eles me revistaram e algemaram minhas mãos atrás das costas.

– Eu não fiz nada – eu disse. Minha voz estava um pouco mais alta, um pouco mais aguda do que eu queria. Um dos caras começou a abrir a porta de trás do carro. – O que significa isso?

– Eles vão lhe dizer quando levarmos você a Bessemer.

– Posso entrar e contar para minha mãe que estou saindo? – O que quer que fosse, eu sabia que ia me livrar daquilo logo. Não tinha feito nada de errado.

Fui levado até a porta lateral e gritei pela minha mãe. Ela abriu a porta, e nós três demos um passo para dentro.

– Estão me prendendo. Levando-me para a cadeia. Não se preocupe, não fiz nada. Não se preocupe – disse isso rápido, porque podia ver a confusão no rosto dela, e não queria que começasse a gritar com a polícia ou a chorar. Eles simplesmente me giraram e levaram de volta para o carro. Um sargento chamado Cole apresentou-se e leu meus direitos.

– Esse carro é seu? – o outro homem apontou para o Nissan vermelho.

– Sim. Minha namorada financiou no nome dela, mas o carro é meu.

– Você se importa se eu revistar o carro? E o seu quarto?

Não me opus. Talvez isso tirasse aquelas algemas de mim e eu pudesse evitar ter que ir à delegacia sem motivo.

– Claro. Quero que façam isso. Por favor, revistem os dois. – Quanto mais cedo eles revistassem, mais cedo iriam sair e eu poderia terminar de cortar a grama e ir para o avivamento e encontrar Sylvia. Eu sabia que minha mãe provavelmente iria ajudá-los a procurar no meu quarto. Ela iria querer ajudar a polícia a corrigir qualquer que fosse o equívoco que fizera com que eu estivesse agora sentado, algemado, na traseira de um carro de polícia.

Fiquei sentado com Cole no carro enquanto o outro cara, sargento Amberson, revistava meu carro e meu quarto. Ele voltou do carro de mãos vazias. Não havia encontrado nada. Eu achava que isso queria dizer que eu estava liberado.

Minha mãe saiu pela porta dos fundos, atrás dele.

– Vamos embora!

De repente, o sargento Amberson voltou para o carro e eles fecharam as portas e ligaram o motor. Pude ver minha mãe vindo até a frente do carro e começando a gritar do jeito que costumava fazer durante um dos meus jogos de beisebol.

– Esse é o meu bebê! Esse é meu bebê!

Só que ela não estava torcendo, ela estava gritando, quase chorando, e minhas mãos estavam presas atrás das minhas costas, então gritei o mais alto que consegui enquanto eles manobravam o carro no final da entrada da garagem.

– Está tudo bem, mãe! Tudo vai se ajeitar.

Eles começaram a descer a rua e eu virei a cabeça para ver minha mãe em pé na entrada da garagem, com os braços estendidos na minha direção. Ela chorava e berrava, e eu vi a porta do nosso vizinho abrir, então imaginei que alguém iria acudi-la.

Senti como se meu coração fosse se partir em dois.

– Está tudo bem – murmurei. – Tudo vai se ajeitar.

Eu via as árvores passando e senti o carro trepidar debaixo de mim quando cruzamos os trilhos da estrada de ferro no final da rua. Isso tudo iria se esclarecer por si só. Eu não tinha feito nada de errado. A verdade era essa, e a verdade iria me libertar para que eu pudesse voltar para casa e abraçar minha mãe. Ela não gostava de ficar sozinha à noite, portanto eu só queria que o que quer que fosse aquilo pudesse ser esclarecido em poucas horas.

Fechei os olhos enquanto seguíamos adiante para Bessemer. Aqueles caras não iriam falar mais nada e eu também não, até que alguém me dissesse do que se tratava aquilo. Assim que dissessem, eu iria esclarecer tudo, me livraria das algemas e voltaria para casa.

Para casa.

Eu só queria ir para casa.

Birmingham, 2 de agosto de 1985

PRESO SUSPEITO DOS ASSASSINATOS

Um mandado de prisão foi expedido ontem para um suspeito de roubo e tiroteio em Bessemer, acusado de ser responsável pelos homicídios de dois gerentes de restaurantes de *fast-food* de Birmingham.

Anthony Ray Hinton, 29, de Burnwel, perto de Dora, Condado de Walker, foi detido ontem, sem fiança. É acusado do assassinato de John Davidson em 23 de fevereiro e de Thomas Wayne Vason em 2 de julho.

Os dois homens foram baleados na cabeça e deixados para morrer na câmara de refrigeração de seus restaurantes [...]

Hinton está sendo acusado também do roubo da Churrascaria Quincy's Family, ocorrido num domingo [...]

Smotherman sobreviveu e deu à polícia sua primeira descrição do assalto, e mais tarde identificou Hinton como o homem que o baleou [...]

Autoridades também encontraram na casa de Hinton a pistola calibre .38 usada para disparar os tiros que mataram Vason e

Davidson e feriram Smotherman, disse o sargento de Homicídios C. M. Quinn.

– Já havíamos feito a comparação das balas – disse Quinn. – Tudo o que nos faltava era a arma da qual haviam sido disparadas, e foi ontem (que conseguimos), e encaminhamos na mesma hora à balística. Eles trabalharam nisso uma boa parte da noite e nos deram os resultados.

Ele foi transferido da Cadeia Municipal de Bessemer para a Cadeia do Condado de Jefferson.[15]

---

[15] Nick Patterson, "Holdup Suspect Charged with Slayings" ["Preso o suspeito acusado dos assassinatos"], *Birmingham Post Herald*, 3 de agosto de 1985.

5

CULPA PREMEDITADA

"Justiça igual e exata para todos os homens, quaisquer que sejam suas condições e crenças."
Palavras gravadas no Tribunal do Condado de Jefferson

QUANDO DESCI DO CARRO NA DELEGACIA de polícia de Bessemer, só vi flashes ofuscantes. Abaixei a cabeça e tentei manter os olhos fechados, porque a luz, o barulho e os gritos me desorientavam. Não sabia quem convocara a imprensa ou o que havia sido informado a eles, mas assistira a TV o suficiente para saber que se tratava de registrar a chegada de um criminoso, e que o criminoso era eu. Estava perturbado àquela altura, ou em algum lugar entre perturbado e com raiva. *Que constrangimento*, pensei. Para mim e para a polícia, quando eles tivessem que contar à imprensa que haviam cometido um erro.

Eles me levaram a uma sala na delegacia, e outros três policiais – Vassar, Miller e Acker – estavam lá me aguardando, com um homem que não disse nada, mas que descobri mais tarde que era David Barber, o advogado distrital de Birmingham. Eles leram de novo meus direitos. Acker colocou um pedaço de papel em branco na minha frente e pediu para eu assinar.

– O que é isso? – perguntei.

– Só assine, e então a gente vai datilografar seus direitos para que todos saibam que os lemos a você.

– Sabe de uma coisa? Sou uma pessoa honesta, então se alguém me perguntar, pode ser um juiz ou outro policial ou quem quer que seja, vou confirmar que você leu meus direitos – disse eu.

O detetive de polícia colocou a caneta em cima do papel.

– Nós vamos tirar as algemas, e então você vai poder assinar o papel e beber alguma coisa, e nós vamos esclarecer isso tudo bem rápido.

Eu sabia que não havia feito nada de errado, mas não era bobo. De jeito nenhum eu assinaria um pedaço de papel em branco. Levantei a cabeça e olhei aqueles homens todos ao meu redor. Eles pareciam felizes, animados. Parecia até que davam pulinhos de excitação, como quando você tem um grande segredo e não vê a hora de contar. Naquela hora, senti de fato a primeira pontada de medo. Por que eles queriam que eu assinasse uma folha de papel em branco? Isso não estava certo. Nada daquilo estava certo.

– Não vou assinar esse papel.

Disse isso com firmeza, e vi que todos ficaram se entreolhando. Um dos outros detetives pegou a folha de papel. Eu realmente não sabia quem era quem ali. Eles começaram a disparar perguntas.

– Onde você estava na noite de 23 de fevereiro?

– Eu não sei. Como é que eu iria saber disso?

– E na noite de 2 de julho? Onde você estava na noite de 2 de julho?

Fiquei um tempo pensando. Eu tinha ido para Atlanta na noite do dia 3 com Sylvia para deixar minhas sobrinhas. Juro pela minha vida que eu não consegui lembrar o que havia feito na noite anterior.

– No dia 2 provavelmente eu estava em casa. Não me lembro de ter feito mais nada. Provavelmente estava em casa também em fevereiro. Eu não costumo sair muito – eu disse. – Acho que nessas noites eu devo ter ficado em casa com minha mãe.

– Você pode provar isso? – o detetive disse baixinho, e eu senti um calafrio pela espinha.

– Não tenho como provar isso. Venha cá, meu caro, você sabe me dizer onde estava em algum dia aleatório de fevereiro? Fala sério.

– Não sou eu que estou preso aqui.

– Bem, eu também não deveria estar preso. Não fiz nada. Seja o que for, vocês, rapazes, pegaram o cara errado. – Eu cruzei os braços em volta do peito, tentando parecer tranquilo e calmo, mas podia sentir meu coração batendo contra o braço dobrado.

– Onde você estava na noite de 25 de julho?

Pensei nisso bastante – eu deveria ser capaz de me lembrar de uma semana atrás. Comecei a repassar a semana. E então surgiu na minha mente, eu sabia muito bem onde estava no dia 25.

– Eu estava na casa de uma amiga, a uns três quilômetros de casa. Isso foi na quinta-feira, certo?

Um dos detetives anotou alguma coisa num bloquinho.

– Qual é o nome da sua amiga?

Passei a eles o nome dela.

– A que horas você estava na casa dela? – Relembrei aquela noite. Eu havia jantado com minha mãe e então fui à casa da minha amiga.

– Cheguei lá umas 8 da noite, mais ou menos, e saí por volta de 11h15.

– E onde estava depois das 11h15?

– Fui para o meu trabalho em Ensley, e trabalhei a noite toda. Fiz o turno da noite. Da meia-noite às 8 da manhã. No Armazém Bruno's. Às vezes a gente sai mais cedo, quando termina o trabalho antes. Acho que saí por volta das 6 da manhã aquele dia. Devia ser dia 26. – Depois que eu disse isso, só ouvi o silêncio.

Puseram-me atrás das grades, e foi quando vi que teria que passar a noite ali. Não é fácil ficar confortável quando os beliches não foram feitos para um cara grande; por isso, após uma noite sem dormir, levaram-me para a cadeia do condado, em Birmingham. O tenente Acker me levou até lá.

– Por que eu fui preso, exatamente? Os caras lá disseram que foi por assalto. Quem foi que eu roubei?

– Você quer saber por que está preso?

– Sim, quero saber.

– Você está preso por sequestro em primeiro grau, assalto em primeiro grau, tentativa de homicídio em primeiro grau.

– Cara, vocês pegaram a pessoa errada.

– *Cara*, a gente ainda nem terminou com você ainda. Há mais acusações. – Acker virou e me olhou nos olhos pela primeira vez desde que eu lhe dissera que estava no trabalho no dia 25. – Veja, eu não quero saber se você é culpado ou não. Na realidade, eu acho que não foi você. Mas não importa. Se não foi você, foi um dos seus irmãos. E você vai levar a culpa. E quer saber por quê?

Eu só balancei a cabeça.

– Eu posso lhe dar cinco razões pelas quais eles vão condená-lo. Quer saber quais são?

Eu sacudi a cabeça, negando, mas ele continuou.

– Número um, você é negro. Número dois, um homem branco vai dizer que você atirou nele. Número três, você vai ter um advogado distrital branco. Número quatro, você vai ser julgado por um juiz branco. E número cinco, você vai ter um júri inteiro de brancos.

Ele parou e então sorriu para mim.

– Sabe o que isso quer dizer?

Eu sacudi a cabeça, mas sabia o que ele estava dizendo. Era impossível ser criado no Sul e não saber o que ele estava dizendo. Meu corpo inteiro ficou dormente, como se estivesse debaixo de uma ducha gelada em pleno inverno.

– Condenado. Condenado. Condenado. Condenado. Condenado. – Ele apontou para cada dedo da mão esquerda, então voltou a palma da mão com os cinco dedos estendidos na minha direção.

Inclinei a cabeça para trás contra o assento e fechei os olhos. Desde os 4 anos de idade, eu podia lembrar minha mãe ensinando todos nós, seus filhos, a respeitar a autoridade. Ela respeitava a autoridade – quase cegamente. "Diga a verdade", ela aconselhava sempre, "e você não terá nada a temer". Mesmo antes, quando eu enfrentara problemas, ela dizia: "Não importa se você vir a sofrer por causa disso, diga a verdade. O que é feito às escuras sempre vem à luz". No mundo da minha mãe, não havia zonas de penumbra. A polícia eram as pessoas a quem se recorria quando tinha problemas – você nunca fugia deles. Eles estavam sempre lá para ajudar. Foi por isso que deixei que revistassem meu carro e meu quarto. Foi por isso que disse a eles que minha mãe tinha uma arma quando me perguntaram. Eu dissera a verdade. A polícia estava ali para ajudar. Não havia o que temer.

Lembro que depois que me formei um dia ela se sentou comigo. "Ouça aqui, vai ter gente que não vai gostar de você simplesmente por causa da cor da sua pele. Alguns não vão gostar de você porque você é negro; alguns, porque você tem a pele clara. Vai ter gente que não vai gostar de você sejam quais forem as razões que tenham para não gostar de você. O mundo é assim, e pronto. Você precisa saber que é responsável pela maneira como trata os outros, mas não é responsável pela maneira como os outros tratam você. Entendeu isso? Não me importa o que as pessoas digam a seu respeito – você não baixa ao nível delas. Você sempre tem que tratar os outros melhor do que eles te tratam. Sempre."

Pensei que ela agora estaria sozinha em casa. Devia estar assustada. Não me deixaram ligar. Minha esperança era que os vizinhos estivessem com ela. Eu sabia que Phoebe, a mãe de Lester, iria ficar com minha mãe assim que pudesse. Àquela altura Lester já deveria ter saído das minas. Fiquei imaginando se já saberia da notícia. Ele procuraria garantir que minha mãe ficasse bem, que é o mesmo que eu teria feito se fosse com a mãe dele. Esse foi o único pensamento que me trouxe algum consolo. Aquela confusão toda iria se esclarecer.

Assalto em primeiro grau e tentativa de homicídio e sequestro? Raios, a sensação que eu tinha era que eu é que havia sido sequestrado. Mas eles iriam confirmar que eu estava no trabalho. Conversariam com minha amiga. Eu não sabia nada daquelas outras noites. Eu não conseguia lembrar, mas tinha que acreditar que eles iriam acreditar em mim. Eu não havia feito nada de errado, e quanto mais eu cooperasse e ajudasse a investigarem o que quer que fosse, mais cedo eu voltaria para casa. Não ligava para o que o Acker havia dito. Ninguém iria me condenar por algo que eu não havia feito. Eu era inocente, e isso ficaria claro de manhã.

A imprensa também estava em frente à cadeia de Birmingham, e eles me fizeram desfilar por ali e também lá dentro. Leram os direitos para mim de novo e fizeram o procedimento de prisão, com impressões digitais e fotos, e foi passada a informação que eu estava também sendo acusado de homicídio. Dois homicídios. Eles tinham provas, disseram. A arma em minha casa era compatível com as balas. Haviam encontrado a arma do crime. Alguém tinha me visto. Caso encerrado. Eu devia confessar.

Nada daquilo fazia sentido. Eu me recusei a falar. Queria apenas um momento para clarear as ideias e tentar entender. Precisava falar com minha mãe. Deram-me a roupa listrada verde e branca de presidiário para vestir, e tudo era um borrão na minha mente até que me levaram ao sétimo andar – o bloco C. Deram-me um colchão fino, de dois centímetros e meio; uma lâmina de barbear de plástico, uma caneca de plástico, uma escova de dentes e um rolo de papel higiênico só para mim. Coloquei as coisas na cama. Tudo o que eu queria era deitar e dormir uma semana.

– Fiquem em pé fora da cela, com as costas grudadas na parede.

Fiquei alinhado com os outros e observando os guardas fazerem a chamada. Contei mentalmente os nomes conforme eram chamados. Ao todo éramos 24. Olhei em volta. A maioria eram negros; havia alguns brancos.

Quando o guarda terminou, virei para voltar à cela.

– Hinton!

Virei-me para o guarda.

– Você só pode voltar para a cela no fim do dia. Todo mundo tem que ficar na área comum.

A área comum tinha mesas e bancos de metal, aparafusados no piso, todos dispostos de modo a permitir assistir a uma pequena TV montada na parede. Eu só queria telefonar para minha mãe e para Lester e ver se podiam de algum modo dar um jeito naquela encrenca. E depois queria fechar os olhos, dormir e acordar em casa, na minha cama, e dar um jeito de fazer com que as últimas 24 horas parecessem apenas alguma espécie de pesadelo.

Sentei num daqueles banquinhos redondos e frios e assenti com a cabeça para o cara branco sentado na minha frente. Tinha cabelo ruivo claro, e me deu um grande sorriso, que parecia meio amistoso, meio sorriso de assassino em série demente.

– Bem-vindo ao bloco C – disse ele. – É aqui que vêm brincar todos os meninos culpados de homicídio.

6

TODA A VERDADE

"A opinião deste examinador é que o sujeito contou a verdade durante esse teste de polígrafo."
Clyde Wolfe

ELES ME MANDARAM PARA A PRISÃO Kilby para completar as semanas que ainda faltavam da minha condicional quando me prenderam. Era uma maneira, acho eu, de ganhar tempo, de se organizarem. Eu quase nunca conseguia falar com minha mãe e com Lester; os telefones nunca estavam livres, e as chamadas a cobrar eram caras.

– Isso tudo é um erro – eu disse quando finalmente consegui falar com eles. – Vamos esclarecer tudo. Assim que eu tiver um advogado e explicar a ele, vão concluir que pegaram a pessoa errada e vão me soltar. – Eu tentava tranquilizá-los e tranquilizar a mim mesmo. Pensava que, pelo menos, quando tudo isso se esclarecesse eu estaria totalmente livre de uma vez por todas. Não haveria mais condicional. Não teria que ir lá assinar todo mês. Não haveria mais risco de virem me buscar em casa pelo fato de eu ainda estar no sistema. Cumpri minhas poucas semanas na Kilby e voltei para a prisão do Condado de Jefferson para aguardar minha vez de comparecer diante do juiz.

Fui indiciado por um grande júri em 8 de novembro de 1985. Meu rosto estava em todos os jornais locais. As pessoas queriam me enforcar. Queriam me matar imediatamente e poupar o dinheiro dos contribuintes. E isso antes mesmo de eu ter pisado numa sala de tribunal. Antes que tivessem me concedido um defensor público. E antes mesmo que eu tivesse sido capaz de dizer "Inocente" em uma audiência.

Meu caso foi atribuído a um juiz em 13 de novembro de 1985 – seu nome era juiz James S. Garrett. Conheci o advogado indicado pela corte para me representar, Sheldon Perhacs. Era só um pouco mais baixo que eu, mais ou menos 1,80 metros, mas era enxuto e musculoso. Penteava o cabelo bem liso para trás, como se fosse algum valentão italiano ou talvez até mesmo um boxeador. Eu assistira aos três filmes do *Rocky*, e o quarto estava prestes a ser lançado. Na minha audiência, ele mal olhou para mim. Recebera meu caso por designação oficial, e ouvi quando disse baixinho: "Eu não me formei em Direito para fazer trabalho comunitário".

Pigarreei, e então ele me olhou nos olhos pela primeira vez. Mesmo algemado e acorrentado, estendi a mão para cumprimentá-lo.

— Faria alguma diferença se eu lhe dissesse que sou inocente?

— Veja bem, todos vocês sempre fazem alguma coisa e dizem que são inocentes.

Eu abaixei a mão. Então era assim que seria. Eu tinha certeza de que ao dizer "todos vocês" ele não estava se referindo a ex-presidiários, ex-trabalhadores das minas, geminianos ou mesmo aqueles acusados de homicídio qualificado.

Eu precisava dele, portanto não tinha outra escolha a não ser deixar passar. Tinha que acreditar que ele acreditava em mim. Ele era meu boxeador italiano. Era meu Rocky, e eu era Apollo Creed – não os do primeiro filme, mas dos últimos, quando eram aliados, até amigos. Eu só tinha assistido ao trailer do *Rocky IV,* e queria ver Perhacs como alguém treinando de manhã cedo, subindo as escadarias do tribunal, comendo ovos crus enquanto lia aquelas pilhas altas de documentos de processos, sem deixar passar nenhum detalhe em sua investigação. Dava-me algum conforto pensar nele desse jeito – fingir que ele acreditava estar disputando a luta de sua vida ao lutar pela minha.

Foi só uns dez anos depois que consegui assistir a *Rocky IV*. Achei bom eu não saber na época que Apollo Creed morre no filme, com Rocky em pé ao lado, assistindo.

O juiz marcou a data do julgamento para 6 de março de 1986.

Eu me dirigi a Perhacs antes de eles me levarem de volta ao bloco C.

— Aplique-me um teste no detector de mentiras, faça eu tomar o soro da verdade, use hipnose, me dê o que for que possa mostrar a eles que estou dizendo a verdade. Não me importa o que seja, eu tomo, eu faço. Essa coisa toda é um erro. Eu me submeto a qualquer teste que eles queiram para provar isso.

Ele só olhou para mim e fez aquele gesto com a mão, como quem afasta uma mosca, como quem diz "ah, deixa disso".

— Virei visitá-lo na prisão logo. Vamos conversar sobre seu caso. Prometo.

Eu me agarrei a essa promessa como um afogado se agarra a qualquer coisa que consiga alcançar que acredite que irá salvá-lo.

CONFIDENCIAL

DATA: 13/5/86
ASSUNTO: ANTHONY RAY HINTON
SSN: XXX-XX-XXXX
Ao Sr. Sheldon Perhacs
Advogado
Sala 1414
Edifício Federal da Cidade
Av. 2, 2026
Birmingham, Alabama. 35203

Atendendo a seu pedido, ANTHONY RAY HINTON foi submetido a um teste de polígrafo para determinar a veracidade de suas declarações no caso de Sequestro, Tentativa de Homicídio e Homicídio. O procedimento padrão do polígrafo foi obedecido ao longo de todo o teste.

RESULTADOS:

Durante a entrevista que precede o teste, ANTHONY RAY HINTON declarou que seu endereço é XXXXXX XXXX, Burnwell, Alabama, e que nasceu no dia 1º de junho de 1956 no Condado de Jefferson, Alabama. O entrevistado tem 29 anos de idade, sexo masculino, 1,88 m de altura, 100 quilos, cabelo preto e olhos castanhos. O entrevistado disse que tem o segundo grau completo, é solteiro e não tem dependentes.

O entrevistado foi condenado em 1982 em Bessemer, Alabama, por Furto; foi também condenado duas vezes em Bessemer, Alabama em 1982 por Roubo de Carro, e sentenciado a 15 meses, e colocado em 1 ano e meio de liberdade condicional por essas três condenações. O entrevistado disse que havia sido condenado em Bessemer, Alabama, por vários cheques de pouco valor e que pagou as multas correspondentes.

O entrevistado prosseguiu dizendo que nunca atirou em ninguém e que nunca roubou o Quincy's, o Captain D's ou o Mrs. Winner's. Ele insiste que não tem nada a ver com os crimes em questão e não sabe quem os possa ter cometido.

Foi solicitado então ao entrevistado que respondesse às seguintes perguntas relevantes:

TESTE I

P Tem intenção de mentir ao responder a alguma dessas perguntas?
– Não.
P Vai dizer toda a verdade a respeito desse assunto?
– Sim.
P Alguma vez praticou um assalto à mão armada?
– Não.
P Alguma vez apontou uma arma a alguém?
– Não.
P Alguma vez atirou em alguém com uma arma?
– Não.
P Está tentando omitir alguma informação a respeito desse assunto?
– Não.

TESTE II

P Sabia que o Mrs. Winner's iria ser assaltado?
– Não.

P Planejou assaltar o Mrs. Winner's?
- Não.

P Alguma vez apontou uma arma a alguém no Mrs. Winner's?
- Não.

P Atirou em alguma pessoa no Mrs. Winner's?
- Não.

P Contou toda a verdade desde que começamos a conversar?
- Sim.

P Mentiu para mim de propósito ao responder alguma dessas perguntas?
- Não.

TESTE III

P Sabia que o Mrs. Winner's ia ser assaltado?
- Não.

P Planejava assaltar o Mrs. Winner's?
- Não.

P Alguma vez apontou uma arma para alguém no Mrs. Winner's?
- Não.

P Alguma vez atirou em alguém no Mrs. Winner's?
- Não.

P Contou toda a verdade desde que começamos a conversar?
- Sim.

P Mentiu para mim de propósito ao responder alguma dessas perguntas?
- Não.

TESTE IV

P Tinha intenção de roubar o Quincy's?
- Não.

P Mandou o senhor Smotherman abrir o cofre?
- Não.

P Apontou uma arma a Smotherman?
- Não.

P Atirou em alguém no Quincy's?
- Não.
P Contou toda a verdade desde que começamos a conversar?
- Sim.
P Mentiu para mim de propósito ao responder alguma dessas perguntas?
- Não.

TESTE V

P Tinha intenção de roubar o Quincy's?
- Não.
P Mandou o senhor Smotherman abrir o cofre?
- Não.
P Apontou uma arma a Smotherman?
- Não.
P Atirou em alguém no Quincy's?
- Não.
P Atirou no senhor Smotherman no Quincy's?
- Não.
P Contou toda a verdade desde que começamos a conversar?
- Sim.
P Mentiu para mim de propósito ao responder alguma dessas perguntas?
- Não.

TESTE VI

P Sabia que o Captain D's seria assaltado?
- Não.
P Apontou uma arma a alguém no Captain D's?
- Não.
P Assaltou o Captain D's?
- Não.
P Atirou em alguém no Captain D's?
- Não.

P Contou toda a verdade desde que começamos a conversar?
- Sim.

P Mentiu para mim de propósito ao responder alguma dessas perguntas?
- Não.

TESTE VII

P Sabia que o Captain D's seria assaltado?
- Não.

P Apontou uma arma a alguém no Captain D's?
- Não.

P Assaltou o Captain D's?
- Não.

P Atirou em alguém no Captain D's?
- Não.

P Contou toda a verdade desde que começamos a conversar?
- Sim.

P Mentiu para mim de propósito ao responder alguma dessas perguntas?
- Não.

CONCLUSÃO:

A opinião deste examinador é que o sujeito contou a verdade durante esse teste de polígrafo.

EXAMINADOR DE POLÍGRAFO,
CLYDE A. WOLFE

Eu sabia que tinha passado no teste do polígrafo. Ouvi uma guarda prisional conversando com o examinador enquanto eu aguardava para ser levado de volta ao bloco C.

— Como ele se saiu?

O examinador não havia comentado quase nada comigo, mas falou para a guarda.

— Se eu pudesse me guiar por esse teste, ele sairia daqui comigo agora mesmo. Não mostrou nenhum sinal de tentar nos enganar. Não cometeu o crime. Ele não sabe nada sobre esses homicídios, posso garantir isso.

Ela deu uma espécie de grunhido, concordando.

– Sabe, eu faço isso há 27 anos, e já vi um monte de assassinos. Ele não é assassino.

Fui dormir naquela noite com esperanças renovadas. Eu não sabia como minha mãe havia arrumado 350 dólares para pagar o teste do polígrafo, mas sabia que assim que saísse e pudesse arrumar trabalho eu iria ganhar dinheiro suficiente para pagá-la de volta. Todos os dias, parecia que eu estava no meio de um pesadelo. Não parava de pensar que eles iriam achar a pessoa que realmente havia feito aquilo. Era como se a polícia, o juiz, os promotores e até meu próprio advogado tivessem armado uma pegadinha de mau gosto, e eu estivesse apenas esperando eles confessarem que estavam só brincando.

Na vez seguinte que o guarda me chamou para uma visita legal, achei que Perhacs tinha ido me dizer que eu finalmente podia ir embora. Era isso o que estava em João 8:32 – "E a verdade vos libertará". Ele me visitara apenas duas vezes na cadeia, mas dera seu número de telefone dizendo que eu podia ligar quando quisesse. Isso era mais do que a maioria dos caras no bloco C conseguia de seus defensores públicos. Perhacs e Bob McGregor, o promotor, haviam feito um acordo: qualquer que fosse o desfecho do polígrafo, independentemente do resultado, os dois ficariam à vontade para usá-lo ao defender seu ponto de vista. Se eu fosse reprovado, McGregor poderia usá-lo para me condenar; se eu passasse, Perhacs poderia usá-lo para provar minha inocência e mostrar a eles de uma vez por todas que tinham pego o cara errado. Não me preocupou eles terem feito esse acordo – eu sabia qual seria o resultado.

– Eles não nos deram autorização para incluir o polígrafo. Bob McGregor voltou atrás no acordo.

Eu via os lábios de Perhacs se mexendo, mas era como se um enxame de abelhas tivesse entrado na minha cabeça. Não conseguia ouvir nada do que ele dizia. Sentia aquela traição como gelo sob minha pele. Meu corpo ficou frio e entorpecido, e parecia que as abelhas na minha cabeça estavam picando todas as partes do meu corpo. Isso era medo real. Lembrei-me de quando eu e Lester mergulhávamos nas valas voltando a pé para casa. Eu imaginava que aquilo era medo – o coração batendo e a respiração acelerada –, mas o que eu sentia agora era diferente. Era gelo e aço e mil lâminas que cortavam de dentro para fora. Eu não conseguia entender o que estava acontecendo. Eles sabiam que eu não havia cometido o crime, mas mesmo assim iam me levar a julgamento? Eles aceitavam deixar o verdadeiro criminoso solto e atribuir o crime a mim?

Fiz Perhacs explicar tudo de novo, devagar.

Todas as balas dos dois homicídios e do assalto ao Quincy's eram compatíveis com a arma da minha mãe. Eu sabia que isso era impossível, porque aquela arma não era disparada havia 25 anos. Nossa vizinha estava lá quando a polícia voltou para buscá-la. Ela viu o detetive colocar um pano dentro do cano e, ao puxá-lo para fora, dizer que a arma estava toda empoeirada e que não havia sido disparada em muito tempo.

Smotherman havia me indicado numa fileira de fotos para reconhecimento e dito que eu era o cara que o havia roubado e atirado nele. Eu estava no trabalho quando isso aconteceu. Havia o registro da minha entrada. Eu não conseguia entender como é que eles podiam simplesmente ignorar isso. Não havia como eu ter saído do trabalho no início do turno para assaltar alguém. Eu estava com outras pessoas. Meu supervisor me passara tarefas a noite toda.

– Como é que eu poderia estar em dois lugares ao mesmo tempo? – perguntei a Perhacs. – O que eles estão pensando? Isso não é nem possível. Havia um guarda. Eu tinha que falar com ele para entrar e para sair!

– Eles vão dizer que você escapuliu. Você foi de carro até o Quincy's e assaltou o cara. – Perhacs coçou a cabeça.

– Isso é impossível. Quando estivermos no julgamento, será que não podemos pedir ao juiz que mande o júri dirigir por esse trajeto exatamente à meia-noite e ver que o intervalo de tempo não bate? Eu não posso estar em dois lugares ao mesmo tempo. Você já fez esse trajeto de carro? Eu não conseguiria bater o ponto na entrada, cumprir minha tarefa e voltar para Bessemer em alguns minutos. Leva pelo menos uns vinte ou vinte e cinco minutos para chegar até lá. Faça o trajeto de carro. Você não consegue arrumar um especialista para fazer isso?

Medir o tempo? Isso iria provar. – Minha voz estava aumentando de volume mais do que eu queria, mas eu precisava que ele visse a situação logicamente. Eu não podia estar em dois lugares ao mesmo tempo. Não havia como eles afirmarem que eu havia batido o ponto no trabalho e dez minutos depois já estava a meia hora dali assaltando alguém. – Podemos dizer a eles que há uma cerca de cinco metros de altura que eu teria que ter escalado. E mostrar-lhes onde ficam os guardas e como é preciso cumprir um procedimento para entrar e explicar em detalhes tudo o que fez durante o turno inteiro.

– Bem, quer dizer que agora eu tenho um advogado como cliente? – Perhacs disso isso bem devagar, e eu captei a mensagem muito bem. Certo, ele é que deveria resolver as coisas. Preparar a defesa. Eu deveria simplesmente ficar quieto, ser um bom menino e não criar confusão.

Que escolha eu tinha?

Dei risada disso, mas eu ainda tinha mais uma coisa a dizer.

– Andei lendo os jornais. Você viu que aconteceram outros assaltos? Outros gerentes estão sendo assaltados na hora de fechar? Eu definitivamente não posso estar fazendo isso trancado aqui dentro.

– Sim, eu vou examinar isso direito. Eles estão me pagando só 1 mil dólares e, olha, isso não paga nem meu café da manhã. – Ele riu, mas não tinha a menor graça.

O outro grande obstáculo era encontrar um especialista em balística. Precisávamos de alguém que examinasse a arma e as balas e fosse até lá testemunhar. Eu sabia que o estado estava mentindo sobre as balas e a arma da minha mãe, mas não tinha como fazer um juiz ou um júri acreditarem em mim. Perhacs havia me dito que a única coisa que me impedia de ter uma boa defesa era dinheiro, e então perguntou se eu tinha alguém que pudesse pagar 15 mil dólares para ele fazer o trabalho. Ninguém tinha uma quantia dessas. Eu já ficara chocado quando minha mãe arrumara o dinheiro do detector de mentiras. Contei-lhe isso, e então argumentei.

– Prometo que, assim que você provar que eu não fiz isso e eu sair daqui, vou lhe pagar. Você tem minha palavra. Mesmo que eu tenha que trabalhar noite e dia, nas férias e fins de semana, eu vou pagar você. Por favor! – Eu estava implorando, mas isso não me importava.

— Anthony, as coisas não funcionam assim. Que garantia eu tenho de que você vai me pagar? Você não tem dinheiro para me contratar e, além disso, fui designado para esse trabalho pela corte. *Você* não pode me pagar.

Ele tinha tido dificuldades para encontrar um especialista em balística. A corte só lhe dava 500 dólares em cada caso de primeira instância para contratar um especialista, e ele não conseguira encontrar ninguém que fizesse o trabalho nem por 1 mil dólares. Tinha até agosto para encontrar um especialista, e as perspectivas não eram boas.

A questão era que 15 mil dólares era também a quantia que iria me permitir contar com um bom especialista. Tudo dependia daquelas balas, pois eles não tinham nenhuma outra prova contra mim. Não havia digitais, nem DNA, nem testemunhas. Como eu não apresentara álibi para as noites dos homicídios – já que eu não tinha como lembrar onde estava naqueles dias –, isso me tornava culpado. Isso e as balas. Eles nem estavam me acusando pelo caso de Smotherman, apenas lançavam mão dele para provar que eu havia feito os outros dois, porque tinham um plano e uma sequência de acontecimentos similares. Essa era a frase mágica. Mas eu lia o jornal todo dia. Havia assaltos com um plano e uma sequência similares acontecendo toda semana em Birmingham.

Perhacs deixou claro que minha única chance era um especialista que conseguisse contradizer os especialistas do estado. Eu não queria fazer isso, mas acabei ligando para meu irmão mais velho, Willie, em Cleveland, e lhe pedi o dinheiro.

— Seu advogado garante que livra você se ele contratar um especialista?

— Acho que ele não tem como dar essa garantia.

— Bem, eu preciso falar com ele. Eu precisaria ter alguma garantia de que o dinheiro poria um ponto final nisso. Preciso que ele me dê uma garantia de que eu não estou jogando meu dinheiro fora.

Ele não havia dito que sim, mas tampouco se recusara, portanto já era alguma coisa.

Tentei não me prender à ideia de que, se as coisas fossem ao contrário e eu tivesse o dinheiro, teria dado sem questionar. Perhacs não podia lhe dar essa garantia. Quem em sã consciência poderia dar uma garantia como essa? Eu sabia que meu irmão fora criado como eu – criado para acreditar na polícia, nos advogados e nos juízes. Era um cidadão direito, nunca tivera qualquer problema e nunca correra o risco de ter. Eu queria pensar que ele não havia ajudado porque tinha certeza de que eu não havia feito nada de errado e acreditava que as cortes iriam me fornecer tudo de que eu precisasse. Fiquei arrasado quando Perhacs me contou que Willie não iria dar o dinheiro. Eu teria movido céus e terra para ajudá-lo ou para ajudar qualquer um dos meus irmãos que estivesse na mesma situação. É o que se faz quando se é uma família. É o que se deve fazer.

Iriam se passar quase trinta anos – sem que eu o visse ou tivesse notícia dele – antes que eu aceitasse a verdade. Meu irmão mais velho devia ter alimentado, em algum cantinho dentro dele, a crença de que eu era de fato um assassino. Há famílias de pecadores e famílias de santos, e todas são merecedoras de amor e de ajuda. Os pecadores mais ainda que os santos. Tenho uma mágoa aqui dentro por não ter conseguido a ajuda dele. Era como se tudo o que fosse bom estivesse sendo tirado de mim, pedacinho por pedacinho. Crenças. Família. Verdade. Fé. Justiça. Ficava imaginando quem eu seria quando tudo isso terminasse – como poderia continuar a ser a mesma pessoa? Será que restaria ainda alguma coisa depois desse julgamento? E se eles na realidade me considerassem culpado? O que seria então? Ninguém acreditava em mim, e havia dias em que eu sentia que o mundo inteiro, exceto Lester e minha mãe, conspirava contra mim. Às vezes, tarde da noite, deitava na cama, pensava no julgamento que iria ocorrer e imaginava o júri. Será que também ficariam contra mim? Será que realmente se mostrariam justos e imparciais? Eu conseguia sentir a paranoia insinuando-se pelas beiradas da minha mente, querendo entrar como um gás venenoso pelas frestas. Fazia força para pensar em outras coisas, mas havia uma escuridão que ia contra minha esperança e que eu não conseguia controlar.

Eu sabia que minha única e melhor esperança era meu advogado. Ele tinha minha vida nas mãos, porque ficava claro que a questão não era eles terem pego o cara errado. Eles não estavam cometendo um equívoco. Estavam decididos a mandar um homem inocente para o corredor da morte. E se dispunham a mentir para conseguir isso.

Fiz questão de ligar para Perhacs mais tarde naquela semana para lhe dizer o quanto me sentia grato e o quanto achava que ele vinha fazendo um grande trabalho. Ele era minha única voz. E eu precisava da sua voz para poder me fazer ouvir naquela sala de tribunal. Precisava dele para mostrar àquele júri a verdade. Mostrar-lhes quem era Anthony Ray Hinton – um rapaz que amava sua mãe, que crescera numa comunidade que o amava, um homem que jamais tivera um momento de violência em sua vida. Eu era alguém que amava. Era um cara brincalhão. Um homem que se dispunha a ajudar quem quer que precisasse de ajuda.

Não um homem que iria se esconder no escuro para levar o dinheiro e a vida de alguém.

Não um assassino de sangue-frio.

Eu não era esse homem.

Não era.

7

CONDENADO, CONDENADO, CONDENADO

> *"Ele está coberto de inocência, e vocês não devem
> considerá-lo de outro modo que não seja como inocente
> até que, e a não ser que, o estado do Alabama prove
> a vocês, além de qualquer dúvida razoável, os fatos
> alegados nesses indiciamentos."*
> **Promotor Bob McGregor**

Tribunal do Condado de Jefferson, 12 de setembro de 1986

É IMPRESSIONANTE COMO O DINHEIRO e o espírito de vingança transformam as pessoas – como podem fazê-las mudar totalmente. Fazem seu lado horrível transparecer de maneiras que até Deus ficaria envergonhado. Eu vi Reggie no banco das testemunhas e fiquei impressionado ao notar como a rejeição por parte de uma garota podia tornar o coração de um homem tão mesquinho e perverso. Deus sabe que, se eu pudesse voltar ao passado e evitar namorar duas irmãs ao mesmo tempo, faria isso com certeza. Se soubesse que iria despertar nele tamanho ciúme e raiva, a ponto de ele mentir e me pintar como alguém capaz de matar – de fato, me mandar para a morte por isso –, bem, eu mesmo teria bancado um encontro dos dois.

Ele trabalhava na Quincy's e disse a Smotherman que conhecia um cara que se encaixava na descrição do homem que o havia assaltado. Pelo menos agora eu sabia como meu nome tinha surgido no meio de toda aquela confusão. E também soube o que a minha vida valia para

Reginald Payne White – 5 mil dólares, a quantia da recompensa que eu descobri que ele estava ganhando por resolver o caso e ajudar a pegar um assassino. Imaginei que isso era apenas a cereja do bolo para Reggie. A serpente estava finalmente pronta para atacar após todos aqueles anos.

> COMEÇAM OS DEPOIMENTOS DA DEFESA NO JULGAMENTO DOS HOMICÍDIOS NOS RESTAURANTES
>
> A primeira pessoa a identificar Hinton como o assaltante foi o funcionário da Quincy's, Reginald White. White, que conhecia Hinton desde 1979, disse que duas semanas antes do assalto Hinton fizera-lhe perguntas sobre o Quincy's, se o restaurante tinha bom faturamento e a que horas fechava.[16]

Os advogados discutiram se Reggie deveria depor enquanto o júri estivesse fora da sala. Meu advogado perdeu. Eu queria acreditar que a razão pela qual Reggie não olhava para mim enquanto dava seu depoimento era porque estava com a consciência pesada e não teria sido capaz de mentir tão bem se tivesse que fazer isso olhando nos meus olhos. Será que ele sabia que eles queriam me matar? Tinha noção do que estava dizendo? Sabia o quanto isso era mais crucial do que qualquer garota que ele quisesse ter namorado quando éramos meninos? Ou será que ele, como qualquer negro jovem e pobre no Condado de Jefferson, estava apenas tentando arrumar mais alguns trocados para seguir adiante? Eu não conseguia entender como uma vida podia significar tão pouco. Não éramos amigos, mas até aquele dia eu não tinha ideia de que fôssemos inimigos mortais. Fiquei olhando para ele no banco das testemunhas, sentindo-se importante, talvez pela primeira vez na vida.

– Diga seu nome, por favor, senhor White.

– Reginald Payne White.

---

[16] Nick Patterson, "Defense Testimony to Begin in Restaurant Slayings Trial" ["Começam os depoimentos da defesa no julgamento dos homicídios nos restaurantes"], *Birmingham News*, 15 de setembro de 1986.

– Onde o senhor mora? Quero dizer, em que condado?
– Condado de Jefferson. Bessemer.
– Onde trabalha?
– Na Churrascaria Quincy's Family.
– Há quanto tempo trabalha ali?
– Nove anos.

Depois que o beisebol terminou, eu já havia visto Reggie na Quincy's. Minha mãe e eu gostávamos de ir lá de vez em quando, principalmente por causa do bufê de saladas. Um irmão daquelas duas irmãs que eu havia namorado também trabalhava na Quincy's. Eu não aparecia ali havia anos, desde que se espalhara que eu estava namorando as duas. O irmão delas não queria ver minha cara. Nem a mãe deles. Por minha causa, a família ficara um tempo estremecida, e eu me arrependera do mal que havia causado. Eu havia deixado tudo aquilo para trás, assim como a família, mas a coisa devia ter ficado fervilhando na mente de Reggie. Ele e eu nos encontramos por acaso no início de julho, algumas semanas antes de eu ser preso. Tivemos uma conversa inócua, mas Reggie estava pegando esse pedacinho de verdade para criar todo um drama a partir dele. Meu estômago revirou. Fiquei imaginando se alguém alguma vez já tinha vomitado numa audiência de tribunal.

– Voltando agora sua atenção para o mês de julho de 1985. Em algum momento desse mês o senhor teve a ocasião de conversar com um homem chamado Anthony Ray Hinton?
– Sim, senhor.
– E o senhor está vendo Anthony Ray Hinton na corte hoje?
– Sim, senhor.
– Onde está ele?
– Bem ali. – E apontou para mim, mas tendo a precaução de dirigir seu olhar acima da minha cabeça.
– O homem sentado no final do banco, o réu?
– Sim, senhor.
– Há quanto tempo o senhor conhece Anthony Ray Hinton?
– Talvez há uns seis anos.

Fiquei vendo que Reggie mexia os dedos nervosamente enquanto lhe faziam perguntas a respeito de ter se encontrado comigo. Eu estava esperando Sylvia sair do trabalho, e ele havia chegado de carro e estacionado perto de mim. Dissemos oi, conversamos sobre o que cada um andava fazendo. Ele contou que ainda trabalhava na Quincy's, e eu perguntei se o irmão ainda trabalhava ali e sobre o gerente, que eu conhecia. Então segui meu caminho e ele, o dele. Um encontro casual. Um papinho no final de um dia quente de verão. E não é que ele disse que eu estava ali à espera dele, como se eu soubesse que ele estaria ali, e que ficara tão assustado ao me ver que até procurou a arma que guardava no carro? Eu comecei a sentir minhas pernas tremerem quando ele começou a testemunhar. Ele estava inventando coisas. Mentindo descaradamente sob juramento.

– Certo, algo mais?

– Então ele me perguntou como andavam os negócios. Eu disse que ia tudo normal, e então ele me perguntou se ainda fechávamos na mesma hora, e eu disse que sim, a gente fechava normalmente às 10, e aos fins de semana às 11.

– Ele perguntou a você a que horas vocês fechavam na Quincy's?

– Sim, senhor.

– Você comentou com ele alguma coisa a respeito de alguém que trabalhava na Quincy's?

– Eu contei a respeito do Sid, o senhor Smotherman. Eu não o chamava pelo nome. Contei a ele que tínhamos agora um gerente velho muito bom. Acabara de comprar um Fiero novo.

– Contou que tinham o quê?

– Um gerente velho muito bom, que acabara de comprar um Fiero novo.

– Você contou a ele o tipo de carro o gerente tinha?

– Sim, senhor.

Então era isso. Eu teria usado Reggie para descobrir a que horas o lugar fechava e o tipo de carro que o gerente tinha. Olhei para Perhacs. Será que ele percebera isso? Digamos que aquela loucura fosse verdade: faria sentido Reggie ter informado que eles fechavam às 11 da noite e eu ter escolhido um dia em que entrava no meu turno à meia-noite, num lugar com cerca de arame laminado, um guarda e portas trancadas, para sair escondido, roubar e matar um homem, e depois voltar e entrar sem ser visto? Eles achavam que eu era quem, o Exterminador do Futuro? Por que não o assaltar numa noite de folga minha? Não seria para arrumar um álibi, porque eu claramente não tinha sido inteligente o suficiente para providenciar álibis nos dois outros homicídios.

    Tudo isso passou pela minha cabeça, e eu queria levantar e virar meu próprio advogado. Fazer o júri considerar tudo isso. Não havia lógica na história que eles estavam criando. Era como se tivessem me escolhido como o assassino e então passassem a distorcer a realidade para fazer com que eu me encaixasse no roteiro que haviam criado. O que teria me impedido de simplesmente chegar lá mais cedo e esperar Smotherman sair, como eu supostamente teria feito nos dois primeiros homicídios? Por que teria preferido segui-lo até uma mercearia e então sequestrá-lo de seu carro batendo com o meu na traseira dele? Isso não seria próprio do assassino mais esperto e frio que andava por aquelas ruas – ao contrário, fazia-me parecer o criminoso mais lerdo do mundo. Eu teria de algum modo errado o tiro à queima-roupa, mas teria tido um desempenho incrível escalando cercas, trocando de carros, trafegando a uma velocidade supersônica e conseguindo pular a cerca de volta, passar pelo guarda, pelas portas trancadas, tudo a tempo ainda de conseguir raspar todos os chicletes do piso do banheiro. Onde estava o dinheiro? Onde estavam minhas roupas ensanguentadas? Onde estavam os rasgos na minha roupa depois de ter escalado a cerca de arame laminado de cinco metros de altura? Onde estava o sedã pesado e escuro com o qual eu batera na traseira de Sid Smotherman? Onde eu tinha arrumado o carro, e quando foi que passei dele para o meu pequeno Nissan vermelho? Por acaso eu era um super-herói? Um James Bond? Eu teria que ter feito tudo isso e ainda limpado embaixo do latão de lixo quando meu supervisor me pediu.

    Não sei se aquilo que estava passando pela minha mente começou a transparecer no meu rosto, mas o caso é que Perhacs pigarreou, levantou e colocou a mão no meu ombro para questionar Reggie.

— Senhor White, tudo certo?

— Tudo bem, obrigado.

— Senhor White, o senhor conhece meu cliente. O senhor e ele costumavam jogar *softball* juntos, certo?

— Isso.

— Não no mesmo time, correto?

— Correto, senhor.

— E o senhor também o conhecia porque conhecia um homem chamado Quinton Leath.

— Isso mesmo.

— Ele tinha várias... Quinton tinha várias irmãs não, é?

— Sim, senhor.

— Meu cliente namorava uma delas, e o senhor a outra?

— Isso, senhor.

— Bem, estamos aqui falando de coisas de 1979 e 1980, não é isso?

— Sim, senhor.

— E temos aqui um cavalheiro com o qual o senhor tem conversado em termos amistosos esporadicamente ao longo dos anos, não é?

— Sim, senhor.

— Quando o senhor tem contato com ele, mostra-se amistoso com ele, certo?

— Sim, senhor.

— E quando se encontram ele também se mostra educado com o senhor?

— Certo.

Eu mal conseguia ficar sentado ali ouvindo aquilo. Perhacs simplesmente passou direto pela questão das irmãs e já foi para o tópico seguinte, sequer esclareceu o assunto. Eu havia lhe contado tudo a respeito de Reggie. O que havia acontecido, o que ele costumava dizer a meu respeito. Eu havia passado a Perhacs o motivo que Reggie tinha para mentir, mas ele agia como se estivesse lhe fazendo perguntas sobre o tempo.

— Bem, nessa conversa que o senhor teve com ele em Hoover, o senhor falou a respeito de quem estava trabalhando ali, certo?

— Certo, senhor.

— Ele não ficou anotando tudo com uma caneta e um caderninho, nada disso, certo?

— Certo, senhor.

Perhacs prosseguiu perguntando se ele era casado ou se iria se casar em breve. Eu não fazia a menor ideia do que isso significava. Não fazia nenhum sentido.

— Muito bem, e isso foi tudo o que conversaram, não é?

— Sim, senhor.

– O senhor foi embora, e foi cuidar das suas coisas?
– Isso mesmo.
– E ele fez o mesmo?
– Sim, senhor.
– É tudo o que eu tinha a perguntar.

E assim foi. Nenhuma menção ao dinheiro da recompensa. Nada de tentar pegá-lo em suas mentiras. Nada de mostrar que ele tinha a maior birra de mim havia anos. Nada, a não ser aquele tipo de conversinha amena que se ouvia na varanda da casa da minha mãe no final da tarde.

Eu voltava para a cela toda noite depois do julgamento e repassava o dia na minha cabeça. Eles haviam revisto todos os passos – chamavam isso de *cadeia de custódia* –, das vítimas, ao hospital, à polícia, ao laboratório de criminalística. A polícia depôs a respeito da minha detenção. Não mencionaram o pedaço de papel em branco que queriam me fazer assinar ou o fato de terem constatado que a arma não era disparada havia anos. Qualquer verdade que não fizesse de mim um assassino era deixada de lado ou simplesmente acobertada por mentiras descaradas. Minha única esperança era nosso especialista em balística. Perhacs o contratara, e ele fizera os testes e concluíra que as balas não eram compatíveis com a arma. Eu sabia disso, mas os especialistas do estado haviam dito que eram compatíveis. Ou eles não sabiam fazer direito seu trabalho, ou estavam mentindo, e para mim era difícil aceitar o fato de que todas aquelas pessoas estivessem simplesmente mentindo para me mandar para a morte. O que eu fizera para elas? Por que eu? A questão me tirava o sono.

Fiquei rememorando o momento em que havia sido preso. Repassei aquela última tarde várias e várias vezes na minha mente. Será que eu teria ido até a varanda se soubesse o que me aguardava? Ou teria fugido? Pessoas inocentes não fogem. Só que, às vezes, homens inocentes precisam fugir. Isso é verdade no Alabama e em qualquer lugar. Se você é pobre e preto, às vezes a melhor e única coisa a fazer é fugir. Imaginei-me fugindo para o bosque atrás do quintal dos fundos ou para a rua em direção à estrada. Mas para onde eu poderia ter fugido? Tudo o que eu era, tudo o que eu amava e que me importava estava num raio de alguns quilômetros daquela casa. Eles teriam atirado em mim? Provavelmente. Às vezes eu passava o filme na minha mente – eu fugindo e levando um tiro pelas costas –, minha mãe gritando, Lester aparecendo, e Sylvia, os vizinhos todos reunidos em volta do meu corpo enquanto eu dava o último suspiro. A fuga na minha mente não tinha um final feliz, mas havia noites em que morrer na calçada teria sido muito mais fácil do que ter que provar minha inocência num tribunal. Eu não precisaria provar que era inocente – eles é que teriam que provar que eu era culpado –, mas não numa sala de tribunal.

Sentia falta de minha mãe e sentia falta de Lester, e odiava que eles tivessem que sentar naquele tribunal e ouvir aquelas mentiras. Eu terminara o namoro com Sylvia cerca de um ano antes – disse a ela para tocar a vida em frente porque eu não sabia quanto tempo ficaria encrencado naquilo. Sylvia era uma boa garota, e eu sabia que a família dela não iria querer que continuasse comigo até meu nome ser limpo. Não queria que ficasse esperando, pois eu mesmo não sabia quando o pesadelo iria terminar. Parecia que eu já estava naquela prisão do condado havia uma eternidade, e eu não conseguia sequer começar a imaginar o que poderia vir em seguida caso fosse considerado culpado. Minha mente simplesmente travava quando tentava pensar nisso. Precisava acreditar que um milagre aconteceria. Deus nunca falha. Não era isso que minha mãe havia dito tantas vezes desde que eu começara a andar? Deus nunca falha. Eu precisava que eles pegassem o cara que havia feito aquilo. Precisava que meu especialista em balística subisse naquele banco e provasse que não havia jeito daquela velha arma da minha mãe ter matado alguém.

Ele era minha única esperança.

Quarta-feira, 17 de setembro de 1986

> ADVOGADO DISTRITAL QUESTIONA
> TESTEMUNHO DE QUE BALAS DO HOMICÍDIO
> NÃO SÃO DA ARMA DA CASA DE HINTON
>
> Os promotores hoje questionaram o depoimento de uma testemunha de defesa que disse que as balas usadas nos homicídios de dois gerentes de restaurante em 1985, e nos disparos sobre

> um terceiro, não eram provenientes da arma encontrada na casa de Anthony Ray Hinton perto de Dora.
>
> "Ele não tinha a menor ideia do que estava dizendo", afirmou o advogado distrital substituto Steve Mahon em suas alegações finais esta manhã.
>
> Andrew Payne, um coronel do Exército aposentado, é uma testemunha profissional que teria vindo ao tribunal para testemunhar a respeito de praticamente qualquer coisa, declarou Mahon.
>
> Payne disse ser engenheiro consultivo e que havia testemunhado em cerca de 1 mil processos judiciais. Dois desses casos envolveram armas de fogo, disse ele.
>
> Mahon rotulou o relatório de Payne como "o cúmulo da irresponsabilidade".
>
> As provas relativas às armas de fogo são o principal elo de que dispõem os promotores sobre os homicídios.[17]

Andrew Payne nunca teve a menor chance.

Ele fez um ótimo trabalho com Perhacs, explicando-lhe todas as razões pelas quais as balas não eram compatíveis com a arma. Era um especialista, apesar de ser um cara um pouco estranho em termos de convivência social, e um pouco "nerd" demais para que o júri pudesse sentir empatia por ele. Mas havia feito seu trabalho. Seus achados provavam que eu era inocente. Por um minuto, senti como se um grande peso tivesse sido tirado do meu peito. Virei-me e sorri rapidamente para minha mãe e para Lester. E então era a vez do estado de interrogar a testemunha. Mahon começou tranquilo, quase amistoso, mas era uma armadilha desde o início.

— O senhor confirma que já utilizou microscópios de comparação mais de mil vezes?

— Eu diria que sim, senhor, mais ou menos umas mil vezes.

---

[17] Kathy Roe, "DA Hits Testimony Death Bullets Not from Gun at Hinton House" ["Advogado distrital questiona depoimento de que balas do homicídio não são da arma da casa de Hinton"]. *Birmingham News*, 17 de setembro de 1986.

— E estava familiarizado com o microscópio de comparação do senhor Yates?

— Bem, com aquele não. É a primeira vez que uso ou vejo um American Optical.

— American Optical é uma marca bastante desconhecida?

— Bom, eu não diria que é uma marca desconhecida, apenas que eu nunca havia operado um dessa marca antes.

— Na realidade, quando o senhor estava examinando o projétil de Smotherman ali no laboratório do Departamento de Ciências Forenses, o senhor precisou perguntar ao senhor Yates como deveria fazer para cortar a fonte de luz no microscópio de comparação, não foi?

— É bem possível. Na realidade, é provável que eu tenha feito isso, sim.

— E depois que ele o orientou sobre como fazer, o senhor acabou estendendo a mão à sua direita e acionando o comando de uma ferramenta de gravação elétrica que estava numa prateleira perto do microscópio, não foi?

— É muito possível que sim, senhor.

— O senhor fez isso, não é?

E assim foi indo, de mal a pior. Ficou evidente que ele sequer sabia utilizar o microscópio, depois de ter descoberto como lidar com a luz. E também que não sabia se havia ou não controles para elevar e abaixar a lâmina de vidro, nem como acionar as lentes de aumento. Ele tentara pedir a ajuda dos especialistas do estado? Deixara cair as balas? Olhei para Perhacs — isso era culpa dele. Como ele não ficara sabendo disso tudo? Ele parecia surpreso. Será que Payne não lhe contara como tinham corrido as coisas no laboratório?

— Bem, permita-me perguntar o seguinte: o senhor disse: "Acho que não estou conseguindo ver a bala. Consigo ver o espelho e consigo ver meu dedo". Foi isso mesmo?

— É muito possível que tenha dito isso. Este seria um dos problemas que podem surgir quando você tenta posicionar a lente de alta resolução, e foi por isso que pedi instruções.

Eu respirei fundo. Meu especialista estava ali no banco se lamentando e reclamando que os outros especialistas não o haviam ajudado. As coisas pioraram ainda mais quando mostraram que alguns de seus slides haviam sido colhidos diretamente de um livro sobre armas de fogo que eles agora seguravam nas mãos. O livro era de 1956. Mahon pediu que Payne abrisse aquele livro na página 6.

– Página seis? O senhor disse seis?

– Sim, senhor.

– Certo, prossiga.

– Nesse parágrafo na parte de baixo da página, que começa com o título "Os Charlatães". – Mahon começou a ler o parágrafo. – "A partir da invenção das impressões fotográficas e em slides, teve início o auge dos charlatães. Pouquíssimos juízes sabiam alguma coisa sobre armas de fogo. Eles tinham ouvido rumores sobre avanços magníficos. O mundo estava disposto a aceitar qualquer coisa que fosse considerada específica, quase qualquer..."

– Acho que a palavra escrita aí é "científica", em vez de "específica".

Bem, agora Payne estava ajudando o promotor a ler corretamente o texto que o chamava de charlatão? Acho que até ouvi alguém no tribunal arfar de susto.

– Sim, senhor, "científica". Perdão. "Quase qualquer pessoa tinha permissão de testemunhar na corte como especialista. Muitos tinham conhecimento escasso, mas boa presença e uma boa dose de ousadia. Por cinquenta dólares ao dia, o que era um bom dinheiro naquele tempo, eles iam de bom grado a um tribunal e testemunhavam praticamente sobre qualquer coisa. Vinham com medidores de calibre externo, uma lente de aumento manual comum e um paquímetro de aço, e este era o terceiro instrumento que levavam..."

– Acho que o texto se refere a uma régua de aço, se o senhor reler mais detidamente.

– E o senhor trouxe hoje aqui consigo a régua que usou no dia 29 de julho, não trouxe?

– Sim, com certeza.

– Por favor, erga a mão e mostre-a para o júri.

Fiquei vendo Payne segurando a régua que o promotor acabara de descrever como uma das marcas registradas de um charlatão. Será que ele não estava percebendo? Não estava vendo o que todo mundo no tribunal via?

— Claro. Sabe, sem querer fazer graça em relação a isso, porque se trata de um assunto muito sério e eu odiaria tratá-lo com leviandade, mas a minha deve ser duas vezes melhor do que esta à qual o livro se refere, porque tem divisões de 64 avos de polegada.

Mahon ignorou a tentativa de amenizar o clima e simplesmente continuou lendo.

— "Eles iriam alegremente jurar em detrimento da vida de um homem inocente ou então libertar o mais atroz dos criminosos, deixando-o cometer ainda mais atrocidades contra a sociedade."

— Sim.

— Senhor Payne, o senhor tem algum problema de visão?

— Sim, eu tenho.

— Quantos olhos o senhor tem?

— Um.

— Isso é tudo.

Eu não podia fazer mais nada, a não ser deitar a cabeça sobre os braços e chorar. Eu soube nessa hora que seria condenado por homicídio. Eu era inocente. E meu especialista caolho havia acabado de entregar à promotoria o veredito de culpado.

Nada mais importava.

O júri levou duas horas para me considerar culpado.

Eles levaram 45 minutos para definir minha punição. Pena de morte.

Nesse momento, senti toda a minha vida se despedaçar à minha volta em um milhão de estilhaços. O mundo estava rachado e partido, e tudo o que havia de bom em mim partiu-se junto.

Dois meses mais tarde, pouco antes de o juiz Garrett confirmar e ler em voz alta a sentença oficial de morte, eu disse a eles aquilo que esperava ser verdade — que Deus iria reabrir o caso e, caso contrário, que eles podiam tirar minha vida, mas que não poderiam nunca, de forma alguma, tocar em minha alma.

8

FIQUE DE BOCA FECHADA

"Homens mortos não contam histórias."
Promotor Bob McGregor, argumentação final

Birmingham, 17 de dezembro de 1986

É ESTRANHO QUANDO A VIDA se move rápido demais e, ao mesmo tempo, de maneira muito lenta. Não sei dizer bem o que aconteceu no intervalo de 24 horas entre o instante em que o juiz me sentenciou à morte e a hora em que vieram me buscar. Eu era oficialmente um homem condenado, e nenhum dos guardas ou dos outros reclusos me olhava nos olhos. Era como se a pena de morte fosse uma doença contagiosa e todo mundo achasse que poderia pegá-la de mim. Eu estava ainda em choque, e podia sentir a raiva borbulhando sob a superfície. Eu era agora o pior dos piores. Um humano impróprio para a vida. Um filho de Deus condenado a morrer. Eu não conseguia aceitar isso. Como era possível que de repente eu tivesse virado a pessoa mais perigosa daquela cadeia?

Minha cela na prisão do condado havia sido minha casa durante um ano e meio. Os caras do bloco C que tinham dinheiro pareciam chegar e ir embora bem mais rápido do que caras pobres como eu. Se você tivesse um advogado como Perhacs, designado pela corte, seu caso sempre parecia estar atrasado, as datas de julgamento eram remarcadas, as audiências, adiadas. Alguns que haviam chegado antes de mim já haviam sido julgados e ido para o corredor da morte em Holman, e outros recebido pena perpétua. Quase ninguém havia sido inocentado. A van para levar até o corredor da morte vinha às segundas e quintas, então achei que iria para lá na segunda seguinte. Queria falar com minha mãe e com Lester. Eu não tivera acesso ao telefone desde a condenação, e queria ter certeza de que minha mãe estava bem e dizer a ela que eu estava em paz, para que ela não se preocupasse.

Mas eu não estava em paz. Durante aquelas 36 horas desde que deixara a sala do tribunal, repassara mentalmente cada palavra do julgamento e da sentença. Não havia dormido, nem comido, nem falado com ninguém. Perhacs informara ao juiz e aos promotores que havia recebido uma ligação no escritório e em casa de um cara dizendo que era o verdadeiro assassino, e ninguém havia ido atrás para investigar. Tivemos uma discussão a respeito disso com o júri fora da sala do tribunal, mas ninguém deu importância. Ninguém foi atrás desse homem.

McGregor dissera ao júri que eu havia matado aquelas pessoas porque eu sabia que se fosse pego pegaria perpétua sem condicional, por causa da minha encrenca anterior com o roubo do carro. Eu não era mau. Não era um assassino de sangue-frio. Não era nada daquilo que ele fizera crer que eu era, e toda vez que pensava nele, sentia aquele ódio sombrio e fervente começando a subir. Por que ele me escolhera para incriminar? Como ele conseguia dormir à noite? Eu o imaginava cumprimentando os outros advogados distritais, quem sabe o juiz também, talvez até meu próprio advogado – "Tiramos outro preto da rua, rapazes, e o mandamos para a morte!". Estavam todos mancomunados? Como haviam conseguido fazer as pessoas mentirem? Os oficiais de justiça haviam mentido. Reggie mentiu. Clark Hayes, um balconista da mercearia que eu sequer conhecia, havia mentido dizendo que me vira seguindo Smotherman pela Food World. Os especialistas de armas de fogo do estado, Higgins e Yates, mentiram ou então erraram feio – não havia como aquelas balas serem compatíveis com a arma da minha mãe. Pensei no coitado do Payne – ele fora destruído naquele banco ao depor, humilhado, ridicularizado, e pintado como se fosse ele próprio um mentiroso.

As cenas do julgamento ficavam dando voltas e voltas, sem parar, na minha mente. Por que Perhacs não pusera minha mãe, Lester, a vizinha e as pessoas da minha igreja para depor, e dizer ao júri quem eu era e as coisas que me ocupavam na vida? Ele simplesmente deixou que o júri me sentenciasse à morte sem qualquer discussão ou depoimento. Eu não conseguia entender. Eu esperava agora que Perhacs fizesse melhor na minha apelação – eu era inocente, e sei que ele sabia disso. O teste no detector de mentiras havia provado.

Quem sabe Lester e minha mãe pudessem vir me visitar antes que me levassem, e pudéssemos planejar o que viria pela frente. Eu ainda não conseguia pensar muito a respeito do corredor da morte – não conseguia sequer deixar minha mente especular sobre como seria. Queria ir para casa. Queria cortar a grama da minha mãe e sentar com ela lá fora ao pôr do sol. Queria levá-la para pescar. Meu Deus, por que eu tinha ido pescar tão pouco com ela, já que ela adorava tanto? Como é que ela iria andar por aí? Quem iria ajudá-la a arrumar a casa? Lester faria isso, mas não era a mesma coisa. Eu é que queria fazer isso; era minha obrigação. Sentia falta da Sylvia. Sentia falta de seus beijos doces e de sua pele com aroma de flores de primavera depois da chuva.

Eu não sentia nenhum cheiro bom havia um ano e meio. Apenas o cheiro de suor de homens obrigados a usar as mesmas roupas, às vezes durante semanas. Queria sentir a chuva na nuca, o sol no rosto. Queria fazer uma caminhada ao pôr do sol. Queria jogar beisebol e basquete. Tomar chá gelado e comer as fritadas da minha mãe e, ah meu Deus!, queria um pouco do bolo de frutas que ela fazia. Fazia muito tempo que eu não comia comida de verdade. Eu queria minha vida simples de volta. Queria minha própria cama e um chuveiro quente e um travesseiro tão macio que eu pudesse enterrar o rosto nele. Queria sentir um tapete debaixo dos pés, e grama, e qualquer coisa macia. Deus do céu, como eu sentia falta de coisas macias; macias, com cheiro bom.

Queria dirigir. Queria pegar meu carrinho e dirigir por todos aqueles lugares por onde costumava me imaginar. Queria ver outros lugares fora do Alabama. Eu nunca estivera em nenhum lugar mais distante que umas poucas horas de casa. Queria ver a Costa Oeste, ir para o Havaí, visitar a Inglaterra, viajar para a América do Sul. Queria casar e ter filhos e demonstrar o mesmo tipo de amor que haviam me dado quando criança. Queria voltar a ser capaz de rir e de brincar com as pessoas. Queria minha vida de volta. Queria Praco. Minha liberdade de volta. Não queria ficar trancado como um bicho raivoso numa jaula. Não queria que me dissessem o que comer e quando comer. Não queria ter gente olhando eu tomar banho e cagando. Queria minha dignidade. Queria minha liberdade. Cortar a porra da minha grama no meu próprio quintal sem a polícia aparecendo para me levar embora. Queria justiça.

Queria matar o McGregor.

Essa ideia me surpreendeu como um soco no estômago e me tirou do meu redemoinho de pensamentos. Fiquei assustado. Esse desejo de matar. Eu queria matá-lo da maneira que ele matara minha vida. Eu não era um assassino, mas sabia que se ele entrasse na cela eu poderia agarrar seu pescoço e ter a satisfação de ver a vida abandonando seus olhos esbugalhados e mentirosos. Imaginei isso. Ergui minhas mãos no ar no meio da noite e imaginei o pescoço dele entre meus dedos. O que ele diria? Choraria e imploraria pela vida do jeito que ele quis que eu chorasse e implorasse pela minha? Confessaria suas mentiras, seus pecados, e imploraria por uma misericórdia que não havia demonstrado?

Eu podia sentir seu pescoço nas minhas mãos, e comecei a apertar tão forte no escuro que sentia seus ossos sendo esmagados e estalando contra minha pele. Apertei mais forte até que seus olhos ficaram saltados, sua língua rolou para fora da boca e ele ficou azul. Apertei, apertei e apertei até ele dar o último suspiro de seu corpo mentiroso e odioso de racista. Apertei até ele parar de se debater. Apertei para que nunca mais magoasse outra pessoa. Apertei até que a última mentira que ele tinha dentro dele morresse junto.

Eu não tinha entrado naquela cadeia como assassino, mas se era isso o que eles diziam que eu era, então é o que eu iria ser.

— Hinton, liberar cela! Hinton, liberar cela!

A chamada pelo intercomunicador me fez sentar na cama, e então virei e coloquei os pés no chão. Ouvi o clique da fechadura automática da porta da cela abrindo. *Liberar cela* significava empacotar tudo. Eu não podia acreditar que estivessem me levando tão cedo. Deviam ser umas 4 da manhã. Eu não estava preparado para ir à Holman. Não tinha conversado com minha mãe. O intercomunicador soou de novo.

— Hinton, liberar cela! Vamos andando!

Embrulhei alguns documentos legais e umas poucas fotos. Não sabia o que mais poderia levar, então deixei algumas coisas da cantina para quem quisesse. Quando os outros caras acordassem, viriam todos para minha cela como abutres para pegar o que quer que eu tivesse deixado. Eles que fiquem com isso. Que fiquem com tudo.

– Vamos embora, Hinton.

Atravessei a sala social e fiquei em pé, depois da porta, segurando minhas coisas. Eu deveria enrolar meu colchão e trazê-lo junto com o lençol e o cobertor, mas simplesmente deixei tudo ali. Não iria mais seguir as regras. Eu obedecera, e vejam onde isso havia me levado. Eu era o pior dos piores, portanto talvez fosse hora de começar a agir de acordo.

Colocaram-me numa cela de retenção e me deram ovos gelados com um biscoito duro e geleia para o café da manhã. Coloquei a comida na boca, mas não tinha gosto de nada. Como era possível remover todo o gosto da comida? Fizeram uma revista pessoal, me obrigaram a me abaixar e a abrir bem as nádegas enquanto os guardas riam e faziam piada. Enrolaram correntes superpesadas em volta da minha cintura e as prenderam às algemas de metal dos meus pulsos e tornozelos. Eu mal conseguia andar, e fiquei imaginando quem teria sido o cara que, num momento de ócio, disse a si mesmo: *Preciso inventar alguma coisa que acorrente um homem como se fosse um animal, e portanto vou tornar essas correntes tão pesadas que ele não consiga levantar os braços nem mover a pernas.* Fiquei imaginando quem deveria ter sido esse filho da puta, porque nutria ódio por ele também. Os guardas que me levaram andando até a van tentaram conversar sobre amenidades comigo, mas eu não disse nada. Eles pareciam inquietos. Eu havia sido gentil com eles desde que estava ali, e cooperativo. Mas chega. Por que tornar o trabalho deles mais fácil? Fiz corpo mole quando tentaram me erguer para o primeiro degrau da van. Eu pesava mais de noventa quilos. Eles que me levantassem. Eles que sentissem meu peso enquanto me carregavam para a morte. Eu era alguém. Era uma pessoa. Precisavam sentir isso.

O esforço deles não me deu nenhuma satisfação, então acabei subindo na van e fui me movendo centímetro por centímetro pelo banco de trás. Não disse uma palavra. Eu não ia falar com eles nem com ninguém, nunca mais. Quando ninguém acredita numa palavra do que você diz, o melhor é você parar de falar de vez.

Rodamos umas três horas. Eu nunca fora tão ao sul antes. Parecia que estávamos indo de carro até o fim do mundo. Eles não permitiram que eu ligasse para ninguém antes de sair, acho que para evitar que pudesse planejar alguma fuga. Eu queria ter me despedido de minha mãe e de Lester. Odiava aquela gente ainda mais por não terem me dado essa chance. Dois guardas iam sentados na frente, e havia uma malha de arame nos separando. As janelas tinham malha de arame por cima também, mas dava para enxergar lá fora. Os guardas brincavam e riam na frente, e eu observava os campos passando por mim, aqueles campos que eu adorava. Será que voltaria a sentir a grama de novo? Eu sempre dissera que aquele era um país de Deus, mas onde estava Deus agora? Eu acorrentado e algemado como um escravo sendo levado a leilão. Era uma carga. Era menos que humano. Lembrei que minha mãe sempre reagia às boas notícias na nossa vizinhança dizendo "Deus abençoou essa família. Deus fez isso e aquilo pelo nosso vizinho. Louvado seja Deus por cuidar dessa família". Se Deus abençoava, então também punia as pessoas? Eu queria saber por que Deus estava me punindo. Por que Deus abençoava algumas pessoas, mas havia me colocado na traseira de uma van, acorrentado? O que será que eu havia feito para Deus?

Imaginei a van sofrendo um acidente e capotando várias vezes, de modo que minhas correntes se soltassem e eu pudesse sair. Iria correr e correr até que não houvesse mais pena de morte e eu não fosse mais um homem condenado. Continuaria correndo até sair do Alabama e chegar a algum lugar onde a liberdade fosse real e minha vida não pudesse ser tirada de mim.

Passei outra hora simplesmente junto à janela, com o olhar perdido. Fazia muito tempo que eu não via automóveis, pessoas, uma estrada desimpedida e um céu amplo. Registrei algumas cenas. Vi um menino que parecia entediado no banco de trás de um sedan. Uma garota linda dirigindo um carro azul. Um restaurante com a placa "Fechado". Uma família rindo num carro que passou pelo nosso. Um flash das pernas de uma mulher de saia bem curta no banco do passageiro de um carro vermelho. Havia todo um mundo lá fora desfrutando de uma manhã de

quarta-feira, sem medo. Eram pessoas livres para fazer o que quisessem, e fiquei pensando se compreendiam o que isso significava. Vi um negro, mais ou menos da minha idade, dirigindo um Buick. "Cuidado, cara", murmurei alto. "Eles vão vir atrás de você também."
— Ei! — gritei para os guardas.
— O que foi?
— Preciso ir ao banheiro.
Um dos guardas resmungou algo que não consegui entender, e o outro riu.

A certa altura, paramos numa loja com um posto de combustível na frente. Estacionamos do lado e um guarda me levou ao banheiro enquanto o outro foi abastecer o carro. Pude ver alguns meninos negros do lado de fora da loja olhando para mim como se eu fosse um bicho esquisito no zoológico. Eles que olhassem. Eles que vissem como é um homem negro acorrentado dos pés à cabeça. Que se lembrassem.

Paramos na Prisão Holman e eu vi internos do lado de fora do prédio. Uma cerca de arame alta separava-os do estacionamento do lado de fora e da estrada depois dele. Dois guardas abriram um grande portão para nós, e entramos. Fizeram-me passar por uma porta pesada e tiraram as correntes, deixando as algemas.
— É todo seu — disse o guarda do condado, e me passou para um agente penitenciário. Era um homem baixinho, atarracado, com longas costeletas e o cabelo penteado de lado, escondendo a calvície. Sentaram-me numa cadeira e perguntaram meu nome. Eu não disse nada.
— Qual o número do seu seguro social? — Só dei de ombros.
O guarda leu o número de um papel.
— É esse seu número?
Concordei com a cabeça. Não ia falar com eles. Não ia facilitar as coisas.
— Nós vamos mandá-lo para a enfermaria para uma checagem, e depois você vai fazer um exame médico geral, outro dia. Coloque essa roupa branca e depois será escoltado até sua cela. — Eu não disse uma palavra.
Troquei de roupa e vesti um macacão branco de presidiário que tinha escrito *Alabama Department of Corrections* [Departamento de Correção

do Alabama] nas costas. Recebi meu número de interno – Z468. Na enfermaria, fui pesado. Perguntaram se eu tomava algum remédio. Perguntaram se era usuário de drogas. Se tinha algum problema médico do qual precisassem estar cientes. Sacudi a cabeça negativamente a tudo o que perguntavam, mas sem dizer nada.

Após a parte médica, fui levado a uma sala. Havia alguns outros internos na sala, mas eles haviam sido instruídos a virar de costas e ficar com o nariz encostado na parede. Eu podia sentir a tensão nos guardas quando passávamos pelos outros. Não conseguia entender o porquê disso, mas então notei que um dos caras da parede me olhava, e vi medo em seus olhos.

O guarda começou a gritar com os outros reclusos.

– Não olhe pra ele! Vocês não podem olhar para ele! De joelhos! De joelhos, mãos nas costas, nariz na parede! Todo mundo!

Eu não tinha ideia do que estava acontecendo, por que os guardas agiam daquele jeito. O cara que olhou tinha mais ou menos minha idade, era branco, e concluí que todos ali pensavam que eu poderia atacar. Os detentos convencionais estavam sendo protegidos do detento do corredor da morte. Eu era a pessoa mais assustadora daquela prisão.

Fui levado até outro guarda – o capitão dos guardas. Ele me informou que era responsável pelo corredor da morte.

– Eu não pedi para você vir aqui, e tenho apenas uma tarefa a cumprir, que é manter você aqui. Enquanto estiver na Prisão Holman, você verá esses funcionários de uniformes azuis e irá respeitá-los. Tem que se submeter às regras e orientações e fazer tudo o que eles lhe disserem para fazer. Isso ficou claro?

Assenti.

– Bom, você pode tornar as coisas mais fáceis pra você, ou tornar as coisas mais difíceis. É você que decide. Vai ficar noventa dias num período de teste. Todas as vezes que sair da cela será algemado. Se não houver problemas, vai poder ficar sem algemas pra tomar banho e quando for andar. Vai andar quinze minutos por dia numa jaula no pátio. O resto do tempo, na cela. Não queremos confusão. Certo?

Continuei olhando para baixo e assenti de novo.

– Sargento, leve-o para a cela dele.

Fomos andando por um corredor comprido e passamos por uma porta em que estava escrito "Corredor da Morte". Subimos um lance de escadas e o guarda começou a chamar em voz alta os números do corredor. Por fim, parou diante da cela número 8.

– Número 8! – gritou.

Ouvi uma voz chamar o número de volta, e então houve um clique bem alto e a porta abriu. Dentro havia uma cama pequena e estreita, com um colchão de plástico bem fino. Outro guarda entrou e colocou um lençol, cobertor, toalha e um pano de chão em cima da cama. Também pôs uma sacola marrom com as minhas coisas do condado. Continha minha Bíblia e algumas cartas e documentos legais do meu julgamento. Dava para ouvir alguns caras gritando, e vi espelhos sendo colocados para fora de outras celas pelos internos, para poderem ver o que estava acontecendo, quem é que os guardas estavam trazendo. De algum lugar bem longe, ouvi um homem berrando. Outro dava risadas. Outro apenas ficava dizendo, "Ei! Ei! Ei!", sem parar.

Entrei na cela e os guardas saíram.

– Quando a gente fechar a porta, estenda as mãos para fora por aqui e a gente tira as algemas. – Eu não disse nada, e o guarda olhou para mim achando que eu talvez fosse idiota. – É tarde demais para você encomendar um pacote de Natal este ano, quem sabe no ano que vem.

Natal? A última coisa que passava pela minha cabeça era o Natal. Eu não queria encomendar pacote de Natal nenhum, e não queria celebrar o nascimento de Jesus.

Bateram com força a porta de metal ao fechá-la, e o som ficou ecoando na minha cabeça. Minha boca tinha gosto de metal e eu achei que fosse vomitar. Podia sentir meu estômago dando pulos, e meus joelhos começaram a tremer. Enfiei minhas mãos pela pequena abertura para que os guardas pudessem tirar as algemas. Flexionei um pouco os pulsos e me virei para olhar a cela. Tinha um metro e meio de largura e dois de comprimento. Uma privada de metal e uma pia, uma prateleira e uma cama. E só.

Sentei na beirada da cama e abri a sacola com as minhas coisas. Peguei uma Bíblia.

Não havia mais Deus para mim. Meu Deus me abandonara. Meu Deus era um Deus punitivo. Meu Deus falhara e me deixara ali para morrer. Deus não me serviria para nada agora. *Desculpe, mãe,* pensei comigo, e joguei a Bíblia debaixo da cama. Não ia servir para nada. Tudo ali era mentira.

Não me dei ao trabalho de arrumar a cama. Simplesmente deitei e fechei os olhos. Não levantei quando tentaram me passar o jantar pela abertura da porta. Não ia conversar com ninguém, nem comer nada que qualquer um me desse.

Estava completamente sozinho.

Sentia um ódio grande demais para aquela pequena cela.

Teria que achar um jeito de fugir, e achar um jeito de corrigir tudo que havia sido feito errado. Iria provar minha inocência. Teria minha vingança. Fiquei ali deitado durante horas e devo ter adormecido, porque quando acordei já estava escuro, exceto por uma luz que vinha de fora da cela.

O único som que eu ouvia era alguém no corredor da morte gritando no escuro.

– Não, não, não, não, *nããããão*!

Apertei o travesseiro contra os ouvidos, mas o grito não parou.

9

APELAÇÃO

> *"A representação de um prisioneiro no corredor da morte difere de qualquer outro tipo de caso, porque a vida do cliente literalmente depende do esforço do profissional legal. Um caso capital demanda e merece do advogado, e dos demais que trabalhem nele, que seu esforço seja o mais cuidadoso, consciencioso e comprometido possível."*
> **Manual da Pós-Condenação Capital do Alabama, 4ª edição**

DEPOIS QUE VOCÊ É CONDENADO, não há à sua disposição nenhum folheto do tipo *Bem-vindo à Sua Apelação* para orientá-lo. Ninguém senta com você e explica que recurso você precisa interpor e de quanto tempo você dispõe para isso. Você tem direito a uma apelação direta às cortes de apelação do estado – a Corte de Apelações Criminais da Suprema Corte do Alabama – e só. O estado do Alabama não quer facilitar as coisas para você e oferece assistência zero para os internos no corredor da morte. Foi condenado injustamente? Sofreu preconceito no julgamento? Houve coerção na confissão? Os direitos constitucionais foram violados? Seu advogado foi incompetente? Boa sorte, amigo. Não há nenhuma ajuda pós-condenação quando você está sentenciado. Você fica por sua conta, e o estado faz o possível para dificultar as coisas – um prazo de prescrição de um ano, procuradores-gerais que criam as leis que controlam o processo e impedem que revisões federais aconteçam mais tarde, e uma série de outros procedimentos e regras obscuros que parecem feitos para impedir que você consiga rever qualquer coisa depois que uma corte decidiu. E, no Alabama, os juízes sobem na carreira conforme o número de pessoas que mandaram para o corredor da morte, não pelo número de pessoas que pouparam.

Eu ligava para o escritório de Perhacs sempre que podia, e sua secretária me garantia que ele estava trabalhando na minha apelação e dizia que iria comunicá-lo que eu havia ligado. Quase toda semana eu lia no jornal a notícia de outro assalto em Birmingham que se encaixava na mesma descrição daqueles realizados na Quincy's, no Mrs. Winner's e no Captain D's. O Assassino do Refrigerador não diminuíra o ritmo e, quando havia alguma descrição de suspeito, era a mesma dada por Smotherman – homem negro, 1,80 metros, 90 quilos. Não importava que eu tinha 1,90 metros e pesasse 110 quilos, nem que eu já estivesse preso e os mesmos crimes continuassem sendo cometidos. Pensei nas famílias das vítimas. Será que liam o jornal também? Viam as similaridades? Alguma vez imaginaram que talvez o estado tivesse condenado o homem errado? Eu mandava a Perhacs um bilhete, junto com cada reportagem de crime que via no jornal. "Só tentando ajudar", eu escrevia. "Agradeço muito!"

Eu ficava pensando se isso alguma vez tirava o sono dele à noite. Como será que era para ele saber que eu era inocente e estava dormindo no corredor da morte? Será que sentia alguma coisa? Naquela época, eu não sabia que minha mãe começara a escrever cartas a Perhacs, pedindo e implorando que salvasse minha vida. Pedindo que protegesse seu menino. Ela não concordava com o que havia sido dito a meu respeito no tribunal. Eu era o bebê dela, e ouvir aquelas mentiras havia sido muito duro para ela. Nossa vizinha, a senhora Wesley Mae, trouxe minha mãe para me ver em Holman depois que terminaram os meus noventa dias de experiência e eu tive permissão de receber visitas. Aquelas duas senhoras idosas nunca haviam dirigido até tão longe, e acabaram se perdendo tentando achar o caminho para Atmore. Apareceram numa sexta-feira à noite, duas horas depois de terminado o horário de visita – mas o carcereiro teve alguma compaixão por aquelas duas senhoras indo até a prisão em sua melhor roupa de domingo, e então permitiu uma visita de vinte minutos.

Abracei minha mãe pelo máximo de tempo que pude – outra coisa que geralmente não era permitida. Ela cheirava como sabão de lavanderia e água de rosas, mas parecia cansada. Havia olheiras debaixo de seus olhos, e pude ver novas rugas em volta de sua boca, que não estavam ali alguns meses antes.

– Deus vai dar um jeito nisso – ela ficava repetindo. – Deus pode tudo, exceto falhar, bebê. Deus vai dar um jeito nisso logo para você.

– Sim, mãe – eu disse, e pude ver que um dos guardas ficou surpreso ao me ouvir falar. Não tive coragem de dizer a ela que havia desistido de Deus. Deus não morava naquele lugar. Se existia um Deus e ele achava certo me mandar para o inferno ainda vivo, bem, então ele não era meu Deus. Não mais. Nunca mais.

– Da próxima vez venha com Lester, mãe. Não quero vocês duas dirigindo toda essa distância sozinhas. Entendeu?

– Você está bem, bebê? – Minha mãe estendeu a mão e tocou meu rosto. Ela não era a única com novas rugas no rosto e olheiras debaixo dos olhos. Vi que os dela se encheram de lágrimas.

– Estou bem, mãe. Não fique preocupada comigo. Esse lugar aqui é ótimo. Estão me tratando realmente bem. – Sabia que era errado mentir para ela, mas acredito que mentiras contadas para aliviar a dor ou proteger os sentimentos de alguém são mentiras que devem ser contadas. Ela já era obrigada a viver longe de mim. Se o Alabama vencesse, ela teria que superar o fato de eles terem me levado à morte. Eu a confortaria em todos os momentos possíveis, mesmo que isso exigisse contar um milhão de mentiras. – Bem, temos só alguns minutos, mãe. Não gaste tudo chorando. Eu estou bem, só adoraria comer sua comida. Eu comeria com o maior gosto aquele seu hambúrguer suculento e delicioso, agora mesmo.

Minha mãe riu, e tentei memorizar bem aquele som. Eu queria me agarrar àquela risada e ouvi-la dentro da cabeça em vez de ouvir as infindáveis lamúrias que ouvia o dia inteiro naquele corredor.

– Seu advogado me mandou algumas cartas. Ele vai conseguir tirar você daqui. Está trabalhando forte nisso.

Ela abriu com cuidado duas cartas que havia trazido. Eram endereçadas a ela. Eu ainda não tinha notícias de Perhacs, mas quando liguei para o escritório dele a secretária informou que ele havia entrado com uma moção pedindo novo julgamento.

Olhei a primeira carta. Era datada de algumas semanas antes da minha condenação.

– Mãe, essa primeira carta é de antes de eu vir para cá.

– Bom, eu vinha escrevendo a ele para que soubesse quem você é. Queria dizer a ele que aquilo que haviam dito de você no tribunal era mentira. Eles mentiram sobre você. Meu filho não é um assassino. – Ela secou os olhos com um lenço branco.

– Tudo bem, tudo bem – dei um tapinha na mão dela. – Deixe-me dar uma olhada.

A carta trazia no alto *Escritório de Advocacia Sheldon Perhacs* e o endereço da minha mãe mais embaixo.

   25 de novembro de 1986

   Querida senhora Hinton,
   Obrigado por sua carta datada de 17 de novembro de 1986.
   Quero que saiba que vou continuar fazendo tudo a meu alcance para proteger seu filho. O caso dele está indo para apelação, e acho que vou vencer. A apelação talvez leve uns dois anos. Depois disso, provavelmente haverá novo julgamento do caso. Da próxima vez, faremos algumas coisas diferente. Ainda penso que ele tem uma boa oportunidade de ser absolvido dessas acusações.
   Continuarei fazendo tudo o que estiver ao meu alcance.

      Atenciosamente, Sheldon Perhacs

Eu não queria ficar sentado no corredor da morte por dois anos. Queria que ele me tirasse de lá já, mas não havia nada que eu pudesse fazer. Será que ele faria algumas coisas de modo diferente da próxima vez? Que tal me arrumar um especialista com dois olhos? Eu ainda sofria ao me lembrar do meu especialista sendo crucificado no banco das testemunhas. Será que nos dariam mais dinheiro para pagar um especialista ao me julgarem de novo? A impressão era que, se você fosse pobre, já seria praticamente culpado. Peguei a segunda carta. Era datada de um mês atrás apenas.

```
2 de março de 1987
Ref: Seu filho


Cara senhora Hinton:
Pretendo continuar fazendo tudo ao meu alcance para
proteger seu filho. O caso está no processo de inter-
posição de apelação. A apelação levará algum tempo para
ser concluída. Minha opinião é que temos uma boa chance
de vencer este caso na apelação. Se assim for, teremos
novo julgamento. No novo julgamento, vou contratar outro
especialista para depor a respeito das balas.
   Também acredito que seu filho não é culpado de matar
ninguém. Continuarei fazendo tudo ao meu alcance para
protegê-lo. Sinto não ter conseguido atender quando a
senhora me ligou no outro dia, e com certeza me alegro
que tenha escrito para me contar a respeito. Por favor,
sinta-se à vontade para me contatar sempre que precisar.

              Atenciosamente, Sheldon Perhacs
```

Fiquei com o coração apertado com o que li nas entrelinhas dessas cartas – minha mãe ligando para ele, escrevendo cartas e pedindo que me protegesse. O que eu não sabia na época era que ela estava também lhe mandando dinheiro por meio de ordens de pagamento de 25 dólares a cada vez que lhe escrevia, pedindo e implorando por sua ajuda. *Aqui está todo o meu dinheiro – salve o meu filho.* Será que ele ria ao receber aquelas pequenas quantias? Vinte e cinco dólares não eram nada para um homem a quem, segundo dizia, 1 mil dólares não pagavam nem o café da manhã. Mas para a minha mãe 25 dólares podiam muito bem equivaler a 100 mil. Perhacs não sabia o que era ser pobre. Ter o bastante apenas para passar o mês sem que sobrasse um tostão. Gastar dez dólares extra em alguma emergência significava ficar sem água ou sem eletricidade por um mês, ou talvez mais tempo ainda, pois você tinha que pagar uma taxa de religação para ter o serviço de novo. Eu sei por que minha mãe nunca me contou sobre o dinheiro – eu teria colocado um ponto final nisso, sem nunca entender que ela precisava mandar o dinheiro, porque precisava do conforto de saber que estava fazendo tudo o que podia para salvar a vida do filho. Eu teria lhe tirado esse conforto.

Eu sabia que minha mãe se sentia impotente.

Todos nós nos sentíamos assim.

E na época eu não queria imaginar que meu advogado estivesse se aproveitando desse desamparo. Não podia pensar nisso. Ele era minha única chance. Não contei à minha mãe que ele já me informara que sairia do caso depois de tratar da minha apelação automática. Era como se já planejasse perder. Eu esperava que ele mudasse de ideia. Esperava que aquele homem que havia ligado para ele enquanto corria meu julgamento dizendo ser o assassino fosse ligar de novo. Esperava um milagre, mas continuava planejando minha fuga.

Abracei minha mãe e a senhora Mae ao me despedir. Minha mãe prometeu vir com Lester da próxima vez, e eu acho que a senhora Mae ficou aliviada. No início, os dias de visita eram sempre às sextas-feiras, mas depois mudaram para uma vez por mês para internos do corredor da morte. Nós não tínhamos visitas aos fins de semana; não queriam facilitar as coisas para nossas famílias e amigos. Lester tinha que perder um dia de trabalho, mas assim que conseguiu permissão passou a fazer a viagem de sete horas, ida e volta, toda sexta-feira. Às vezes, trabalhava no turno da noite na quinta e emendava dirigindo o dia inteiro na sexta. Eu tinha medo de que dormisse na direção, mas ele era sempre o primeiro a chegar à prisão para a visita. Trazia a mãe dele e a minha, e os três eram o único raio de luz naquela escuridão.

Não consigo lembrar muito bem daquelas primeiras visitas, porque estava tão cheio de ódio que as visitas eram a única hora em que eu conseguia sorrir e bater papo. Se eles notaram algo de errado em mim, nunca comentaram, mas às vezes eu via que Lester me observava. Ele me conhecia melhor do que ninguém, mas não acho que soubesse o que eu estava pensando. Eu nunca sentira tamanha escuridão dentro de mim. Não conseguia controlar meus pensamentos. A toda hora, dia após dia, imaginava como poderia matar McGregor. Passava os dias e noites observando. E ouvindo. Mesmo nas horas de visita, ficava memorizando as rotinas dos guardas. Deveria haver alguma saída. Um momento em que eu pudesse me infiltrar por alguma cerca, esconder-me no porta-malas de um carro, fugir correndo. Não tinha nenhuma lógica, e eu tampouco tinha um plano – mas eu observava e aguardava, porque precisava haver uma maneira de fugir. Simplesmente precisava haver.

Será que não era melhor que eles me matassem enquanto eu tentava fugir do que amarrado a uma cadeira? A única coisa que me fazia hesitar era que eu não queria que as pessoas achassem que havia fugido por ser culpado. Queria provar minha inocência mais do que qualquer coisa. Eu não era um assassino, mas agora queria matar. Por dentro, estava virando o monstro que o mundo julgava que eu fosse, e tinha medo que mamãe e Lester vissem isso, então mentia para eles a respeito de como andavam as coisas. *A comida é ótima. Os guardas são ótimos. Os outros internos são tranquilos e ficam na deles.* Eu mentia para eles toda semana. *Estou dormindo muito bem. Tenho tudo de que preciso.* Mentia, mentia e mentia mais um pouco.

A realidade é que tínhamos que tomar café da manhã às 3 horas da manhã, almoçar às 10 e jantar às 2 da tarde. E toda noite, eu sentia fome. Todo dia sentia fome. Eu pesava 100 quilos quando entrei ali. Já havia perdido cinco quilos no condado, mas dava para ver que perderia bem mais do que queria aqui. O café da manhã eram ovos esfarelados, um biscoito tão duro que se você atirasse no chão ele quicava, e uma colherada de uma coisa que supostamente seria geleia. Eles tinham uma prisão inteira para alimentar, então os internos no corredor da morte tinham que comer bem cedo. Às 2h45 da madrugada, os guardas começavam a gritar: "Café da manhã! Café da manhã!". Nos dias em que por sorte eu havia pegado no sono, dava um pulo da cama no escuro, achando que estava sob ataque. O almoço era uma espécie de empadão mole de uma substância desconhecida, parecida com carne. Corria o boato de que era carne de cavalo, mas eu torcia para que isso fosse só uma piada de mau gosto. O jantar era aquela mesma maçaroca sem forma, mas à noite era chamada de costeleta. Às sextas, havia um filé de peixe empapado. De vez em quando, serviam também feijão ou ervilha em lata, ou algum tipo de legume num líquido ralo, sempre com um certo aroma de lata e mofo e um gosto metálico e amargo. E purê de batatas instantâneo, que virava um pó seco na boca.

Eu sentia fome todo dia. Era uma fome física, claro, mas também uma fome mental. Eu me sentia vazio e oco. Tinha fome de casa, da minha cama, da minha família, da minha igreja e de amigos com os quais pudesse sentar, rir e conversar. Ficava sozinho o dia inteiro com uma fome tão grande que tinha a sensação de estar caindo sem ter onde me agarrar. Como quando você se recosta numa cadeira e tem aquele segundo de pânico, achando que foi para trás demais, e então volta a ficar ereto com um tranco para evitar cair. Eu tinha esse pânico de cair o dia inteiro, todo dia. Tinha fome de liberdade. Fome de recuperar minha dignidade. Fome de ser humano de novo. Não queria ser conhecido como o interno Z468. Eu era Anthony Ray Hinton. As pessoas me chamavam de Ray. Eu antes adorava dar risada. Tinha um nome e uma vida e uma casa, e agora as desejava tanto que o desejo tinha até gosto. Eu não iria sobreviver ali. Sentia como se fosse acabar totalmente oco, como se fosse desaparecer em algum tipo de vazio. Estavam todos tentando me matar, e eu teria que fugir. Não havia alternativa.

A moção de Perhacs para um novo julgamento foi postergada por mais de seis meses, até que finalmente, em 31 de julho de 1987, ela foi negada. Fazia exatamente dois anos desde o dia em que eu havia sido preso.

No Alabama, naquela época, o prazo para apresentar uma notificação de apelação era de 42 dias, e para apresentar uma minuta, de 28 dias. E eu descobri isso porque Perhacs veio me visitar e conversar comigo sobre uma estratégia para a minha apelação? Não. Descobri ouvindo outros internos no corredor da morte conversando a respeito de suas apelações.

Era como se o dia inteiro rolasse uma aula de Direito e, embora eu ainda não abrisse a boca para dizer nada, não deixava de ouvir o que os outros detentos conversavam entre si.

— Cara, você precisa ligar pro Bryan Stevenson. Ele manda um advogado pra você aqui.

— Foi o Bryan Stevenson quem me mandou meu advogado, lá de Ohio. E veio também outro cara de Washington, D.C.

— Você precisa dizer pro cara ler sua transcrição e ver se eles influenciaram o júri a um pré-julgamento.

— Fala com ele sobre o cara que mentiu.

Isso durava o dia inteiro, e eu ouvia os outros detentos discutindo jurisprudência entre si e falando sobre suas apelações. Eu soube que o Alabama só voltara a eletrocutar pessoas em 1983, depois de um intervalo de dezoito anos. Agora as pessoas tinham medo de que eles fossem começar a marcar datas para todo mundo que acabasse de chegar e não tivesse um advogado tentando se contrapor ao estado.

— Ele tem um monte de advogados ajudando. Uma espécie de central de atendimento.

— Ouvi dizer que ele sabe de cada um dos que estão no corredor, acompanha caso a caso. É como um Papai Noel, e acaba dando um jeito de descobrir se você é bonzinho ou travesso.

O dia inteiro eu ouvia esse nome, *Bryan Stevenson,* mas não queria saber de Bryan Stevenson. Eu queria saber do Perhacs e do que ele estava fazendo pelo meu caso. Eu tinha um advogado, e me sentia grato por isso. Soava como se um monte de caras estivesse esperando que aparecesse alguém como num passe de mágica, pelas boas graças desse tal advogado chamado Stevenson. Eu não acreditava em Deus e não acreditava em Papai Noel. E não fiz nenhuma pergunta, porque uma coisa que eu tinha aprendido a partir do meu julgamento era que se você dissesse alguma coisa, as pessoas iriam mentir a respeito daquilo se fosse conveniente para elas. Não confiava nos outros detentos. Não confiava nos guardas. Não confiava sequer no Perhacs, mas ele era melhor que nada. Se eu tivesse que pedir alguma coisa aos guardas, escrevia no papel que davam aos detentos e passava para eles. Não sei se me achavam um estúpido ou o que, mas sabiam que eu falava com minhas visitas. Acho que até gostavam que eu não falasse – um detento a menos com o qual lidar.

Os guardas me levavam até o chuveiro, dia sim, dia não, às vezes às 6 da noite. Outras vezes era à meia-noite. Não havia horário certo. Um guarda seguia andando na minha frente, outro atrás. Nos três primeiros meses, algemavam minhas mãos, e depois desse tempo eu podia ir ao chuveiro sem ser algemado. Não havia privacidade no chuveiro, e sempre ficavam dois caras tomando ducha ao mesmo tempo e dois guardas vigiando. A água era ou escaldante ou congelante – dependia apenas do dia, ou talvez do que os guardas tivessem vontade de fazer para se divertir. Você tinha que se ensaboar e sair logo, em menos de dois minutos.

Os guardas vigiavam a gente o tempo inteiro – até guardas mulheres. Eu não sentia qualquer prazer quando uma mulher me via nu. Era humilhante. Éramos como animais de fazenda sendo lavados com mangueira na parte de fora do estábulo. Uma vez por dia, éramos trazidos para fora em gaiolas individuais no pátio, para poder fazer algum exercício ou ficar andando para cima e para baixo. Ninguém era obrigado a "andar", como os guardas chamavam, e muitos caras simplesmente permaneciam na cela. Não queriam se trocar ou tomar banho ou fazer exercício.

Eu sempre aproveitava esses meus quinze ou vinte minutos ao ar livre. Tinha uma fuga em mente. Da minha gaiola, podia ver o estacionamento no pátio e a estrada que levava embora de Holman. Só precisava chegar até ela. O tempo todo, todo dia, eu ficava procurando alguma falha no sistema – apesar do que os promotores haviam dito, eu não era capaz de pular uma cerca de aço laminado de 5 metros de altura. E com certeza não aquela cerca, cheia de guardas armados e treinados. Pensei em cavar um túnel. Ratos e baratas entravam e saíam da minha cela por uma pequena fenda perto do teto. Se eles conseguiam entrar, pensei eu, então eu talvez fosse capaz de sair. Ficava olhando essa fenda todo dia. Sempre havia alguma coisa espreitando ali – sempre havia alguma antena ou bigode espreitando. Toda noite eu podia ouvir os ratos raspando e correndo pelos pisos. Imaginava as baratas ocupando as paredes à noite e se escondendo de volta nas fendas durante o dia para ficar de olho em mim. Eu é que era o inseto preso. Aquelas baratas tinham mais liberdade do que eu.

Os sons à noite davam a impressão de se estar no meio de um filme de horror – criaturas rastejando, homens gemendo, gritando ou chorando. Todo mundo chorava à noite. Uma pessoa parava, e então outra começava. Era a única hora em que você podia chorar anonimamente. Eu bloqueava o som. Não me importava com as lágrimas de ninguém ou com seus gritos. Às vezes ouviam-se risadas – risadas maníacas –, e isso era o mais assustador. Não havia risadas de verdade no corredor da morte. Aqueles que conseguiam dormir berravam em seus sonhos, como se estivessem sendo caçados. Às vezes soltavam palavrões. Acho que naqueles primeiros meses e anos eu nunca dormi direto mais do que quinze minutos. Você enlouquece quando nunca dorme bem. Vai parar em um lugar onde não há luz, não há esperança, e não há sonhos, nenhuma chance de redenção. Isso faz você pensar em sombras e demônios, em morte e vingança, e em matar antes que seja morto.

Havia morte e fantasmas por toda parte. O corredor era assombrado pelos homens que haviam morrido na cadeira elétrica. Era assombrado pelos homens que haviam preferido se matar antes de serem mortos. Seu sangue fluíra pelas rachaduras do cimento como um rio lento, até secar e depois desgrudar sob o peso das criaturas que se arrastavam por cima dele à noite. As baratas tinham sangue nelas, e o carregavam de uma cela a outra. Os ratos mordiscavam o sangue coagulado e o traziam de volta pelas paredes e fendas, onde suas partículas circulavam no ar como poeira escurecida e se assentavam sobre nós todos. Era difícil se enforcar no corredor da morte, mas era fácil bater a própria cabeça contra a parede de cimento, várias vezes, até arrebentá-la, respingar a cela de vermelho e fazer seus miolos preencherem as fendas e pequenos orifícios como massa corrida, depois endurecerem numa mancha que nunca mais saía. O corredor era assombrado por remorsos e arrependimentos, e pelas mortes de todos que haviam morrido nas mãos dos culpados, e por todos aqueles que não haviam morrido nas mãos dos inocentes, mas queriam justiça e queriam que seus assassinos fossem encontrados. A liberdade era um fantasma que assombrava todos nós no corredor, mas a maioria era assombrada por um passado ao qual não podia mais voltar para tentar mudá-lo. Perda, dor e uma loucura fria que desafiava as palavras flutuavam na sujeira e na imundície que nos cobria a todos. O inferno era real, e tinha um endereço e um nome.

Corredor da Morte, Prisão Holman. Aonde o amor e a esperança vinham para morrer.

Em 1988, a Corte de Apelações Criminais confirmou minha sentença. Não fui avisado por Perhacs, mas consegui uma cópia da minha apelação e da resposta da corte. Havia cinco questões que Perhacs levantara na apelação. Ele disse que o juiz Garrett havia cometido um erro ao juntar dois casos de primeira instância e não aceitar sua moção para separá-los. Também disse que havia mais dois erros, por não terem sido admitidos testes de balística como provas. Finalmente, disse que a corte nunca provou que eu estivesse ligado aos dois homicídios, pois não tinham evidência direta de que eu estivesse lá, e finalmente que devíamos ter obtido permissão de apresentar o teste do polígrafo como prova. A Corte de Apelações Criminais discordou de tudo. Perhacs enviou-me uma carta em abril de 1989. Ele estava levando uma apelação do meu caso à Corte Suprema do Alabama. Eu já estava no corredor da morte havia dois anos.

```
11 de abril de 1989
Ao senhor Anthony Ray Hinton, #Z468
Holman, Unidade #37
Atmore, Alabama 36506
Ref: Seu caso
```

Caro Anthony,
Apresentei ontem argumentação oral em seu favor à Suprema Corte do Alabama. Fiquei com a impressão de que se interessaram pelas ideias que expus, e acho que temos uma chance muito boa de reverter sua condenação e conseguir novo julgamento. A corte ordenou que sejam

apresentadas argumentações adicionais, e isso levará cerca de duas semanas. Depois disso, vão fazer a apreciação do caso. Não tenho como lhe dizer exatamente quando você deve esperar que emitam seu parecer a respeito, mas tive uma boa sensação em relação a essa causa. Se as acusações forem derrubadas, então teremos que nos preparar para defender esses processos de novo. Também teremos que nos preparar para defender os processos do Quincy's. Tenho algumas ideias a respeito de certas coisas que poderemos fazer, que serão uma novidade em relação a cada uma dessas causas. Todas contêm ainda problemas legais graves, e espero tirar vantagem de cada oportunidade que se apresentar a nós.

Uma das coisas que penso que teremos que fazer é contratar outro especialista. Embora nosso especialista tenha se mostrado disposto a nos ajudar, não acho que tenha sido muito persuasivo para o júri. Achei excelente nossa apresentação ao júri com o senhor Payne, mas ela desandou com a arguição do promotor. Na realidade, há uma série de outras coisas que podemos fazer além de obter um novo especialista.

Mesmo que a Suprema Corte não ordene um novo julgamento, ainda acho que temos uma ótima oportunidade de levar uma apelação deste caso à Suprema Corte dos Estados Unidos. A apelação que eu levaria à Suprema Corte dos Estados Unidos não é financiada ou paga por ninguém. Alguém da sua família teria que encontrar uma maneira de pagar os honorários advocatícios. Seu caso é tão singular que acho que a Suprema Corte dos EUA irá ouvir sua apelação. Realmente acho que cedo ou tarde iremos ganhar essas causas.

Entre em contato se tiver perguntas a fazer.

Atenciosamente,
Sheldon Perhacs

Li a carta pelo menos umas cinco vezes. Eu tinha, sim, uma pergunta. Por que ele não havia feito "essa série de outras coisas" da primeira vez? E quanto à minha inocência? Por que minha apelação não fazia nenhuma referência ao fato de eles terem pego o cara errado? Suprema Corte dos Estados Unidos? Isso era uma loucura. E ele sabia que ninguém na minha família dispunha de dinheiro para lhe pagar. Eu precisava ter esperança de que a Suprema Corte do Alabama decidisse logo e ordenasse novo julgamento. Eu ainda não descobrira uma maneira de fugir, e ainda não estava pronto para tirar minha própria vida.

Eu queria provar que era inocente.

Mas não sabia quanto mais poderia resistir. Precisava sair daquele lugar. De um jeito ou de outro.

10

O ESQUADRÃO DA MORTE

"Eu posso não estar aqui, mas vocês se lembrem dessas palavras. Deus irá mostrar-lhes que não fui eu que fiz isso."
Anthony Ray Hinton

EU NEM PERCEBI QUE HAVIAM executado Wayne Ritter até sentir o cheiro de carne queimada. Não conhecia Wayne – não conhecia ninguém ainda –, mas no meio da noite de 28 de agosto de 1987 ouviu-se o som de um gerador, ligando com um tranco e depois chiando e trepidando, fazendo piscar as luzes do corredor fora da minha cela. E então, ao longo da noite, o cheiro veio. É difícil explicar como é o cheiro da morte, mas fez arder meu nariz e fiquei com a garganta pinicando, os olhos lacrimejando, o estômago revirado. Passei o dia seguinte com ânsias de vômito e o estômago embrulhado. Por todo o corredor, dava para ouvir os homens assoando o nariz, tentando se livrar do cheiro. Não havia uma boa ventilação ou circulação de ar, portanto o cheiro da morte – uma mistura de merda e lixo podre e vômito, tudo junto numa fumaça densa de ar pútrido do qual não havia como escapar – parecia grudar no meu cabelo, na minha garganta e na minha boca. Esfreguei os olhos até que ficaram vermelhos e raspando. Ouvi um dos caras reclamando do cheiro com um guarda.

– Com o tempo você se acostuma. – O guarda riu. – No ano que vem ou um dia desses, alguém mais vai soltar esse mesmo cheiro. Como você acha que vai ser seu cheiro para os outros? Nada bom, pode ter certeza.

O guarda riu de novo, e senti meu estômago revirar e ter ânsia enquanto ia para a privada. Eu engolia Wayne Ritter toda vez que respirava, e o pesadelo que era aquele corredor da morte só ficava pior.

Eu queria perguntar quanto tempo ele estivera ali. Eles matavam alguém toda semana? Todo mês? Queria saber se Ritter tinha ideia de que iriam matá-lo aquele dia, mas eu ainda não falava com ninguém. Não sabia quando viriam atrás de mim. Será que podiam vir me matar mesmo que eu estivesse em apelação? Se Perhacs falhasse, será que viriam me buscar na mesma hora – arrancar-me da cela no meio da noite para me amarrar na cadeira e eletrocutar, até eu soltar meu intestino e meu coração parar, e o cheiro da minha carne queimada e dos meus órgãos fritos sair flutuando pelo corredor, para lembrar àqueles homens o que ia acontecer com eles também? Eu não conseguia fazer minha mente parar de imaginar como seria a sensação de estar sentado naquela cadeira, e então o medo, como se fosse uma tonelada de tijolos, esmagava meu peito até eu achar que iria parar de respirar. Tudo em mim lutava para fugir, mas não havia para onde. Era como quando você sonha que abre a boca para gritar, mas não sai som nenhum, e você fica ali, de boca aberta, desamparado, à mercê do perigo. Ficava imaginando se não seria o caso de pegar a arma de algum guarda a caminho do chuveiro e tentar fugir atirando. Não seria uma maneira melhor de morrer do que na cadeira amarela, quando meu cheiro seria a única coisa pela qual eu seria lembrado?

Passei meses pensando em Ritter. Imaginando se tinha chorado ou implorado pela vida. Se era culpado ou inocente. Eu nunca havia pensado muito na pena capital antes de vir parar no corredor da morte. Nunca fez parte do meu mundo como um tema de reflexão. No julgamento, McGregor havia me perguntado qual eu achava que seria a sentença apropriada para alguém que tivesse feito o que eu era acusado ter feito, e eu respondi que a pena de morte seria apropriada. Mas será mesmo? Quem sou eu para dizer quem é que merece morrer ou viver? Como é que eu ou qualquer outra pessoa pode saber se alguém é culpado ou inocente? O que havia acontecido com Ritter me parecia um assassinato, e seria certo matar alguém porque essa pessoa matou outra? Ouvi alguns caras dizendo que, depois de uma execução, a causa da morte que constava no certificado de óbito era homicídio. Não sabia se isso era verdade ou não. Seria verdade? Os pensamentos não paravam de rodar na minha mente o dia inteiro, a noite inteira – e eu ficava esperando para ver quem seria o próximo a ser levado pelos guardas.

Eles começaram a praticar uns dois meses antes da execução seguinte. Chamavam a si mesmos de Equipe de Execução, mas todos sabiam o que realmente eram – o Esquadrão da Morte. O Esquadrão da Morte fazia fila, doze guardas ao todo, e então marchava solenemente pelo corredor. Um guarda fazia o papel do detento, e os outros o conduziam até a cela de retenção, onde o detento ficava antes de ser executado. A câmara da morte ficava a apenas uns nove metros da minha cela. Eu estava no andar superior, ou 8U, como eles chamavam – de *Eight Side Up* [Lado Oito Superior]. Um cara um pouco mais jovem do que eu ficava na cela abaixo. Eu nunca havia falado com ele, mas sabia que se chamava Michael Lindsey, e sabia que seria o próximo a ser executado.

No mês de sua execução, ele chorava todo dia. Chorava no pátio. Eu nunca tinha visto alguém chorar daquele jeito antes, mas continuei em silêncio. Ele chorava quando via o Esquadrão da Morte praticando a marcha diante da cela dele, e chorava quando entravam na câmara da morte e ligavam o gerador para testar a *Yellow Mama*. Chorava enquanto as luzes piscavam, e chorava à noite, quando apagavam as luzes. Os guardas praticavam o ritual que seria realizado para matá-lo, e um tempo depois apareciam para perguntar a ele como estava e se precisava de alguma coisa – como se não estivessem ensaiando sua morte. Era pavoroso de assistir, e só fazia o terror de Michael Lindsey crescer. Na segunda-feira antes da execução, dava para ouvi-lo implorando e argumentando com um cara chamado Jesse, que iniciara algo chamado Projeto Esperança, cujo objetivo era combater a pena de morte de dentro da Holman. Jesse não tinha poder. Estava no corredor da morte também. Mas Michael Lindsey implorava que salvasse sua vida. Era doloroso, de cortar o coração.

Nos dias anteriores à execução, o detento tinha permissão de receber visitas o dia inteiro, todos os dias. Podia abraçar as pessoas e segurar a mão delas – algo que não era autorizado nas visitas regulares. Em quase oito anos no corredor da morte, Michael Lindsey nunca recebera uma visita. Ele tinha 28 anos de idade quando o Esquadrão da Morte veio buscá-lo em maio de 1989. Havia sido condenado por matar uma mulher e roubar os presentes de Natal dela. Pensei nele, chorando e implorando que alguém salvasse sua vida naqueles últimos dias – e em como deveria estar se sentindo sabendo que não havia ninguém que pudesse salvá-lo, e que os guardas, que de repente o tratavam bem, seriam as mesmas pessoas que iriam amarrá-lo na cadeira elétrica, raspar sua cabeça e colocar um saco preto no seu rosto para que ninguém que estivesse por perto para assistir à execução pudesse ver o horror nos seus olhos.

Ele era apenas cinco anos mais novo que eu. Era saudável. Um júri recomendara pena perpétua, mas o juiz rejeitara a recomendação e o sentenciara à morte. Os juízes podiam fazer isso no Alabama. Lindsey ficou no corredor da morte quase oito anos. Era difícil não fazer as contas – todo detento fazia as contas quando alguém era executado – e comparar o tempo que a pessoa morta havia ficado no corredor com o tempo em que já estávamos ali. Soube que eles informavam a data da execução com mais ou menos um mês de antecedência. Um mês para sentir terror. Um mês para implorar pela vida. Eu não queria ser informado. Não queria passar meu último mês na Terra chorando e suplicando pela minha vida. Não queria fazer essa contagem regressiva até ser morto. Era difícil ficar sem saber quando o Esquadrão da Morte viria buscá-lo, mas acho que era mais difícil ainda para os caras que sabiam.

Michael Lindsey não proferiu as últimas palavras. Na quinta-feira à noite, quando eles o levaram para a câmara da morte, eu podia ouvi-lo chorando. Todos nós. Ele não teve visitas nos dias e horas que antecederam sua morte. Estava completamente sozinho. Pouco antes da meia-noite, quando sabíamos que estava sendo amarrado àquela cadeira, começamos a fazer barulho. Para cima e para baixo do corredor, os homens começaram a bater nas barras e nas portas das celas. Ouvi alguns homens gritando "Assassinos!" para os guardas. Fizemos barulho como eu nunca ouvira antes. Alguns homens berravam. Outros chamavam o nome de Michael. Outros apenas rugiam e rosnavam como animais selvagens. Bati na porta da minha cela com os punhos, sem parar, o mais forte que conseguia – até ficar com a mão vermelha e esfolada. O barulho era intenso, e dava para ouvir os caras da população carcerária geral berrando também. Eu não conhecia Michael Lindsey, mas quis que ele soubesse que não estava sozinho. Quis que soubesse que eu o via e o conhecia, que a vida dele representava alguma coisa, assim como sua morte.

Nós berramos até que as luzes pararam de piscar e o gerador que alimentava a cadeira elétrica foi desligado. Bati nas barras até que o cheiro da morte de Michael Lindsey chegou a mim, e então fui para a cama, puxei o cobertor por cima da cabeça e chorei. Chorei por um homem que teve que morrer sozinho, e chorei por quem quer que fosse o próximo a morrer. Eu não queria ver mais mortes. Não queria olhar para os guardas no dia seguinte e ficar imaginando qual deles havia feito o que na execução de Michael quando viessem me trazer a comida. Não queria viver perto da câmara da morte, mas não tinha para onde ir. Eu ficaria em silêncio até ser solto. Comecei a pensar no que teria levado Lindsey a roubar aqueles presentes de Natal, e pensei na minha família. Não tínhamos muitos presentes de Natal, mas eu nunca senti que me faltasse alguma coisa. O Natal sempre foi sobre amor, sobre celebrar o nascimento do Cristo, sobre família, boa comida e risadas. Com a casa lotada de gente, era só diversão e liberdade, e eu agora queria apenas ser de novo uma criança morando em Praco, jogando bola e vagando pelos montes e bosques com Lester. Eu queria espaço aberto. Queria o cheiro de grama recém-cortada. Queria saber que em algum lugar, de algum jeito, o sol brilharia e a morte não viria me buscar à meia-noite e colocar um saco preto na minha cabeça.

Fechei os olhos e tentei dormir, mas tudo o que eu ouvia era Michael Lindsey pedindo a alguém, a qualquer um, que o salvasse.

Poucas semanas depois de Lindsey ser morto, outro detento, Dunkins, foi informado de sua data de execução. Eu ouvia as conversas no corredor. Dunkins também tinha 28 anos. Todo mundo sabia que era um pouco "lento", e ninguém achava que ele deveria ser morto. O Alabama estava recuperando o tempo perdido, porque outro cara também recebeu sua data de execução. Dunkins seria executado em julho de 1989, e Richardson, em agosto. Parecia que o plano agora era executar um homem por mês, e o corredor ficou tenso e silencioso. Logo depois que Lindsey foi morto, o calor começou, e parecia piorar a cada dia. Não circulava ar pelo corredor, portanto a sensação era de estar sentado numa sauna o dia inteiro, a noite inteira. Meus dedos ficavam molhados e enrugavam, como quando você fica muito tempo na água, tamanho o grau de umidade. Eu queria nadar em água fresca, e estava me imaginando sentado num riozinho quando um guarda chegou na minha cela e abriu a porta.

– 468!

Só olhei para ele.

– 468... Carta para você.

Não respondi. Eu não era um número, e não ia falar com ele.

– Não vai falar, não? Você não é mudo. Vi você na última visita, conversando e trocando ideia com seu pessoal.

Continuei olhando para baixo.

– Quer receber essa carta? É carta de advogado – ele disse. – Se quiser, é melhor dizer sim.

Olhei para o envelope na mão dele. Deu para ler *Escritório de Advocacia Sheldon Perhacs* impresso nele. Talvez fosse a resposta que eu vinha esperando da Suprema Corte do Alabama. Minha liberdade! Senti a esperança de novo em mim. Talvez tivessem pego o cara que cometera os crimes, ou quem sabe fossem me dar outro julgamento e algum especialista mais competente, ou tivessem concluído que eu não podia estar em dois lugares ao mesmo tempo, ou talvez Reggie tivesse admitido que mentiu. Pude sentir a esperança brotando de dentro tão forte que me surpreendeu. Sorri para o guarda. Nem queria sorrir, simplesmente aconteceu.

– Bem, já é alguma coisa. Pelo menos você não fica só olhando pro chão de cara feia. Você precisa aprender a cooperar aqui dentro, e aí as coisas vão ficar mais fáceis – disse ele. – É bom você melhorar sua atitude se quiser ter mais privilégios.

Eu não queria mais privilégios, queria ir embora. Queria ficar longe de pessoas que um dia davam comida a alguém e no dia seguinte o matavam. Precisava ficar longe daquele cheiro de morte e do calor dentro daquele cubículo, 23 horas por dia. Eu ia enlouquecer se não saísse dali.

Respirei fundo e estendi a mão. Nós dois sabíamos que ele tinha obrigação de me passar correspondência legal, e ele tampouco tinha autorização de ler primeiro.

– Taí a carta. – Ele me passou o envelope. – E tome um bom banho à noite. Você está fedendo.

Fiquei de cabeça baixa até ele sair e fechar a porta. Ele poderia ter simplesmente enfiado a carta pela abertura, mas quis mexer comigo. Sentei na beirada da cama e segurei a carta diante do rosto. Minhas mãos tremiam.

```
19 de junho de 1989
Senhor Anthony Ray Hinton, #Z468
Holman, Unidade #37
Atmore, Alabama 36506
Ref: Sua apelação à Suprema Corte do Alabama
```

Caro Anthony,

Embora eu ainda não tenha recebido o parecer formal, meu escritório foi contatado por telefone por um funcionário da Suprema Corte na sexta-feira à tarde. Ele relatou ao nosso escritório que nossa apelação para novos julgamentos foi rejeitada. Como foi a Suprema Corte inteira que ouviu os argumentos da apelação, devemos tomar agora a decisão de agir, e agir rapidamente. Eu ainda acredito nessa apelação, e acho que os julgamentos que você obteve não foram justos. Restou ainda outra apelação à qual você pode recorrer. Podemos solicitar uma revisão à Suprema Corte dos Estados Unidos. A Regra 20 das regras da Suprema Corte exige que seja apresentada uma Petição de Carta Requisitória para a revisão do julgamento da Suprema Corte do Alabama no prazo de 60 dias após a emissão do parecer. Posso obter uma ampliação desse prazo por mais 30 dias, por uma boa causa. Isso significa que devemos tomar uma decisão e agir imediatamente.

A minha nomeação como seu advogado cessa a partir deste ponto. A fim de poder encaminhar a petição de revisão à Suprema Corte dos EUA, você terá que contratar um advogado. Não há nenhuma exigência de que você me contrate, e tampouco se exige que o governo federal nomeie um advogado para representá-lo. Ficaria extremamente feliz em tratar da apelação do seu caso a partir de agora à Suprema Corte dos EUA, mas meus honorários para isso seriam de 15 mil dólares. As condições de pagamento desses honorários podem ser difíceis; minha exigência seria que a quantia total fosse paga imediatamente a fim de poder dar início ao processo de apelação. Por favor, entre em contato com sua família e comigo imediatamente a respeito do que pretende fazer.

Atenciosamente,
Sheldon Perhacs

Acho que não me mexi durante as 24 horas seguintes. Vieram me buscar para o banho, mas não respondi nem levantei da cama, e acabaram desistindo e passando para a cela seguinte. De novo, a coisa se resumia a dinheiro. O Perhacs estava me extorquindo? Extorquindo minha família? Raios, eu estava no corredor da morte por ter supostamente matado pessoas para arrancar-lhes algum dinheiro – e ele achava que eu teria 15 mil dólares escondidos em algum lugar? Liguei para o escritório dele e falei com a secretária.

– Será que sua mãe não poderia hipotecar a casa? – ela perguntou.
– É isso o que ele acha que terá que acontecer.
– Diga a ele que eu agradeço por tudo – respondi.
– Então é isso? – ela perguntou.
– Sim, é isso. Se ele não vai continuar sem dinheiro, então termina aqui. Eu não tenho dinheiro. Minha família não tem dinheiro. E eu não vou deixar minha mãe hipotecar a casa dela.

Ouvi a secretária suspirar e dizer que iria passar a mensagem ao Perhacs, e que ele enviaria uma mensagem para a prisão ou viria conversar a respeito.

Eu sabia que nunca mais o veria.

Quando minha mãe e Lester foram me visitar no final daquela semana, chamei Lester de lado para poder falar com ele por um minuto, longe de nossas mães.

– Ouça aqui – eu disse. – Ouça logo. O Perhacs já era. Minha apelação já era. Não importa o que o Perhacs diga, se ele ligar para falar com vocês, não deixe que fale com a mamãe. Ele quer que ela hipoteque a casa, e isso nada mais é do que tentar extorquir dinheiro de nós. Acabou.

Lester balançou a cabeça.

– Não acabou, não. Tem que haver uma saída.

– Ouça – interrompi-o. – Quando eles me passarem a data, é o fim. Não quero você assistindo nem que ninguém me veja morrer. Você traga elas para uma visita, e então leve até algum hotel aqui perto para passar a noite.

Vi Lester sacudindo a cabeça, mas não havia muito tempo para uma conversa reservada, e ele precisava ouvir isso.

– Quando eu for embora... Vai ser um pouco depois da meia-noite, mas você não deve acordá-la; espere até de manhã... E então você diz "Ele foi embora e disse que ama você".

Lester cobriu o rosto com as mãos.

– Eu não vou conseguir contar a ela que você foi embora. Não vou ser capaz.

– Você vai ter que ser, e eu sinto muito por isso, de verdade. – Respirei fundo. – Lembre a ela o que ela sempre disse: "Há um tempo de viver e um tempo de morrer". Lembre-a disso. Fique dizendo isso para ela. Diga que eu a amo e que eu não fiquei assustado, e que todos nós vamos deixar este mundo em algum momento e que simplesmente era a minha hora. Diga que quando a hora dela chegar, eu vou estar esperando com uma das comidas favoritas dela, e vou arrumar um lugar ótimo para ela ficar, enfim, que vou ficar lá esperando por ela.

Lester chorava e enxugava as lágrimas.

– Você vai ter que lembrá-la das palavras que ela mesma sempre disse, e fazer isso muitas vezes. Essa é a única coisa que poderá ajudá-la. Você está entendendo? Repita para ela o que ela sempre disse. Diga a ela que Deus não comete erros. Que tudo acontece por alguma razão.

E continue repetindo isso para ela, sem parar, não importa o quanto ela chore. Diga a ela que Deus veio buscar o que é dele, e que há um tempo de nascer e um tempo de morrer. Foi isso o que ela me ensinou. É isso que ela precisa lembrar.

– Por que justo eu tenho que fazer isso? Não pode ser uma de suas irmãs ou dos seus irmãos? – O rosto de Lester tinha uma dor que eu nunca havia visto antes, e fiquei de coração partido ao ver que eu era a causa disso.

– Você é meu irmão, Lester. Você é a melhor família que eu tenho, a mais próxima. Por acaso você vê mais alguém aqui em dia de visita? Vê uma fila com minhas irmãs e irmãos esperando para me ver? Você é o único que faz isso por mim, e ela irá ouvi-lo. Ela vai precisar de você mais do que nunca. Prometa-me que vai cuidar dela. Prometa-me que irá confortá-la. Isso vai deixá-la arrasada, mas você diga a ela que Deus precisou de mim e então me levou para casa. Diga a ela que todos nós temos um tempo de nascer e um tempo de morrer. Diga isso. Diga que era a minha hora e que eu morri com alegria no coração e que não tive medo, e que tive Deus do meu lado.

Segurei no braço de Lester.

– Minta pra ela, Lester. Minta pra ela até que fique em paz, entendeu?

– Não vou deixar que eles matem você.

– Apenas me prometa isso.

– Nós vamos encontrar uma saída para tirar você daqui. Eu vou encontrar outro cara para ajudá-lo. Alguém além do Perhacs.

– Você simplesmente mantenha esse cara longe da casa da mãe, entendeu?

Lester assentiu, mas ele tinha um jeito teimoso que eu reconhecia desde que éramos crianças.

– Há um tempo de nascer e um tempo de morrer – eu disse. – Isso é verdade.

– Hoje não é verdade.

– É verdade hoje também, Lester. É sempre verdade neste lugar.

Eles mataram Horace Dunkins no dia 14 de julho. Eu bati nas barras da cela e as luzes piscaram e então paramos. Só que dez minutos mais tarde o gerador parou e as luzes piscaram de novo. Falha humana, disseram. Ele precisou ser eletrocutado duas vezes num intervalo de dezenove minutos, porque os guardas haviam prendido mal os cabos. Herbert Richardson foi executado um mês depois. Era um veterano do Vietnã, um homem que servira nosso país, e agora nosso país achava justo acabar com a vida dele. Ele pediu para ser vendado antes de ser levado, para não ver a câmara da morte, nem as pessoas que estavam assistindo à execução, nem coisa alguma. Nós batemos nas barras por Dunkins e por Richardson, apenas para que nenhum dos dois achasse que estava sozinho.

Eu descobri, depois da execução, que Richardson não estava sozinho. Um jovem advogado chamado Bryan Stevenson ficara sentado com ele o dia todo, e com ele até o fim, mesmo enquanto tentava suspender a execução. Ouvi os outros detentos comentarem isso. Fiquei pensando de novo sobre quem seria esse cara e como deveria ser para ele ter que assistir aos seus clientes morrendo.

Passava meus dias esperando a hora em que viessem me informar a data da minha morte, e minhas noites revivendo cada momento do meu julgamento. Repassava as coisas que poderia ter dito. As testemunhas que Perhacs poderia ter chamado a depor. Por que ele não levara minha família para que dissessem ao júri por que eu não deveria ser morto? Por que não levaram Lester? O pessoal da igreja? Meus vizinhos? Pensava em McGregor, mas parte do meu ódio havia entorpecido e virara uma espécie de apatia indiferente. Ele era o demônio, mas quem era eu para fazer algo a respeito do demônio? Minha Bíblia ficara debaixo da cama durante quase três anos. Eu não tinha falado com ninguém. Não conseguira conhecer os guardas, nem nenhum dos detentos, exceto por aquilo que entreouvia. Estava completamente sozinho. Até o miserável do Perhacs era coisa do passado. Eu estava prestes a morrer como um homem inocente, e ninguém saberia a não ser eu, Lester e minha mãe.

— Hinton! — O guarda gritou meu nome e dei um pulo da cama. Ouvi a porta abrir. Será que era o que eu pensava? Será que vinham me informar a data da minha morte? Me levar para a cela de retenção? Chegara a minha hora de ser morto?

Apertei os punhos. Eu não aceitaria andar voluntariamente para a morte. Era inocente. Não merecia ser eletrocutado. Ninguém merecia. Ninguém merecia morrer assim. Éramos todos filhos de Deus. Quis enfiar a mão debaixo da cama e pegar minha Bíblia. Por que abandonara Deus? Por que virara as costas ao conforto que ele trazia? Precisava dele agora. Eu teria o cabelo raspado e iam me enfiar um saco na cabeça, e eu não seria capaz de olhar ninguém nos olhos para que pudessem ver que eu enfrentava a morte como um homem inocente.

Levantei. Era hora de lutar. Pegaria a arma do guarda. Cairia fora dali. Queria morrer como um homem livre. Queria morrer nos meus termos. Minha cabeça ia a mil por hora, e meu coração batia forte. A adrenalina disparou pelas minhas veias. Eu tinha que agir. Era a hora. Não podia ser levado como um cordeiro para o matadouro. Não podia. Não era essa a vontade de Deus para mim. Não era para isso que eu havia sido trazido a esta vida. Isso estava errado, e eu iria lutar contra a morte até o fim. Queria ir para casa. Precisava ir para casa. Eu queria simplesmente voltar para casa.

– Hinton! Visita legal! – O guarda ficou em pé olhando para mim, e pôs a mão em cima da arma. O que ele teria visto no meu rosto? Eu estivera a poucos segundos de me atirar em cima dele.

Segui-o até a área de visitas. Não havia outros detentos na sala. Uma mulher branca solitária, mais ou menos da minha idade, com cabelo castanho curto, estava sentada numa das mesas.

Ela se levantou e abriu um largo sorriso. Então estendeu a mão para que eu a cumprimentasse.

Eu fiquei apenas olhando para ela.

– Senhor Hinton, eu sou Santha Sonenberg, de Washington, D.C. Sou sua nova advogada.

Apertei a mão dela, mas ainda assim devo ter parecido um pouco cético ou confuso.

Ela inclinou a cabeça de lado e deu outro sorriso.

– Senhor Hinton, por favor, sente-se.

Sentei.

– Vou dar entrada na sua petição de carta requisitória junto à Suprema Corte dos EUA.

– Eu não tenho nenhum dinheiro.

Ela olhou firme nos meus olhos.

– Eu não estou lhe pedindo dinheiro. Ninguém aqui espera que pague nada.

– Mas o meu advogado queria 15 mil dólares para dar entrada nessa petição. Queria que minha mãe hipotecasse a casa dela. Isso não vai acontecer. Prefiro morrer antes que isso aconteça.

Santha inspirou e expirou ruidosamente.

– Certo. Vamos ver uma coisa por vez. Não há dinheiro envolvido nessa história. Vou dar entrada na petição e, honestamente, não é provável que a Suprema Corte dos EUA faça alguma coisa; em geral, não faz. A petição requisitória pede basicamente que a Suprema Corte reveja a decisão da primeira instância. Não é frequente que eles concedam uma revisão. Mas a petição em si, para requerer a revisão, não é algo que demande muito trabalho para preparar. Nós cuidaremos disso no prazo necessário. Então vamos investigar e fazer o que chamamos de petição da Regra 32, e mandar de volta para a vara cível do Condado de Jefferson.

Continuei olhando fixo para ela. Eu não entendia muito do que ela dizia, mas ela estava ali. Ela iria investigar. Ela se dispunha a dar entrada numa nova papelada.

– Quero que você saiba que sou inocente. Não matei ninguém. Espero que acredite em mim.

– Acredito em você. – Ela deu um suspiro profundo.

– Na minha transcrição, você vai ver que Perhacs recebeu uma ligação de alguém que alegava ser o verdadeiro assassino. Minha mãe também recebeu uma ligação. Você precisa arrumar uma maneira de rastrear esse número. Ninguém o encontrou. Ele deu um nome falso. Precisamos encontrá-lo. Você precisa encontrá-lo.

Santha assentiu como se já soubesse de tudo sobre isso.

– Vamos investigar. Mas primeiro vou fazer a você uma bateria de perguntas, sobre sua vida, sua família, como foi sua adolescência, o julgamento, seus relacionamentos, tudo o que tiver importância. Eu vou revisar a transcrição do julgamento e os registros de Perhacs. Vou examinar todas as provas, e veremos o que é possível fazer, ok? Quero que você aguente firme. Você está resistindo bem aqui?

— Eles podem me matar enquanto você investiga e nós estamos com a apelação em andamento? — Prendi a respiração.

— Não, senhor Hinton. Eles não podem executá-lo enquanto seu caso estiver nos tribunais.

Eu deitei a cabeça na mesa e respirei algumas vezes. Quando levantei a cabeça, sabia que tinha lágrimas nos olhos, mas Santha não comentou nada a respeito.

— Vou precisar da sua ajuda. Vamos ter que trabalhar juntos nisso. Tenho sua permissão para representá-lo? — Ela olhou firme para mim. — Senhor Hinton, o senhor está se sentindo bem?

Sorri para ela.

— Sim, a senhora tem minha permissão, mas me chame de Ray.

— Certo, Ray. Vamos lá, mãos à obra.

— Só mais uma coisa — eu falei. — Como foi que virou minha advogada? Lester ligou pra você?

Ela balançou a cabeça negativamente.

— Desculpe, não sei quem é Lester.

— Como é que você veio parar aqui? — perguntei. — Como soube a meu respeito?

Santha Sonenberg sorriu para mim.

— Bryan Stevenson me mandou. Ele sabe sobre cada um de vocês.

| 11 |

AGUARDANDO A MORTE

"Não tenho ressentimentos, nem guardo rancor de ninguém."
Herbert Richardson, últimas palavras

A SUPREMA CORTE DOS EUA negou minha petição em 13 de novembro de 1989. Não foi emitido um parecer.

Quatro dias mais tarde, Arthur Julius foi executado.

Eu bati nas barras da cela junto com os outros até uns dez minutos depois da meia-noite, e então os guardas entraram irritados, mandando todo mundo ficar quieto.

– Ele ouviu vocês – disse um dos guardas. – Todo mundo ouviu vocês.

Arthur Julius foi condenado por estuprar e matar a prima. Estava em liberdade provisória quando o estupro e homicídio ocorreram. Eu não sabia o que ele havia feito quando estava vivo – o que havia de tão irreparável em seu coração que ele não via problema em estuprar e matar. Eu não o conhecia, nem sabia se tinha feito aquilo ou não, mas imaginava que sim. Eu não tinha a ilusão de que todos no corredor da morte fossem inocentes, mas também sabia que nem todos ali eram culpados. Não achava que eu fosse o único enviado injustamente para a morte por um bando de homens brancos, alguns deles de toga.

Sabia que Santha estava trabalhando no meu caso, mas ainda não falava com ninguém e, embora já não achasse que viriam me buscar no meio da noite para me amarrar naquela cadeira amarela, ainda sentia um medo e uma ansiedade que nunca iam embora. Tirando minhas conversas com Lester e as mães durante as visitas, passava o tempo deitado na cama olhando para o teto. Era como se uma nuvem escura tivesse se instalado em cima de mim e eu não conseguisse encontrar energia para comer, conversar ou mesmo para limpar minha cela. Para quê? Eu não queria fazer daquele inferno um lar. Não queria aceitar que eles tivessem me enfiado ali. Não conseguia parar de ver o rosto de McGregor ou de ouvir suas palavras. Ele me chamara de Senhor Fingido. Senhor Ladrão. Senhor Carrasco. Pensei no ano e meio que passara na cadeia antes do julgamento. Durante aquele ano e meio, em cada uma das audiências antes do julgamento, McGregor havia simplesmente sentado na sala do tribunal olhando feio para mim enquanto seu parceiro advogado comandava as ações. Por que eu? Por que ele decidira que eu era tão mau e assumira como missão pessoal distorcer e falsear a verdade de maneiras que desafiavam a lógica e o senso comum? Eu queria ter perguntado isso. Por que eu? Ou poderia ter sido qualquer negro?

A cada instante da minha prisão e do meu julgamento, eu ficava dando voltas na minha cabeça. Eu não conseguia controlar. Achava que ia enlouquecer antes mesmo que a minha apelação tivesse início. McGregor era tudo aquilo que ele me acusava de ser. Era ele o carrasco. Era ele o mentiroso e o fingido e o ladrão, porque me roubara a vida. Suas exatas palavras para o júri não paravam de soar na minha cabeça. "Examinem as provas, façam isso sem pressa", ele havia dito a eles, "e então vou pedir a vocês que descubram a verdade. Descubram a verdade neste caso. Examinem as evidências. Lembrem-se dos depoimentos. Vocês encontrarão a verdade, e farão justiça".

Aquelas frases não paravam de girar na minha mente, como uma música que toca e toca de novo desde o início, sem parar. Havia algo naquelas palavras que parecia importante para mim, mas deitado acordado no meio da noite, com os tristes sons de homens semimortos ecoando pelas paredes – eu não conseguia saber o que era. McGregor merecia morrer, não eu. Ele era o culpado. Ele era o assassino. Ele é que deveria sentir medo toda vez que andasse até o chuveiro, ou saísse ao ar livre junto com assassinos, ou sentisse o cheiro de carne queimada de homens agonizantes. Ele deveria ser condenado. Ele não era inocente.

Devia ser bem mais de meia-noite quando ouvi o primeiro soluço. Sempre havia homens berrando, gemendo e chorando – toda santa noite. Mas fazia uns vinte minutos que tudo ficara estranhamente silencioso, então quando ouvi o barulho ele me sobressaltou. Eu me acostumara a não dar atenção aos infindáveis sons de dor que ouvia no corredor da morte. Era como um ruído de fundo, nada que tivesse a ver comigo.

Mas então ouvi aquele primeiro soluço.

Era um som grave e gutural, mais um gemido do que um choro. Então um guarda passou pela porta da minha cela. Pude ver a silhueta das pernas dele pela luz do corredor. Houve outro soluço e um barulho de engasgue, como se a pessoa tentasse reprimi-lo. O som estava perto de mim. Devia ser o cara da cela vizinha ou da seguinte. Não dava para saber. O soluço ficou um pouco mais alto, e eu tentei ignorá-lo, voltar para McGregor, Reggie, Perhacs e para o juiz Garrett. Eles tinham que ter se esforçado mais para encontrar o cara que havia ligado para Perhacs dizendo ser o assassino. Vai dar muito trabalho investigar o verdadeiro assassino, então vamos fazer parecer que foi esse aí mesmo o autor do crime, e podemos dar boa-noite a esses casos e as famílias das vítimas vão se sentir melhor. Quem era esse cara que ligou? Era realmente o assassino ou simplesmente um maluco qualquer a fim de se meter num julgamento que estava em todos os jornais? Ele também havia ligado para minha mãe, e para a casa e o escritório de Perhacs. Parecia um bocado de esforço para um cara que não estivesse falando sério. Aposto que ficou surpreso quando viu que ninguém parecia se importar com o fato de ter pego o cara errado. Aposto que deve ter se sentido mal por mim. Eu imaginava o cara vindo até a prisão ou indo até a imprensa – para confessar e pegar meu lugar no corredor da morte. Ele poderia querer salvar sua alma. Comecei a encenar toda a situação na minha mente – o cara tendo um encontro com Deus e precisando confessar e se arrepender. Talvez seu próximo passo fosse ligar para McGregor ou para o juiz...

– Ah, meu Deus... Por favor, me ajude. Não consigo mais suportar isso. Simplesmente não suporto mais.

Fui tirado das minhas divagações e ouvi o homem chorando. Ele não dizia nada, mas seus soluços eram mais profundos. Mais sentidos.

Será que ele acreditava mesmo que Deus iria ajudá-lo? Não havia Deus nenhum naquele lugar. Não havia escolha, a não ser encarar até que você não conseguisse encarar mais ou até que viessem matá-lo. Deus podia estar sentado bem lá no alto, mas não olhava aqui para baixo. Não nos via ali. Não havia luz naquele lugar escuro, portanto não havia Deus e não havia ajuda ou esperança. Disse tudo isso mentalmente, mas não conseguia abafar o som do choro dele. Tentei voltar para McGregor, mas o choro do homem era tão grave e tão profundo que parecia ressoar dentro do meu peito, como quando alguém ajusta no máximo o volume dos graves no seu aparelho de som. Não era problema meu. Naquele corredor era cada um por si, e eu não confiava em ninguém. Nunca mais confiaria em ninguém. As pessoas mentiam. As pessoas vendiam as outras por dinheiro. As pessoas não estavam ligando para a verdade, então eu não ia ligar para as pessoas. As únicas pessoas para mim eram aquelas que apareciam toda semana para a visita.

Levantei da cama e fiquei andando por aquele pequeno espaço, dando os poucos passos que era possível dentro da minha gaiola. Da privada até a porta da cela.

Um.

Dois.

Três.

Quatro.

Cinco.

Fiquei contando mentalmente, depois virei e contei de novo indo até o fundo da cela. Então virei de novo. Uma hora ele ia parar de chorar e eu voltaria para a cama, mas não podia deitar lá enquanto ele continuasse chorando como um animal cuja pata ficou presa numa armadilha.

— Deus, me ajude. Ah, Deus, me ajude. Ai, meu Deus. Não consigo suportar isso. Não consigo, não consigo, não consigo...

O homem chorava e gemia, e eu não podia fazer nada a não ser ficar contando os passos e andando e virando e contando e andando e virando. Sem parar.

Um.

Dois.

Três.

Quatro.

Cinco.

Pensei na minha mãe. Eu havia ligado para ela mais cedo naquele dia e conversamos por alguns minutos. Ela estava cozinhando um jantar especial para Lester quando eu liguei. Eles iam fazer um jantar de comemoração.

— Estão comemorando o quê? – eu perguntei.

— Lester vai casar.

— Mãe, você ficou louca. – Eu ri quando ela disse isso. Se Lester fosse casar, ele teria me contado ele mesmo. Quer dizer, a não ser que tivesse conhecido a garota depois da sua última visita. Ninguém comentara nada a respeito.

— Mas é verdade – ela disse. – Vai casar com a Sylvia. Você conhece, aquela garota da igreja, boa moça, que perdeu o marido num incêndio.

— Mãe, pare de fazer fofoca. Você não sabe o que está dizendo. – Eu ri. Não podia ser verdade. Lester teria me contado.

— Menino, eu sei o que estou falando. Lester, Phoebe e Sylvia estão vindo aqui hoje à noite para jantar. Você acha que eu sou tão tonta assim de preparar um jantar de comemoração sem que haja comemoração nenhuma? Você é que está louco. – Ela riu, e então mudei o assunto para nossa próxima visita.

— Bem, então guarde um pouco desse bolo e traga aqui. Traga um pouco mais para os guardas. Tente suborná-los com um pouco de torta de pêssego. – Ela sempre ria toda vez que eu dizia isso. Minha mãe preferiria virar um mico de circo a burlar a lei. – Bom, vou desligar porque essas chamadas a cobrar ficam caras. Vejo você na sexta. Te amo.

— Também te amo, bebê.

Eu havia desligado o telefone e tirado da cabeça a história do casamento de Lester. Mas agora, sem nada para fazer a não ser andar pela cela e ouvir os lamentos do outro homem, tive que admitir que aquilo me magoara. Magoava que ele mesmo não tinha me contado, mas entendi por que ele não tocara no assunto. Entendi por que não quis falar comigo sobre namorar e se apaixonar e casar, já que eu estava empacado no corredor da morte. O que de fato me magoou foi a sensação dolorosa de pensar que eu poderia morrer antes de ter de novo a chance de namorar, de me apaixonar ou de casar. Pensei em Sylvia, de quem eu tivera que abrir mão. E agora Lester tinha sua Sylvia. A vida de Lester seguia em frente. Era assim que a vida deveria ser. As coisas mudavam naturalmente. A vida não era para ser exatamente igual todos os dias – café da manhã às 3 horas, almoço às 10, jantar às 2. Não era para você passar todo santo dia num cubículo fazendo exatamente a mesma coisa que havia feito no dia anterior e que iria fazer no dia seguinte. Eu entendi por que o Lester não me tinha contado que ia casar – ele não queria que eu pensasse no que estava perdendo.

Não queria me machucar mais do que eu já estava machucado.

Ninguém é capaz de compreender o que é a liberdade até ser privado dela. É como passar todos os dias numa camisa de força, o dia inteiro. Você não pode fazer nenhuma escolha a respeito de como viver. Meu Deus, o que eu não daria para poder fazer uma escolha – uma escolha qualquer. *Acho que em vez de deitar agora, vou fazer uma caminhada. Acho que vou preparar um frango para o jantar. Acho que vou dar uma volta de carro sem rumo certo.* Eu não me ressentia por Lester ter sua vida e poder fazer suas escolhas. Queria muito que ele fosse feliz. Claro que ficaria sentido em perder o casamento dele, e triste por não poder estar ao lado dele como padrinho. Eu precisava sair daquele lugar. Pensava nos filhos que jamais teria se não saísse do corredor da morte. Queria um filho. Queria algum dia jogar beisebol com um filho meu. E basquete. Queria levá-lo para os jogos em Auburn, para que soubesse que só existia um time no Alabama que valia a pena. Queria mostrar-lhe os bosques, e o rio, e a beleza tranquila de uma noite no campo. Queria ensiná-lo a pescar e a dirigir. Queria mostrar a ele que tudo é possível neste mundo, desde que você tenha fé.

Minha respiração se deteve e eu parei de andar.

Fé. Como poderia eu ensinar alguém a ter fé, se eu não tinha mais?

– Ah, meu Deus, me ajude, meu Deus... – O choro era intermitente agora, e percebi que eu prendia a respiração quando ele parava e ficava esperando ele recomeçar. Não sabia o que era pior – o choro dele ou o silêncio. Havia suicídios o tempo inteiro naquela prisão. Voltei a andar pela cela. Isso não era problema meu.

Um.

Dois.

Três.
Quatro.
Cinco.

Estava feliz por Lester, mas iria esperar que ele me contasse a respeito do casamento. Eu não queria que se sentisse mal por eu ter me sentido mal. É disso que se trata uma verdadeira amizade. Aliás, qualquer relacionamento. Você quer a felicidade da outra pessoa tanto quanto a sua, ou mais ainda. Lester merecia ser amado. Raios, todo mundo merecia ser amado.

O homem voltou a chorar de novo, e percebi que eu também estava chorando. Sentei na beirada da cama, e chorei baixinho por um homem que sequer conhecia, que muito provavelmente era um criminoso, mas que também chorava no escuro, absolutamente sozinho, numa jaula, em Atmore, Alabama. Não é preciso estar no corredor da morte para se sentir completamente sozinho, e eu sabia que havia pessoas pelo mundo inteiro, naquele exato momento, sentadas na beirada da cama, chorando. Na maioria dos dias parecia que havia mais tristeza do que sensatez no mundo. Fiquei ali sentado mais alguns minutos, ouvindo o outro homem chorar.

Lester tinha escolhas, e eu estava feliz por ele poder fazê-las. Fiquei de novo pensando a respeito de todas as escolhas que eu não mais podia fazer e a respeito da liberdade, e então o homem parou de chorar e houve um silêncio, que soava mais alto do que qualquer barulho que eu já tivesse ouvido na vida. E se aquele homem se matasse naquela noite e eu não tivesse feito nada? Isso não teria sido uma escolha?

Eu estava no corredor da morte não por escolha própria, mas de qualquer modo havia feito a escolha de passar os três últimos anos pensando em matar McGregor e pensando em me matar. O desespero era uma escolha. O ódio era uma escolha. A raiva era uma escolha. Eu ainda tinha escolhas, e essa percepção me abalou. Eu não tivera tantas quanto Lester, mas ainda tinha algumas. Podia escolher desistir ou persistir. A esperança era uma escolha. A fé era uma escolha. E, acima de que qualquer coisa, o amor era uma escolha. A compaixão é uma escolha.

—Ei! – Andei até a porta da cela e gritei na direção do homem que chorava. – Está tudo bem aí com você?

Não ouvi nada, só silêncio. Talvez fosse tarde demais.

– Ei, tudo bem aí? – perguntei de novo.

– Não – por fim ele respondeu.

– Algum problema? Precisa que eu chame um guarda? É isso?

– Não, ele acabou de sair daqui.

– Certo, então.

Continuei em pé junto às barras. Não sabia o que dizer ou o que fazer. Era estranho ouvir minha voz ressoando no corredor. Eu só falava durante as visitas. Fiquei imaginando que talvez o homem estivesse tão surpreso quanto eu por me ouvir falar. Achei que ele não queria falar a respeito do seu problema. Comecei a andar de volta para a cama, mas então lembrei do que ele ficava dizendo quando estava chorando. *Por favor, me ajude. Não aguento mais.*

Andei de volta até a porta.

– Ei, cara. Seja lá o que for, uma hora se ajeita. Uma hora se ajeita.

Esperei. Demorou mais uns cinco minutos até ele falar.

– Eu recebi... Eu acabei de receber a notícia... De que a minha mãe morreu.

Dava para sentir que ele tentava conter as lágrimas enquanto falava.

Não sou capaz de descrever exatamente como é sentir que seu coração de repente se escancara, mas, naquele momento, meu coração se abriu totalmente e eu não era um condenado por assassinato no corredor da morte: era Anthony Ray Hinton, de Praco. Era o filho da minha mãe.

– Eu sinto muito, cara. Sinto de verdade.

Ele não respondeu nada, e então ouvi um cara na cela debaixo da minha gritar:

– Sinto muito pela sua perda, rapaz.

E então outro à minha esquerda gritou:

– Força aí, mano. Fique em paz.

Ninguém mais tinha falado antes, mas eles estavam escutando também. Como é que alguém poderia *não* ouvi-lo chorando? Eu não precisava pensar nas pessoas pelo mundo sentadas na beirada da cama chorando, pois havia quase duzentos homens ali à minha volta que não dormiam, assim como eu. Que tinham medo, assim como eu.

Que choravam, assim como todos nós. Que se sentiam sozinhos, com medo e sem esperança.

Eu podia escolher entre me aproximar daqueles homens ou ficar no escuro sozinho. Fui até a cama e me abaixei, de quatro. Estendi o braço debaixo da cama e fiquei tateando na poeira e sujeira até que a ponta dos meus dedos resvalou na Bíblia. Ela ficara lá embaixo por tempo demais. Aquele homem perdera a mãe, mas eu ainda tinha a minha, e ela não iria gostar que minha Bíblia acumulasse poeira. Mesmo naquele lugar, eu ainda podia ser eu mesmo. Andei de volta até a porta da cela.

– Escuta aqui! – eu gritei. – Deus pode estar lá em cima, mas ele olha aqui para baixo. Ele está olhando para cá, para o fundo do poço. Ele fica lá em cima, mas olha para cá. Você precisa acreditar nisso. – Eu também precisava acreditar.

Ouvi um "Amém!" de algum lugar do corredor.

– É uma perda muito difícil. Mas sua mãe agora está olhando para você lá de cima também.

– Eu sei. Valeu, cara.

Pedi que ele me falasse da mãe dele e ouvi durante as duas horas seguintes ele contar uma história atrás da outra. A mãe dele se parecia muito com a minha. Durona, mas muito amorosa.

Ele por fim contou a história de quando a mãe costurou um vestido para a irmã dele a partir de uma toalha de mesa e duas fronhas de seda, para que ela pudesse ir a um baile da escola com um vestido novo.

– Ficou uma maravilha – ele disse. – Minha irmã estava mais linda do que qualquer outra menina no baile, porque minha mãe caprichou de verdade. Ela sempre achava um jeito, cara. Sempre achava um jeito.

Voltou a chorar de novo, mas com menos desespero do que no início da noite.

Fiquei pensando por que o choro de outro ser humano – seja um bebê ou uma mulher sofrendo ou um homem aflito – pode nos comover de jeitos que a gente não espera. Eu não esperava que meu coração fosse se abrir tanto aquela noite. Não esperava que fosse pôr fim a três anos de silêncio. Foi revelador compreender que eu não era o único homem no corredor da morte. Eu nascera com o mesmo dom de Deus com o qual todos nascemos – o impulso de se aproximar e diminuir o sofrimento de outro ser humano. Era um dom, e todos tínhamos a escolha de fazer uso desse dom ou não.

Eu não conhecia a história dele ou o que ele havia feito, nem nada a respeito dele que o tornasse diferente de mim – raios, eu não sabia nem se o cara era negro ou branco. Mas entendi naquela hora que no corredor isso não tinha importância. Quando se está tentando sobreviver, as coisas superficiais não importam mais. Quando se está dependurado na ponta da corda, faz alguma diferença a cor da mão que vem ajudá-lo? O que eu sabia era que ele amava a mãe dele da mesma maneira que eu amava a minha. Eu era capaz de entender sua dor.

– Sinto muito que você tenha perdido sua mãe, mas, cara, você precisa olhar para isso de outro jeito. Agora você tem alguém lá no céu que vai fazer sua defesa perante Deus.

Ele ficou em silêncio por alguns momentos, e então aconteceu a coisa mais incrível. Numa noite escura, num lugar que com toda certeza era um dos mais desolados e desumanizados da Terra, um homem riu. Uma risada de verdade. E com essa risada, eu entendi que o estado do Alabama podia roubar meu futuro e minha liberdade, mas eles não podiam roubar minha alma ou a minha humanidade. E eles com toda a certeza não podiam roubar meu senso de humor. Eu sentia falta da minha família. Sentia falta de Lester. Mas às vezes é preciso inventar uma família onde quer que se encontre uma família, senão você morre no isolamento. Eu não estava pronto para morrer. Não ia facilitar as coisas para eles. Iria achar outro jeito de passar meu tempo. Qualquer que fosse o tempo que me restasse.

Compreendi que tudo é uma questão de escolha.

E que passar seus dias aguardando a morte não é jeito de viver.

12

A RAINHA DA INGLATERRA

> *"Para que você saiba qual é exatamente a minha posição, devo informá-lo a esta altura que, se não for dada a entrada na petição da Regra 20 de Hinton dentro da data estipulada, não terei outra escolha a não ser pedir à Suprema Corte do Alabama que marque a data da execução."*
> **Kenneth S. Nunnelley, subprocurador-geral, 1 de maio de 1990**

O TEMPO CORRE DIFERENTE NA PRISÃO. Às vezes ele passa em câmera lenta, e cada hora parece que são três, cada dia parece um mês, cada mês, um ano, e cada ano dá a sensação de ser uma década. Na população carcerária comum, conta-se o tempo até a data da soltura. Risca-se cada dia na parede, feliz por tê-lo vivido e grato por estar um dia mais perto de sair – mais perto da liberdade. No corredor, é diferente. A única data a ser considerada na contagem regressiva é a do dia da execução, e quando se sabe essa data, o tempo acelera. Corre como se alguém tivesse apertado o botão do avanço rápido, e cada dia parece uma hora, cada hora, um minuto, cada minuto, um segundo. Na prisão, o tempo é uma coisa estranha e fluida, mas no corredor é mais distorcido ainda.

Todos sabiam que havia apenas duas maneiras de sair do corredor – ser levado embora por uma maca de rodinhas ou libertado pela lei. Eu não estava pronto para sair em uma maca, então comecei a rezar à noite pelo meu novo advogado e para que a verdade finalmente aparecesse. Eu não rezava pela minha libertação, porque isso não seria suficiente. Queria que a verdade aparecesse. Queria que as pessoas soubessem que eu era inocente. Queria que McGregor pedisse desculpas. Queria que o júri soubesse que eles haviam se equivocado, e que outros júris aprendessem com seus erros. A única maneira de isso acontecer era eu ser considerado inocente.

Eu também tinha meus receios. Ao crescer, ouvira muitas histórias de gente que rezava de maneira genérica e acabava vendo as coisas saírem mal para o lado delas porque suas orações pareciam ser atendidas muito literalmente. Conheci um cara na prisão do condado que costumava rezar todo dia para sair do bloco C. Todo mundo sabia que ele não sairia antes do julgamento, mas ele dizia que estava rezando e que sabia que Deus iria atender suas preces. No dia seguinte, foi pego fumando e, quando revistaram sua cela para tentar achar onde escondia o fumo, os guardas encontraram uma arma que ele havia feito com o plástico quebrado de sua bandeja de refeição. Ele de fato saiu do bloco C, mas apenas para ir para o confinamento da solitária.

Portanto, eu fazia minhas orações com muito cuidado. Rezava por Lester e por nossas mães. Rezava pela nova esposa de Lester e rezava pelos membros da nossa igreja, pelos vizinhos, meus irmãos e irmãs, e minhas sobrinhas. Rezava por Sid Smotherman, e rezava pelas famílias de John Davidson e Thomas Vason. Mas, principalmente, eu rezava pela verdade. *Verdade* era uma palavra enorme, ampla, mas eu sabia que não havia áreas cinzentas e não havia como minha oração ser mal interpretada. Rezava a Deus para que a verdade fosse revelada – e não importava se fosse porque eles tivessem provado minha inocência, porque tivessem pego o cara que realmente havia cometido o crime, ou porque Reggie confessasse que havia mentido. Eu sabia que a verdade iria me libertar. João 8:32: "Conhecereis a verdade e a verdade vos libertará".

Eu também lia Marcos 11:24. "Por isso vos digo que tudo o que pedirdes em oração, crede que o recebereis, e tê-lo-eis." Lia isso várias e várias vezes, procurando alguma brecha. Se de fato era verdade que Deus podia tudo exceto falhar, então a verdade teria que ser conhecida. A verdade teria que me libertar. Se eu acreditasse, iria acontecer. Tinha que acontecer.

Eu recebera algumas cartas de Santha Sonenberg, então sabia que ela estava investigando meu caso. Ela e uma mulher chamada Laura haviam ligado algumas vezes para minha mãe e para amigos meus, para se informar. Falei com Santha por telefone, e ela se desculpou por não ter conseguido ir me visitar de novo, mas disse que estava ocupada preparando minha petição Regra 20, uma petição para relevar condenações e sentenças de morte. Fiquei imaginando como ela poderia ser capaz de investigar algo se trabalhava em Washington, D.C., mas não perguntei. Sentia-me grato por ela estar me mantendo longe da cadeira elétrica. Eu precisava rezar e acreditar.

O subprocurador geral do Alabama, um rapaz chamado Kenneth S. Nunnelley, estava agora representando o estado na minha apelação pós-condenação. Santha disse que ele lhe dera até agosto para dar entrada na minha petição, e que ela me mandaria uma cópia ao fazer isso. Tínhamos permissão de ir à biblioteca de Direito uma vez por semana, ficar lá durante uma hora, e eu não havia aproveitado esse meu tempo nos três primeiros anos, mas agora ia toda semana. Não tínhamos autorização para trazer nenhum livro para a cela – lá só entravam Bíblias e outros livros religiosos –, mas, durante uma hora por semana, eu lia sobre as leis do Alabama. Aprendi o que era de fato uma sentença capital, e li a respeito de circunstâncias agravantes e atenuantes. Eu não sabia na época do meu julgamento que, mesmo que um júri decidisse pela pena perpétua, um juiz no Alabama podia prevalecer sobre o júri e mandar a pessoa para a cadeira elétrica. Era a chamada *sobreposição judicial,* e a mim isso parecia apenas outra maneira de mandar um homem inocente para a morte.

Eu não conseguia compreender a razão de haver um júri se um juiz podia simplesmente passar por cima dele e fazer o que quisesse. Que justiça era essa? Por que o Alabama era tão decidido a levar as pessoas à morte de um jeito ou de outro? Voltei para a minha cela depois da minha incursão pela biblioteca de Direito. Eu não podia ler muita coisa em uma hora, e tinha muitas perguntas a fazer.

— Vocês já ouviram falar dessa história de sobreposição judicial? – eu gritei.

— Isso aí não passa de conversa fiada.

Eu não tinha certeza de a quem pertencia aquela voz. Eu tinha acabado de começar a falar com os guardas, com os outros detentos, então me sentia um pouco como o aluno novo da escola.

Várias outras vozes se ergueram e gritaram, concordando.

– Parece que não precisa de um júri se um juiz pode simplesmente fazer o que quer – disse eu. – Como se as coisas já não estivessem suficientemente ruins para o nosso lado.

– Falou bem, mano! – outra voz berrou. Ouviram-se algumas risadas.

– Vou ler um pouco mais a respeito disso na semana que vem – eu disse. – Alguns de vocês deveriam fazer a mesma coisa.

Uma voz que eu não ouvira antes gritou:

– Eu tô aqui por causa daquele juiz que passou por cima do júri. Meu júri deu perpétua.

– Eu também – gritou outra voz. – É porque os juízes querem ser promovidos. É isso. Eles conseguem mais votos se mandarem mais homens para a cadeira elétrica.

Fiquei de pé na frente da cela. Era estranho ter uma discussão sem poder ver ninguém e sem saber quem é que estava falando, a não ser que fosse o cara numa das celas ao lado da minha. Eu começava a distingui-los pelas vozes. Pelo jeito de falar. Dava para perceber quem tinha um pouco mais de instrução, quem não tinha, mas isso era quase tudo o que dava para saber.

– A polícia mentiu e disse que eu peguei um dólar do cara. – Era a primeira voz de novo. – Foi assim que eu peguei nada menos do que pena capital. Não se trata do que eu fiz, ou mesmo se eu fiz ou não alguma coisa, o que eu estou dizendo é apenas que eles mentiram e disseram que eu peguei um dólar. Um dólar. E isso virou pena capital. E quando o júri disse "Perpétua", o juiz disse "Não... Vai ser pena de morte".

Deu para ouvir que a voz dele fraquejava um pouco, como se engasgasse.

– Como você se chama, cara? – eu gritei.

Ele ficou em silêncio por alguns minutos, e o corredor ficou estranhamente quieto. Embora houvesse outros em volta dele que obviamente sabiam seu nome, cabia a ele dizê-lo ou não. No corredor você não falava por ninguém, e também nunca dava nomes.

– Meu nome é Ray – eu disse. – Anthony Ray Hinton, mas o pessoal me chama de Ray.

Silêncio. Encostei minha bochecha esquerda contra a malha metálica da minha porta. Eu podia esperar. Não tínhamos mais nada para fazer ali a não ser esperar. Havia alguma coisa na voz daquele cara. Ele soava solitário.

— Eu sou de Praco — disse eu. — E tenho o maior orgulho de ser filho de Buhlar Hinton, a melhor mãe que Deus já mandou aqui para a Terra, capaz de fazer um bolo como se fosse um anjo e de dar um tapa na sua mão como se fosse o capeta se você tentar comer um pedaço antes que ela deixe.

Ouvi uns poucos caras rindo, mas não sabia se o cara cujo nome eu estava esperando saber era um deles.

— Minha mãe também faz um bolo muito bom — ele disse por fim. — Meu nome é Henry.

Henry não disse seu sobrenome, e eu não fiz questão de perguntar. Os guardas nos chamavam pelo número ou pelo sobrenome, raramente pelo primeiro nome. Eu não perguntaria o sobrenome dele tanto quanto não perguntaria por que ele estava ali. Algumas coisas não se perguntavam. Se alguém quisesse dizer ou conversar a respeito de algo, tudo bem. Mas não se perguntava. E, no fundo, que diferença faria? Estávamos todos tomando cuidado. Todos ficávamos nos protegendo e buscando ajuda ao mesmo tempo. O que mais podíamos fazer?

— Bom conhecer você, Henry. E espero que um dia a gente possa sentar junto na sombra num 4 de julho, tomando chá gelado enquanto nossas mães competem para ver quem consegue fazer o melhor bolo para nós. Eu não sei a sua, mas a minha mãe adora uma boa competição.

Henry riu.

— Rapaz, não ia ser brincadeira uma coisa dessas, Ray. Você não tem ideia. Realmente, não ia ser brincadeira não.

— Sinto muito a respeito do seu caso, Henry — eu disse. — Isso não me parece justo. Não me parece nada justo. Semana que vem vou pesquisar um pouco mais sobre essa história de sobreposição do juiz. Você deveria fazer o mesmo.

Ele não respondeu nada, então deixei por isso mesmo.

— Sabe, eles não gostam quando a gente procura se informar melhor — eu gritei. — O Sul ainda não aceitou bem que a gente tenha aprendido a ler e escrever.

— Falou bem, mano!

– É você, Jesse? – berrei de volta.

– Até onde eu sei, é sim. Estou aqui ainda. Você está aí ainda, Wallace?

– Ainda estou aqui!

E foi assim para cima e para baixo do corredor, os caras chamando uns aos outros, cela por cela. Às vezes eles perguntavam pelo nome; outras vezes apenas faziam uma pergunta geral. "Você está aí ainda?" E então uma voz diferente berrava de volta, "Eu estou aqui ainda!".

E com cada voz, a coisa ia ficando mais engraçada. Eu comecei a rir. Cada homem que berrava que ainda estava ali me fazia rir mais. Ali estávamos nós nas nossas gaiolas. Não deveria ser engraçado, mas era.

– Estamos todos nós aqui ainda! – berrei pela última vez, e então deitei na cama. Era um bom dia quando dava para encontrar um pouquinho de luz.

Não soube mais nada do Henry aquele dia, mas não havia necessidade de forçar as coisas. Talvez ficássemos amigos, talvez não.

Pensei no Wallace. Ele ficara gritando e rindo, e todo mundo sabia que a data de execução dele era dali a menos de duas semanas. Isso fez meu estômago se contrair um pouco. Wallace e Jesse tinham iniciado o Projeto Esperança – uma espécie de grupo de advocacia dos detentos para combater a pena de morte. Eu não via como aquilo poderia de fato mudar alguma coisa, mas sabia que ajudava a sentir que estavam fazendo alguma coisa. Sabia que eles tinham permissão de se reunir como um grupo pequeno, e com certeza alguns simplesmente não teriam outra oportunidade de sair das celas. Tínhamos permissão apenas para ficar menos de uma hora por dia fora das celas. Isso, mais o dia de visita e a sessão na biblioteca, e pronto. O diretor do presídio só deixava um pequeno grupo se reunir para o Projeto Esperança, e eu torcia para que eles não criassem nenhum problema. Se alguém do corredor criava algum problema, isso afetava todos nós. O diretor não hesitava em trancar a gente o dia inteiro ou cancelar nossas visitas se alguém aprontasse. Eu tratava todo mundo bem, mas definitivamente não ia deixar que algum idiota suspendesse minhas visitas. Lester vinha toda semana, sem falta, e tirando essas seis horas com ele e nossas mães eu tinha poucas opções para me ocupar. Estava lendo a Bíblia de novo, mas um homem não pode ficar só lendo a Bíblia. É como ter sempre bife no jantar. Você pode adorar bife, mas se tiver que comer bife todos os dias da semana, vai acabar enjoando.

Li minha Bíblia antes de Wallace ser executado em 13 de julho de 1990.

Ele usava uma fita roxa e um cartaz que dizia "Execute justiça, não pessoas". Nós batemos nas barras por Wallace Norrell Thomas. Alguns batiam nas barras para protestar contra a pena de morte. Outros batiam nas barras simplesmente para ter o que fazer ou para aliviar a tensão. Eu batia nas barras para que ele soubesse que fazia diferença. Que não estava sozinho. No final, acho que é isso o que todos queremos. Saber que somos importantes para alguém, quem quer que seja. Eu sabia que era importante para a minha mãe, Lester e Phoebe, e isso era mais do que um monte daqueles caras tinha. Um monte de caras vinha aqui e morria aqui sem jamais ter recebido uma visita. Muitos nunca haviam tido um pai ou uma mãe que os amasse.

Algumas semanas depois que Wallace foi morto, recebi uma carta de Santha, um bilhete escrito à mão, o que era incomum.

```
Seg 6/8/90 Senhor Hinton

   Desculpe pela demora em lhe passar essa informação e
pelo bilhete informal. Como havia mencionado, estou a
meio caminho de concluir a petição Regra 20. Encontrei-
me com Bryan Stevenson esta manhã e temos várias ideias
para seu caso.
   Sinto não ter conseguido ser capaz de visitá-lo hoje.
Por favor, saiba que isso se deve apenas ao fato de
querer fazer o melhor trabalho possível na redação da
sua petição.
   Fique firme e em contato! Semana que vem vou lhe
mandar uma cópia da petição.

                                   Tudo de bom, Santha
```

Li a carta várias vezes. Ela havia anotado o número de telefone da casa dela no canto inferior direito, com tinta vermelha. Gostei disso, e fiquei na expectativa de receber a petição, não só para saber que minha apelação estaria avançando, mas também para poder ter algo mais para ler. Alguma coisa para ocupar a mente.

Não entendia por que não era permitido ter livros. Pensei no Wallace e em seu grupo. E se eu criasse um grupo? Sobre o que poderia ser esse meu grupo? O que poderia ajudar os caras a não se sentirem tão sós? O que poderia nos ajudar a fugir por um tempo daquele lugar?

Relembrei o tempo em que trabalhava nas minas de carvão. Eu teria dado qualquer coisa para me ver trabalhando de novo naquela mina de carvão. Na época, eu odiava aquilo, mas então lembrei de que maneira eu conseguia fugir daquela infelicidade. Eu viajava mentalmente.

Fechei os olhos e pensei para onde eu iria se saísse do corredor da morte.

Imaginei-me andando até a porta da frente, saindo da prisão. Havia um avião esperando por mim, parado bem no estacionamento, entre as duas cercas. Um jatinho particular. Era branco, e dentro tinha assentos macios de couro, cor de manteiga. Sentei e logo apareceu uma aeromoça linda. Tinha pele escura, lábios vermelhos e um sorriso tão encantador que eu teria morrido ali mesmo na hora.

– Senhor Hinton, gostaria de beber alguma coisa? Champanhe, talvez?

– Sim, obrigado.

A voz do piloto veio pelos alto-falantes.

– Por favor, apertem os cintos. Em poucos minutos estaremos decolando. O tempo de voo é de cerca de oito horas. Senhor Hinton, há uma cama no fundo do avião para o senhor dormir durante o voo.

Olhei para a aeromoça.

– Para onde estamos indo?

– Estamos voando para Londres. A Rainha da Inglaterra está esperando para recebê-lo.

– Muito bem. Obrigado.

Esperei até estarmos no ar, então fui andando até a parte de trás do avião. Havia uma linda cama *king-size* com um edredom de veludo e o cobertor que minha mãe havia feito para mim quando eu era bebê.

Havia dezenas de travesseiros macios espalhados pela cama, e quando me enfiei nos lençóis eles tinham um cheiro de gramado recém-cortado e de magnólias.

O avião aterrissou, e ao descer vi uma limusine à minha espera. Guardas do Palácio de Buckingham estavam em pé ao lado do carro, e um deles me cumprimentou e abriu a porta para eu entrar.

Meu terno era cor de creme; a gravata, um forte azul real. Quando o carro chegou ao palácio, todo um regimento de guardas – com aqueles chapéus pretos, altos, felpudos – estava em posição de sentido. Fui conduzido por um amplo corredor, e dois criados aguardavam do lado de fora de um grande salão de baile. Eles me fizeram uma reverência e abriram as portas duplas. Entrei e lá estava ela. A Rainha da Inglaterra. Usava um vestido azul que combinava muito bem com a cor da minha gravata e uma coroa de ouro e rubis.

– Senhor Hinton. – A rainha estendeu a mão. Fiz uma profunda reverência e beijei-lhe a mão.

– Majestade.

– Por favor, acompanhe-me para o chá, senhor Hinton. É uma honra conhecê-lo.

– A honra é toda minha e, por favor, pode me chamar de Ray.

A rainha riu, e entraram mais criados com pequenos petiscos, bolos e tortas, e nos serviram um chá que tinha aroma de leite e de mel, e da casa da gente.

– Como posso ajudá-lo, senhor Hinton, ou melhor, Ray? – perguntou a rainha. – O senhor não merece estar no corredor da morte. Precisa deixar que eu o ajude.

– Estar aqui com a senhora já é ajuda suficiente – respondi.

– Bem, você pode vir me ver na hora que quiser. Temos que pensar juntos e achar uma maneira de fazê-lo voltar para casa. Todo mundo precisa voltar para casa.

– Vamos encontrar um jeito – disse eu. – Sei que vou voltar para casa. Eu sei. Estou rezando e acreditando, e isso tem que acontecer.

– Com certeza – disse ela. – Bem, deixe-me agora lhe mostrar o castelo e os jardins, e todos os aposentos secretos que temos no palácio.

Segui a Rainha da Inglaterra por horas e horas. Jogamos críquete e tomamos mais chá, e ela me mostrou onde todos os antigos reis dormiam, e conversamos sobre o quanto era difícil governar um país e o quanto ela se sentia responsável por todos.

Era uma sensação muito boa ser tratado com respeito. Ser chamado de *senhor Hinton,* em vez de simplesmente *Hinton.*

– Hinton. Hinton!

A voz veio do nada, e pude ver que a rainha se assustara tanto quanto eu. Tentei ignorar a voz, mas ela ficou mais alta, e pude ver os guardas do palácio correndo e rodeando a rainha, como se ela estivesse sendo atacada.

– Preciso ir, Majestade, mas voltarei – disse eu.

– Hinton, vamos lá! Hinton, vamos lá!

Pisquei os olhos até minha visão entrar em foco, e então vi o guarda gritando comigo. Sentei-me na cama.

– Vai receber sua visita ou o quê?

Estava confuso. O dia de visita era na sexta, e ainda era quarta-feira.

– Como assim? É a minha advogada que chegou?

– Não, é a visita normal, da sua família. Você vai lá ou não? Faz dias que você anda esquisito.

– Claro que vou lá. Me dê só um minuto para me vestir, por favor.

– Você tem exatamente um minuto.

Tirei minha roupa de debaixo do colchão. Era lá que eu guardava uma das minhas mudas de roupa de presidiário, só para os dias de visita normais e outras visitas esporádicas, bem dobrada, para que o vinco da calça ficasse marcado. Fiquei desorientado. Bem, se os guardas estavam me concedendo uma visita extra durante a semana, claro que eu não iria reclamar.

Entrei na área de visitas e sorri quando vi Lester, nossas duas mães, e também Sylvia, a esposa dele.

– Como foi que você conseguiu uma visita adicional? – perguntei. Estava feliz por vê-los, mas ainda me sentia confuso.

– O que você quer dizer? – Lester riu.

– Essa é a nossa visita regular, bebê. Qual é seu problema? – Minha mãe me olhou de cima a baixo com o cenho franzido.

Sentei e olhei para os quatro.

– Que dia é hoje? – perguntei.

– Sexta-feira. Você está doente?

Olhei em volta. Os outros detentos também vinham chegando para as visitas. Era de manhã, era sexta-feira. Acabava de ser quarta e agora já era sexta. Eu pulara completamente a quinta.

– Estou morrendo de fome. Vocês trouxeram algum dinheiro para as máquinas automáticas?

Lester olhou para mim e então ficou em pé. Ele começou a andar em direção às máquinas, mas parou alguns metros antes e virou para mim.

– Onde você andou, cara?

– Se eu lhe contar você não vai acreditar – eu disse. Ele deu de ombros e sorriu para mim.

Eu não tinha muita certeza do que tinha acontecido. Afinal, só havia duas maneiras de sair do corredor da morte. Mas eu acabara de encontrar outro jeito. Uma terceira maneira. Sentia-me melhor do que me sentira em anos. Saltei da cadeira para abraçar minha mãe e, embora os guardas gritassem para eu voltar a sentar, continuei grudado nela. E então comecei a dar risada.

O tempo era uma coisa engraçada, estranha e fluida, e eu iria distorcê-lo e moldá-lo para que deixasse de ser meu inimigo. Algum dia eu sairia dali, mas até então usaria minha mente para viajar o mundo. Eu tinha muitos lugares aonde ir, muitas pessoas para ver, e muita coisa a aprender.

– Tem certeza de que está bem? – Minha mãe ainda me olhava preocupada.

– Fique tranquila, mãe – eu disse.

– Bom, e quando é que você volta pra casa, bebê? Quando é que eles vão deixar você sair daqui? – Ela sempre fazia essa pergunta, e geralmente isso me deixava triste, mas não naquele dia.

– Logo, mãe – eu disse. – Vou voltar para casa logo, com certeza.

Depois da minha visita, o guarda me levou de volta para a cela. Coloquei de novo a roupa de sempre e dobrei a outra com cuidado debaixo do colchão.

Então sentei na beirada da cama e fechei os olhos.

Minha mãe plantara algumas flores novas na frente da casa dela. Eram roxas, brancas e cor de rosa, e passei suavemente os dedos por elas. Dei a volta andando até a lateral da casa. Estava na hora de cortar a grama. Abri a porta do galpão e peguei o cortador. Ia cuidar disso para ela e depois entrar, tomar um chá e deixá-la contar as últimas fofocas da igreja e do bairro.

— É você, bebê? — ela pôs a cabeça para fora da porta de tela para espiar.

— Sou eu, mãe. Sou eu. — Ela sorriu e bateu palmas. — Falei para você que eu voltava logo para casa. Não falei?

13

NENHUM MONSTRO

> *"O senhor Hinton teve negada uma assistência jurídica efetiva nas fases de definição de culpabilidade/inocência e de apelação do seu processo, em violação a seus direitos segundo as leis da Constituição do Alabama e da Sexta, Oitava e Décima-Quarta Emendas da Constituição dos Estados Unidos."*
> **Santha Sonenberg, petição de assistência 1990**

SANTHA DEU ENTRADA NA minha petição um dia antes do prazo final. Nela, listou as 31 razões pelas quais eu deveria ter um novo julgamento – má conduta da promotoria e discriminação racial, assistência jurídica ineficaz e não ter tido permissão de contratar um especialista competente, para citar apenas algumas. Li a lista mil vezes, e fiquei esperançoso. Deixei que alguns dos rapazes lessem também. Eles foram passando de cela em cela.

1. Provas recém-descobertas.
2. Assistência jurídica efetiva negada nas fases de definição de culpabilidade/inocência e de apelação de seu processo, em violação a seus direitos sob as leis da Constituição do Alabama e da Sexta, Oitava e Décima-Quarta Emendas da Constituição dos Estados Unidos.
3. O tribunal de primeira instância equivocadamente juntou dois processos capitais separados num só.

4. O tribunal de primeira instância equivocadamente impediu o senhor Hinton de apresentar evidência, nas duas fases de definição de culpabilidade/inocência de seu julgamento, de que havia sido aprovado num teste de polígrafo, no qual negou envolvimento nas acusações de crime capital.
5. O confisco de registros que apoiavam o álibi da defesa do senhor Hinton de um crime sem acusação formal, e que foi o vínculo crucial que o estado estabeleceu entre o senhor Hinton e dois crimes capitais com acusação formal, violou seus direitos e tornou os vereditos e sentenças nesses processos inconstitucionais.
6. O tribunal de primeira instância equivocadamente permitiu a inclusão de declarações orais do senhor Hinton à polícia.
7. A publicidade em torno dos crimes com ou sem acusações formais impossibilitou que o senhor Hinton recebesse um julgamento justo no Condado de Jefferson, e portanto houve violação de seus direitos a um julgamento justo por um júri imparcial sob a Quinta, Sexta e Décima-Quarta Emendas da Constituição dos Estados Unidos.
8. A conduta e os argumentos inadequados da promotoria na fase de definição da culpabilidade/inocência foram impróprios e violaram os direitos do senhor Hinton.
9. A falha em transcrever integralmente os procedimentos do tribunal de primeira instância privou o senhor Hinton de uma plena apelação e da obrigatória revisão, de acordo com a lei, de sua condenação e sentença capital.
10. O senhor Hinton foi privado de um julgamento justo e de uma sentença justa pelo uso de recusas peremptórias por parte do promotor, de uma maneira que envolveu discriminação racial.
11. O senhor Hinton foi privado de um júri imparcial por meio da imprópria exclusão de jurados, em violação à Sexta, Oitava e Décima-Quarta Emendas da Constituição dos Estados Unidos.
12. O senhor Hinton foi privado de júri imparcial por meio da imprópria inclusão de jurados em violação à Quinta, Sexta e Décima-Quarta Emendas da Constituição dos Estados Unidos.

13. Os direitos do senhor Hinton a um julgamento justo e imparcial foram violados pelas restrições do tribunal de primeira instância ao exame *voir dire*[18] dos possíveis jurados e à interferência do tribunal de primeira instância no processo de seleção do júri.
14. Os direitos do senhor Hinton a um julgamento justo e a uma sentença justa foram ab-rogados pelo fato de suas condenações e sentenças de morte terem se baseado em provas insuficientes e não confiáveis de sua culpa nos crimes formalizados.
15. O direito do senhor Hinton de apresentar uma defesa foi ab-rogado pelo fato de a corte não atender ao pedido do advogado de defesa de despesas extraordinárias para a contratação de um especialista de balística que pudesse contestar os dois especialistas de balística que testemunharam pelo estado.
16. A apreensão da arma da casa da mãe do senhor Hinton foi inválida e, portanto, sua introdução como prova e qualquer testemunho baseado em sua apreensão ou relativo à arma, tornou-se impróprio.
17. A falha do tribunal de primeira instância em instruir o júri a respeito de ofensas menores incluídas violou os direitos do senhor Hinton e privou-o de um julgamento justo, tornando inválidas, portanto, suas condenações e sentenças de morte.
18. O direito do senhor Hinton a um julgamento justo foi ab-rogado pela admissão de provas relativas ao incidente de Smotherman, sem as quais não haveria evidência que sustentasse as condenações do senhor Hinton por crime capital.
19. Os direitos do senhor Hinton a um julgamento justo e a uma sentença justa foram violados pela admissão do testemunho de Reginald Payne White.

---

[18] *Voir dire* é uma expressão do jargão jurídico que indica o processo de seleção de jurados, quando o juiz, o promotor e o advogado de defesa examinam um grupo de possíveis jurados, a serem convocados perante o tribunal, a fim de detectar possíveis circunstâncias que possam afetar a imparcialidade dos jurados em relação à causa a ser julgada. [N.T.]

20. A inclusão pelo estado de fotos preconceituosas e altamente incitantes e de outras evidências documentais no julgamento do senhor Hinton violou seus direitos.
21. A má conduta e os argumentos da promotoria na audiência de sentença do senhor Hinton foram impróprios e privaram-no de um devido processo e audiência que fossem fundamentalmente justos.
22. A participação dos familiares das pessoas falecidas na instauração da ação contra o senhor Hinton foi altamente imprópria e negou ao senhor Hinton um julgamento justo, uma sentença justa e o processo devido.
23. A presunção legal de que qualquer circunstância agravante provada durante a fase de culpabilidade/inocência seja considerada como provada além de qualquer dúvida razoável para os propósitos da fase de penalização é inconstitucional, portanto a sentença de morte do senhor Hinton violou o devido processo quanto à proibição de punição cruel e não usual.
24. O direito do senhor Hinton a um julgamento público foi negado quando sua mãe e sua irmã foram solicitadas a se retirar da sala do tribunal.
25. A evidência de viagens simuladas entre Ensley, onde o senhor Hinton estava trabalhando, e o local do incidente com Smotherman foi impropriamente aceita em seu julgamento.
26. A evidência para refutar o álibi da defesa do senhor Hinton foi impropriamente aceita antes que qualquer evidência que apoiasse sua defesa pudesse ser apresentada.
27. Evidências de identificações feitas fora do âmbito do tribunal foram impropriamente aceitas no julgamento do senhor Hinton.
28. Os direitos do senhor Hinton a um julgamento justo e a uma sentença justa foram ab-rogados pela maneira como seu julgamento e sua condenação foram conduzidos.
29. Depoimentos de especialistas foram impropriamente permitidos para testemunho com base em evidências que não haviam sido aceitas no julgamento.

30. O tribunal de primeira instância ouviu impropriamente o testemunho de seus próprios oficiais de justiça nos procedimentos de condeção do senhor Hinton, em violação aos seus direitos de uma condenação justa.
31. A pena de morte do Alabama é aplicada de maneira arbitrária e discriminatória em violação à Oitava e Décima-Quarta Emendas.

Logo estavam todos falando a respeito do meu caso. Eu não sabia o que significavam algumas das coisas da lista, mas usei meu tempo na biblioteca de Direito para pesquisar. Já estudara as emendas da Constituição no colegial, mas sem dúvida precisava de um curso de atualização. Já era uma maravilha simplesmente ter algo novo para ler, sobre o que conversar. Henry pareceu particularmente interessado no meu caso.

– Está me soando bem, Ray – disse Henry –, parece que você tem que ser solto. Você tem uma argumentação sólida. Você realmente é inocente.

Eu ri.

– Eu sei que todo mundo diz isso, mas eu sou inocente mesmo. E algum dia vou mesmo sair daqui. Espere só para ver.

Eu não contei a Henry que saía do corredor todo dia. Não contava a ninguém. Eu podia estar ali para as refeições e quando os guardas precisavam de mim para fazer alguma coisa, mas assim que minha mente deixava de estar ocupada pela rotina do corredor eu ia embora. Meu jatinho estava sempre me esperando, e ficava cada vez mais fácil para mim viajar mentalmente. Às vezes Henry perguntava o que estava fazendo naquela hora em que havia me chamado, e eu respondia: "Estava na Espanha, Henry, mas agora estou de volta. Do que você precisa?". Imagino que as pessoas achavam que eu estava pirando um pouco, mas essa fuga mental me dava uma espécie de sensação eufórica de liberdade. Eu podia me isolar um pouco dos gemidos, das baratas, do cheiro de morte, da comida que não tinha gosto de nada e das infindáveis preocupações a respeito de quem seria o próximo a queimar naquela cadeira. Era uma bênção toda vez que eu conseguia passar uma hora sem que tivesse consciência de cada um de seus lentos segundos. Todo dia era como o dia anterior e como seria o seguinte. E havia muitos dias em que não acontecia absolutamente nada. Nada. Só silêncio ou gemidos ou os caras berrando qualquer coisa um para o outro.

Cada um passava o tempo a seu modo. Um cara podia ficar só desenhando espirais num pedaço de papel – o dia inteiro, dia após dia. Espirais dentro de espirais dentro de espirais, de modo que você nunca sabia onde começavam ou terminavam. Era assim. Alguns caras simplesmente passavam o tempo entre uma refeição e outra tentando não enlouquecer – cantarolando, balançando-se ou gemendo de um jeito que quase parecia um canto. Humanos não foram feitos para ficar presos numa gaiola, e não dá para um homem sobreviver num cubículo. Era cruel. Um monte deles tinha algum sofrimento mental ou havia nascido lento; outros seriam capazes de arrancar o rosto de alguém com as mãos se tivessem a oportunidade. Não éramos um conjunto de vítimas inocentes. Muitos dos caras com os quais eu dava risada haviam estuprado mulheres e assassinado crianças e retalhado pessoas inocentes pelo simples prazer de fazer isso, ou porque estavam muito doidos de droga ou desesperados por dinheiro e nunca pensavam além do momento presente. O mundo exterior chamava-os de monstros. Eles chamavam a todos nós de monstros. Mas não conheci nenhum monstro no corredor. Conhecia caras chamados Larry e Henry e Victor e Jesse. Conhecia Vernon e Willie e Jimmy. Nenhum monstro. Eram caras com nomes, que não tinham tido mães que gostassem deles ou alguém que alguma vez tivesse demonstrado por eles alguma bondade que chegasse perto do amor. Caras que já haviam nascido estragados, ou que a vida tinha estragado. Caras que haviam sido abusados quando crianças e tinham suas mentes e seus corações distorcidos pela crueldade e pela violência e pela solidão, muito antes de serem colocados diante de um juiz ou de um júri.

Eu ficava ali com aqueles caras uma parte do tempo, mas no resto do tempo eu os abandonava. Todos. Ficava assistindo jogos de futebol universitário na minha mente, e aprendia a pilotar helicóptero. Eu tinha um barco e um Cadillac, e tantas mulheres que nem sabia o que fazer com elas. Ia jantar nos melhores restaurantes, vestia as roupas mais elegantes e visitava os lugares mais bonitos e maravilhosos do mundo. Viajar na minha mente era como ler um bom livro e ser transportado a um mundo completamente diferente, e uma parte de mim sentia um pouco de culpa por ser capaz de fugir desse jeito quando tantos caras continuavam ali sofrendo.

O estado respondeu à minha petição e basicamente negou tudo que havíamos pleiteado, dizendo que todas as minhas alegações haviam sido "barradas de acordo com o procedimento", seja porque a questão já havia sido levantada durante meu julgamento, ou na apelação direta de Perhacs, ou porque poderia ter sido levantada por minha apelação direta, mas não havia sido. Isso não fazia o menor sentido para mim. Parecia não importar o fato de eu ser inocente, ou as pessoas terem mentido, ou os problemas reais ocorridos no meu julgamento – o estado não se dispunha a admitir que houvesse algo de errado e, se você sabia que havia algo de errado, ou devesse saber que havia algo de errado, ou pudesse saber que havia algo de errado, mas não o fez, não podia mais alegar isso agora. Henry me explicou:

– Se seu advogado teve a chance de levantar uma questão durante seu julgamento ou na primeira apelação e não o fez, o estado então pode barrar. E se a questão foi levantada no julgamento ou na sua primeira apelação, mas mesmo assim você foi condenado e a questão foi negada, também será barrada pelo estado.

– Mas isso não acaba cobrindo todas as possibilidades? – perguntei. – Quero dizer, não cobre tudo o que poderia ser motivo de apelação?

– Sim, quase tudo.

Não parecia justo ou certo que as probabilidades ficassem todas contra mim – contra todos nós. Se você não fosse capaz de pagar um advogado no seu julgamento ou na apelação, a impressão é que jamais conseguiria provar que era inocente. Foi marcada uma audiência para 23 de abril de 1991, mas então no início do mês recebi uma notificação de Santha de que minha audiência havia sido adiada. Ela me mandou uma cópia da notificação oficial que havia endereçado à corte informando que não seria mais minha advogada. Ela não podia mais me representar por causa de um novo caso que assumira na capital, mas disse que outro advogado assumiria meu caso. O escritório de Bryan Stevenson mandaria alguém. Ela disse que iriam acrescentar e modificar coisas na minha petição e mudar a data da audiência, que a partir de agora seria chamada de audiência da Regra

32, porque o Alabama havia mudado as regras da lei de apelação. E disse também para eu não me preocupar.

Não me preocupar.

Tentei não me abater muito com isso. Liguei para Lester e pedi que checasse com o centro de atendimento em Montgomery.

– Tente falar com esse Bryan Stevenson e ver se ele sabe de alguma coisa a respeito de um novo advogado – pedi. – Diga-lhe que sou inocente e que eu supostamente teria uma audiência a partir da minha petição.

Lester sempre cuidava das coisas para mim. Ele ainda vinha de carro toda semana até a Prisão Holman, apesar de algumas vezes ter sido dispensado, porque a prisão estava fechada para visitas ou porque não havia guardas suficientes trabalhando naquele dia.

Desde que eu fizera circular minha petição, os caras também passaram a compartilhar suas apelações. Começamos a ter debates animados sobre leis naquele nosso lado do corredor, mas era difícil: tínhamos que gritar uns com os outros e saber exatamente quem estava falando e para quem.

– Ouçam isso! – eu berrei da minha cela, lendo em voz alta a petição. – O tipo de justiça que um réu criminal tem não pode depender de quanto dinheiro ele dispõe.

Os caras ficaram discutindo isso o dia inteiro pelo corredor.

O dinheiro determinava tudo, e nenhum de nós tinha dinheiro.

Eu estava tomando banho perto de um cara chamado Jimmy naquela noite quando ele disse: "O Hays tem grana. Se tem alguém que vai conseguir sair daqui é o Hays".

– Quem é o Hays? – perguntei.

– O Henry. Henry Hays. O cara da KKK. A KKK tem dinheiro, todos sabem. Ele vai sair.

Eu voltei do banho em choque. Eu sabia quem era o Henry Hays. Todo mundo no Alabama sabia que ele e mais dois caras brancos haviam linchado um garoto preto chamado Michael Donald em Mobile, em 1981. Foi o último linchamento. O garoto era novo, 19 anos de idade, e a KKK estava enfurecida porque um menino negro tinha se safado depois de ter matado um policial branco. Diziam que havia sido um julgamento falho, mas eu não conseguia me lembrar bem dos detalhes. Havia circulado um boato de que o pai do Henry Hays era o chefe da KKK, algo assim. Aquele pobre garoto, o Donald, fora escolhido ao acaso, espancado, apunhalado e depois dependurado numa árvore, como se fosse um pedaço de carne, para que sua mãe o encontrasse. Ela processara a Klan ou havia tomado alguma outra medida legal, eu não conseguia lembrar exatamente, mas me lembrava de ter ficado indignado com aquele assassinato. Na época, Michael Donald não era muito mais novo do que eu – cinco ou seis anos – e a história me fizera lembrar das bombas da minha adolescência, das pessoas soltando os cachorros em cima dos meninos negros e das meninas que haviam sido mortas na igreja. A notícia do linchamento me deixou com muita raiva.

Eu não tinha ideia de que meu amigo Henry na realidade era Henry Hays.

Voltei para a cela aquela noite e fiquei olhando para o teto. Eu era amigo de Henry. Ele sabia que eu era negro. Eu queria falar com ele. Eu queria entender.

– Henry! – eu gritei.

– O que você quer, Ray?

– Eu acabei de descobrir quem é você. Eu não sabia. – Não houve resposta de imediato, e fiquei imaginando o que Henry poderia estar pensando.

– Tudo o que minha mãe e meu pai me ensinaram era mentira, Ray. Tudo o que eles me ensinaram contra os negros, era tudo mentira.

Eu não sabia bem o que dizer de volta.

– Sabe, cara, quase tudo o que eu acredito em relação às pessoas, eu aprendi com minha mãe.

– Então você sabe o que eu quero dizer – respondeu ele.

– Sim, eu sei. Eu acho que eu simplesmente tive sorte de minha mãe ter me ensinado a amar as pessoas, independentemente de qualquer coisa. Ela me ensinou a perdoar.

– Você teve sorte, Ray. Você realmente teve sorte.

– Ela me ensinou a ter compaixão por todo mundo, Henry, e eu tenho compaixão por você. Sinto muito que seu pai e sua mãe não tenham lhe ensinado a mesma coisa. Sinto de verdade.

– Eu também.

Não dissemos muito mais depois disso, mas o corredor ficou bem quieto aquela noite. Não éramos monstros; éramos caras tentando sobreviver da melhor maneira possível. Às vezes você tem que criar uma família onde quer que esteja, e eu sabia que para sobreviver tinha que criar uma família com aqueles homens, e eles tinham que criar uma família comigo. Não importava quem era negro e quem era branco – tudo isso meio que perde o sentido quando você vive a alguns metros de uma cadeira elétrica. Naquela hora, tínhamos mais coisas em comum do que diferenças. Todos ali enfrentavam uma execução. Todos batalhavam para sobreviver.

Não éramos monstros.

Não éramos a pior coisa que havíamos feito.

Éramos muito mais do que aquilo a que nos haviam reduzido – muito mais do que o que podia caber numa pequena gaiola.

No dia de visita seguinte, Henry tinha uma visita também. Sentei com Lester e Sylvia, e estávamos rindo de alguma coisa quando ouvi Henry chamar meu nome.

– Ray! Ray, venha cá um segundo. – Ele me chamou com um gesto. Estava sentado com um casal de pessoas mais velhas; imaginei que eram os pais dele.

Dei uma olhada no guarda, mas ele não estava prestando a menor atenção em mim, então andei até a mesa de Henry.

– Ray, quero que conheça meu pai, Bennie. Pai, esse é o Ray Hinton. Meu amigo.

Eu estendi a mão ao pai do Henry. Ele só olhou para mim, então abaixou os olhos e ficou encarando a mesa. Não disse oi, e tampouco fez menção de apertar minha mão.

– Ele é meu amigo. Meu melhor amigo. – A voz de Henry vacilou um pouco.

A mãe dele deu um sorrisinho, e então o guarda gritou e me mandou sentar.

– Prazer em conhecer vocês dois – eu disse, e voltei à minha mesa.

– O que foi aquilo? – perguntou Lester.

– Aquilo, meu amigo, foi um progresso, um progresso muito maluco que está acontecendo no corredor da morte.

Imaginei o quanto devia ter custado ao Henry desafiar o pai. Dizer a ele que aquele homem negro enorme era seu melhor amigo. Nunca conversamos sobre esse episódio do pai dele ter se negado a me cumprimentar. Simplesmente continuamos vivendo um perto do outro e sobrevivendo da melhor maneira que conseguíamos.

Meu novo advogado veio me ver alguns meses mais tarde. Seu nome era Alan Black. Era de Boston. Eu sempre fui fã dos Yankees.

— Vou pedir algum dinheiro a Bryan Stevenson para contratar alguém que examine de novo as balas. Precisamos de um novo especialista. Precisamos provar que não é possível que a arma da sua mãe tenha sido usada para matar aqueles homens.

Assenti. Já havia pensado nisso antes. Payne foi crucificado ao depor, e embora tivesse dito a verdade, ninguém acreditou nele. Ninguém jamais teria acreditado nele, levando em conta que não conseguia nem operar o equipamento ou achar onde ficava o controle de luz no microscópio.

— Preciso que você arrume o melhor dos melhores — eu disse.

Alan Black assentiu e deu uma risadinha nervosa. Ele não me olhava no olho, portanto não era alguém que eu escolheria como meu advogado, mas eu me sentia grato por ele estar ali.

— Vou ver o que posso fazer — disse ele. — Acho que conheço um cara perto de Jersey. Vou conversar com Bryan.

— Certo, faça isso. Mas talvez fosse bom você encontrar alguém aqui do Sul. Os juízes daqui na verdade não gostam muito de caras de fora da cidade. — Eu não queria lhe dizer o que fazer; isso já não tinha dado muito certo com o Perhacs.

Voltei para a cela depois da visita, e Henry perguntou como tinha sido.

— Bem, Henry, é mais ou menos o seguinte. Eu consigo superar o fato de você ter andado com o pessoal da KKK, mas não sei se vou ser capaz de superar que a minha vida agora está nas mãos de um torcedor dos Red Sox.

Henry e alguns dos outros caras riram.

Eu sorri. Se estivesse fazendo eles rirem, era sinal de que ainda estávamos todos vivos.

Mas eu estava cansado de falar através das barras. Cansado de ficar em pé com a boca espremida contra uma grade metálica suja toda vez que queria conversar com outro ser humano.

Pensei no Wallace e naquele seu Projeto Esperança. Pensei em passar minha lista de 31 razões para todos os caras do corredor.

– Henry! – eu gritei.

– Fala.

– Estou pensando em começar um clube do livro.

– Um o quê?

– Um clube do livro. Vou ver se a gente pode se reunir na biblioteca uma vez por mês e criar um clube do livro entre a gente. Você topa?

Ele ficou um tempo quieto.

– Eu topo – ele disse.

– Eu também! – gritou um cara chamado Larry.

– E eu também!

– Quem é esse? – perguntei.

– Eu, Victor. Eu topo entrar. Mas o que é que a gente vai ler? Será que o seu clube do livro não vai ficar falando só de Bíblia?

– Não, vou trazer alguns livros de outros assuntos para cá. Vou falar com o diretor do presídio, e a gente arruma alguns livros desses – eu disse. – E então vamos ter um clube do livro nosso.

Fechei os olhos. Eu já conseguia sair mentalmente do corredor, e agora ia mostrar a esses caras que eles também podiam sair. Lembro que na escola eu lera um livro sobre a Califórnia e me perdera dentro daquele estado, conseguia até sentir o cheiro da água salgada do Pacífico.

Eu só precisava arrumar alguns livros.

Então poderíamos sair todos juntos daquele lugar.

14

O AMOR É UMA LÍNGUA ESTRANGEIRA

"Na preparação do processo, o advogado determinou que as taxas e custas exigidas serão uma importante ajuda para a preparação da audiência da Regra 32 e também para auxiliá-lo a determinar se houve violações aos direitos constitucionais do peticionário."
Alan Black, moção ex parte para taxas e custas processuais

A PRIMEIRA COISA QUE Alan Black fez foi pedir ao juiz Garrett dinheiro para contratar especialistas para investigarem meu processo. O juiz Garrett concordou em conceder os subsídios, e fiquei imaginando por que ele dava dinheiro agora na minha apelação sendo que não havia dado para meu julgamento. Se eu tivesse dinheiro, Perhacs teria encontrado alguém melhor do que Payne. Se eu tivesse dinheiro, eles poderiam ter arrumado um especialista que provasse que eu não seria capaz de dirigir tão rápido do trabalho até o Quincy's. Se tivesse dinheiro, poderia ter arrumado um advogado que achasse estar sendo devidamente pago por seu tempo. Se tivesse dinheiro, antes de mais nada, provavelmente não teria sido preso.

Tudo parecia sempre se resumir a dinheiro.

Recebi uma cópia de todas as minhas petições pelo correio, e era a única correspondência que os guardas não podiam abrir ou remexer. Qualquer carta que fosse escrita da prisão não podia ser fechada, pois o pessoal de lá tinha que ler antes de enviá-la pelo correio. Qualquer carta que chegasse era também lida pela equipe da prisão. Toda ligação telefônica era gravada. Eu não entendia por que eles tinham que ler as cartas que saíam, mas depois ficou claro que eles não queriam que a pessoa se queixasse a respeito de como estava sendo tratada. Não queriam que ninguém chamasse os advogados. A Holman sempre tinha carência de pessoal, e o corredor padecia disso também. Éramos como ratos de laboratório sendo monitorados de perto para detectar sinais potenciais de revolta. Era mais fácil para eles nos manterem em nossas gaiolas, onde não podíamos criar confusão, do que deixar-nos fora.

Os verões eram piores. Eles não permitiam ventiladores de nenhum tipo nas celas, porque poderiam ser desmontados e usados como arma, e com a grade metálica maciça que cobria nossas portas a ventilação ou o fluxo de ar eram nulos. Fazia uns 40 graus lá fora nos meses de verão, e nas celas devia fazer uns 45 ou 50. Era como estar numa sauna, e alguns dias parecia até que estávamos sendo assados em fogo lento. É difícil falar, e mais difícil ainda lutar, quando o calor é tanto que você mal consegue se mexer ou respirar. Do mesmo modo que a leitura de nossas cartas e a gravação de nossas conversas eram uma maneira de manter o controle, assim também era o calor, mas ele deixava alguns caras malucos. E mais violentos ainda. Eu sabia que tudo o que o diretor do presídio queria era manter a paz, especialmente no corredor da morte, onde se pressupunha que não tínhamos nada a perder e que iríamos matar se tivéssemos a chance. Mas ele estava optando por uma abordagem totalmente errada em relação a isso, e o efeito vinha sendo o contrário.

– Hinton, almoço! – O guarda que berrou isso parecia tão calorento quanto eu, e fiquei imaginando se ele não gostaria também de um pouco de ar soprando pelo corredor.

– Ei, preciso lhe perguntar uma coisa – eu disse.

– O que foi, Hinton? – Ele soou irritado e cansado.

– Preciso pegar sua camionete emprestada.

– O quê?

– Preciso pegar aquela sua camionete emprestada. É por pouco tempo. Eu devolvo com o tanque cheio, não se preocupe com isso.

– Que diabos você está dizendo?

– Eu conheço um lugarzinho incrível para nadar. Fica escondido no meio de algumas árvores na periferia do Condado de Jefferson. Tem uma velha estrada de terra sem sinalização que leva até lá, por isso quase ninguém conhece o lugar. Tem que andar um pouquinho pelo bosque. Fica na sombra, e a água é tão limpa que dá para ver o fundo. Acho que é alimentado por uma fonte subterrânea, algo assim. A água é tão transparente e fresquinha que dá para beber. Vou precisar da sua camionete emprestada, e eu devolvo mais tarde, à noite, juro. Só preciso dar um mergulho naquela água da fonte. Sabe, refrescar um pouco o corpo.

Ele só ficou olhando perplexo para mim, como se eu tivesse finalmente pirado.

– Você gostaria de ir junto? Sair um pouco daqui e se refrescar um pouco? Se não, é só me dar as chaves e você continua aqui trabalhando, e eu volto antes de você fazer a troca da guarda. Eu ouvi você comentando da camionete nova, e eu prometo que vou cuidar dela direitinho.

Ele começou a rir e balançou a cabeça.

– Acho que não vai dar, não, Hinton, mas tome aqui seu almoço.

E assim, meio à toa, consegui vê-lo sorrir para mim.

– Eu preciso falar com o diretor sobre um assunto – eu disse, retribuindo o sorriso. – Você poderia lhe entregar uma mensagem ou informar o capitão?

– Vou lhe trazer umas folhas de papel e então você escreve o que quiser e eu levo para ele.

– Obrigado.

Ele saiu balançando a cabeça, mas ainda estava sorrindo quando continuou andando pelo corredor distribuindo refeições.

– Tá fazendo amizade com os guardas, Ray? – ouvi o escárnio na voz de Walter Hill. Hill havia matado outro detento enquanto estava em outra prisão antes de vir para a Holman, e agora estava no corredor por triplo homicídio, portanto era um dos caras que o diretor encarava como alguém que não tinha nada a perder. Ele andava puto o tempo inteiro. Eu não poderia culpá-lo por isso. Tampouco iria julgá-lo. Eu não sabia da sua história. O que quer que ele tivesse feito era algo entre ele e Deus.

– Ei, Walter! – eu gritei. – Sabe o que a minha linda mãezinha sempre me dizia?

Walter não respondeu à pergunta.

— Eles não são seus amigos, Ray. Estão tentando matar a gente, e eu não gosto que ninguém fique bonzinho com os guardas. Entendeu o que estou dizendo?

Eu sabia o que ele estava dizendo. Na população carcerária em geral, se você desse a impressão de que estava ficando amiguinho dos guardas, era considerado dedo-duro. Dedos-duros não se davam bem em Holman. Você podia ser degolado se alguém sugerisse que você era delator. Eu não sabia quem o Walter havia matado na prisão comum ou por que razões, mas isso não importava, e eu não ia deixar que ele ou qualquer outro me intimidasse. Ergui a voz para ser ouvido também do outro lado do corredor.

— Minha mãe sempre me disse que você pega mais moscas com mel do que com vinagre.

— Já ouvi isso antes — disse Victor.

— Eu também já ouvi.

— Só porque você despeja um pouco de mel não quer dizer que você é uma mosca. Você me ouviu, Walter? É assim que você pega moscas. É assim que a gente pode conseguir quinze minutos a mais no pátio. Você continue usando vinagre se quiser. Eu vou usar meu mel.

Deixei as coisas assim. Eu sabia que os guardas estavam fazendo o trabalho deles. Assim como meu sonho jamais havia sido ir para as minas de carvão e eu odiara cada minuto lá dentro, imaginava que a maioria dos guardas tampouco crescera sonhando algum dia trabalhar no corredor da morte. Estávamos todos passando pela vida e fazendo o melhor possível, e nossas vidas haviam se cruzado bem aqui no corredor da morte, mas cabia a nós tentar prever o que aconteceria em seguida. Era um inferno no corredor — cada minuto de cada dia —, mas aquele inferno podia sempre ser pior. E podia também melhorar um pouco. Eu estava fazendo minha parte para tentar melhorá-lo. Minha mãe havia me ensinado a caçar moscas com mel, e também me ensinara que é preciso trabalhar dentro do sistema. Não dá para ser negro e crescer no Sul sem saber que tem que trabalhar dentro do sistema. Aqui era a mesma coisa — algumas pessoas detinham o poder, e havia mil maneiras de se defender. Eu não acreditava que a violência podia ser uma maneira de conseguir o que se queria. Não funcionava no mundo real e definitivamente não funcionava no corredor. Hill era um exemplo perfeito disso, mas ele não percebia.

Se eu quisesse que os guardas cooperassem, tinha que cooperar também. Era uma troca. Eu sabia que alguns, como Hill, iriam interpretar mal minha cooperação, mas era uma questão de sobrevivência. Não só para mim, mas para todos nós. Eu contava com pessoas que me amavam e vinham me visitar toda semana. Conseguia algum dinheiro na minha conta por meio de Lester. Crescera recebendo amor incondicional. Tinha fé, um Deus e uma Bíblia que me prometiam que eu sairia dali algum dia. Estava melhor do que um monte de caras ao meu redor. Estávamos todos enfrentando a morte, mas eu a enfrentava cercado de amor. Tentava me concentrar nisso mais do que no fato de que minha vida havia sido roubada de mim. Eu não sabia quem ali era inocente também. Talvez um de cada dois caras sentados naquela gaiola de rato fosse inocente. Quem poderia saber? Talvez metade deles tivesse matado. Não importava. Estávamos assando lentamente rumo à morte, e tornar as coisas piores para nós mesmos não era uma boa vingança. Só iria nos prejudicar ainda mais. Eu tentaria fazer o que fosse possível com o que eu tinha. Um pouquinho de bondade se amplificava no corredor da morte, porque era muito inesperado. Você pode gritar no meio de centenas de vozes gritando, e ninguém ouvirá você – mas se gritar no silêncio sua voz soará mais alto. Eu seria esse tipo de voz gritando no corredor, e iria melhorar as coisas para todo mundo – até mesmo para o Hill. Éramos todos iguais ali. Estávamos todos sendo descartados como lixo e considerados indignos de ter uma vida.

Eu iria provar que eles estavam errados.

Charlie Jones tinha a aparência exata que se imaginaria para um diretor de presídio caipira do Sul, desde as botas com esporas até o rosto branco, carnoso e flácido. Tinha um emprego nada fácil – manter o controle das coisas na prisão mais violenta do país. Todos os dias, era responsável por seu pessoal e por uma população de detentos que entraria em rebelião se tivesse a oportunidade. Levei tudo isso em conta ao conversar com ele.

— Ouvi dizer que você é um cara que fala muito, Hinton. E soube que os caras ouvem o que você diz. Ainda não sei por que você se recusou a falar para as câmeras quando o Geraldo[19] esteve aqui.

Geraldo Rivera havia passado uma noite no corredor da morte, trazendo câmeras e fingindo ser um de nós. Vestiu roupas de presidiário e dormiu uma noite numa cela, mas era tudo uma brincadeira, um faz de conta que terminou na manhã seguinte. Ele não sabia, nem poderia saber o que era ficar trancado numa jaula sendo inocente. Estava jogando um jogo do qual não sabia nada, e fez isso apenas para satisfazer seu ego. Nós vimos o programa. Ele ficou sem camisa como nós, mas deu para ver, quando lhe passaram a bandeja com o jantar, que havia outra bandeja cobrindo a comida, para evitar que caísse sujeira, poeira, pelos de ratos e fragmentos de baratas. A nossa comida não era servida com cobertura nenhuma – e essa pequena diferença já dizia tudo.

— Bem, eu teria falado para as câmeras se vocês tivessem me mandado para Nova York para gravar o programa. Sabe, aí eu teria voado de avião pela primeira vez na vida e comido aqueles amendoinzinhos que eu ouvi dizer que são uma delícia. Iria feliz gravar o programa se pudesse provar aqueles amendoins.

Ele riu.

— Bom, e essa história que eu ouvi dizer, de uma espécie de clube de sei lá o quê?

— Queria começar um clube do livro. Pensei que a gente poderia se reunir uma vez por mês na biblioteca. Mas precisaríamos ler alguma coisa que não fosse a Bíblia. Nem todo mundo liga para a Bíblia como eu. Entende o que eu digo?

— Sim, e é uma pena – ele disse.

— Então meu melhor amigo, Lester, disse que poderia mandar alguns livros para cá pelo correio, e a gente poderia ler e depois discutir a respeito, entre nós.

---

[19] Geraldo Rivera (1943), advogado, repórter e escritor americano, foi de 1987 a 1998 apresentador do *talk show* da ABC *Geraldo*, de grande audiência, que dava ênfase a assuntos polêmicos de apelo popular e sensacionalista. [N.T.]

O diretor olhou para baixo, e pude ver que estava considerando minha proposta.

— Veja bem — eu disse. — Esses caras precisam de alguma coisa para se concentrar, além de ficar vendo o que os guardas estão fazendo ou deixando de fazer por eles. Alguma coisa além do calor. Além do fato de que a nossa comida tem gosto de cocô. Você entende? É uma maneira de manter a paz. Um clube do livro vai ajudar a deixar as coisas mais tranquilas.

Ele concordou com a cabeça.

— Você não pode deixar os caras 23 horas por dia pensando na morte. Isso enlouquece qualquer um. E quando as pessoas enlouquecem, sabe-se lá o que são capazes de fazer. — Talvez eu tivesse passado um pouco da conta, mas era verdade. Queria que ele acreditasse que, se tivéssemos livros no corredor, isso iria manter os detentos tranquilos. Mas eu no fundo sabia que iria libertá-los. Se os caras tivessem livros, poderiam viajar o mundo. Ficariam mais inteligentes, mais livres. No passado, nos dias da escravidão, havia uma razão para que os donos de fazendas não quisessem que seus escravos aprendessem a ler. Charlie Jones provavelmente vinha de uma família que tempos atrás havia sido proprietária da minha família, mas eu não iria mencionar isso. Eu não estava lá para lhe dizer nada, a não ser que um clube do livro ajudaria a manter a paz.

— Vou pensar nisso, Hinton. Você mostrou bons argumentos, mas me deixe falar com meus guardas. São eles que ficam ali. Eu não quero problemas com o corredor da morte. Entende o que eu digo? Deixei vocês ficarem um tempinho a mais no pátio, e não houve problemas. Mas se eu tiver qualquer problema com o corredor, simplesmente deixo vocês trancados as 24 horas, entende? Cancelo todas as visitas se houver algum problema. Eu tenho um monte de caras aqui dentro que precisam ser controlados.

— Sim, senhor — eu disse. — Agradeço que reserve um tempo para pensar no assunto. Eu acredito de verdade que isso vai ajudar seus homens a terem mais facilidade para fazer seu trabalho, senhor. Obrigado por dar atenção à minha proposta.

Acho que meus bons modos deixaram Charlie Jones desconcertado. Ele não estava acostumado com isso. Eu o vi inclinar a cabeça e ficar me olhando mais de uma vez. Como quem não tinha muita certeza se eu estava brincando ou falando sério.

– Eles ouvem você, Hinton. Você mantém as coisas tranquilas no corredor, e eu vou ver o que dá para fazer. Não posso deixar um monte de detentos juntos na biblioteca. Não tenho equipe para isso. Quatro caras, talvez seis. Vou pensar nisso.

– Obrigado.

– E não temos dinheiro no orçamento para ficar comprando livros. Você vai ter que arrumar um jeito de mandarem pelo correio, e antes nós vamos fazer uma inspeção neles. Não mais de dois livros de cada vez. Não vejo qual seria o problema de deixar alguns livros a mais no corredor.

– Essa é uma ideia boa, senhor.

– Algo mais, Hinton? Acho que nós dois nos entendemos aqui. Alguma outra coisa que esteja acontecendo e eu precise saber? – E lá estava: simples assim, ele me sugeriu que eu fosse informante dele, mas eu não ia jogar esse jogo.

– Bem, senhor, a respeito do Geraldo. Alguns dos caras perceberam que ele foi servido com outra bandeja virada ao contrário em cima da bandeja de comida dele, para evitar a sujeira. Sabe, como uma espécie de tampa por cima da comida. E alguns caras acharam que isso seria uma boa ideia. Foi sugestão sua quando o Geraldo veio aqui?

Fiz então uma pausa, e ele assentiu e sorriu.

– Foi uma sugestão muito boa – eu disse. – Acho que seria um grande avanço se pudéssemos aplicá-la a todos nós, ter tampas em cima da nossa comida para evitar a poeira. O senhor sabe como é poeirento aqui dentro.

– Certo, não vejo por que não. Vou comunicar isso à cozinha.

– Obrigado, senhor.

Fui sorrindo o caminho inteiro até minha cela. E quando o capitão da guarda me informou que o clube do livro havia sido aprovado para seis caras, contei a Lester no dia de visita.

– Você poderia mandar uns dois livros para a prisão? Mande aos cuidados do diretor.

– O que você está armando agora? – perguntou Lester.

– Estou começando um clube do livro.

– Um o quê?

– É, um clube do livro. A gente vai ler livros e depois se reunir uma vez por mês, como num clube, e falar a respeito.

A esposa de Lester, Sylvia, viera acompanhando-o na visita. Seu apelido era Sia.

– Tá rindo do quê, Sia? – perguntei. – Nunca ouviu falar antes de um clube do livro?

– Já ouvi, sim, mas acho engraçado vocês sentarem juntos num clube do livro. Que livros vocês pretendem ler?

– Não sei bem. O que vocês acham?

Lester meio que deu de ombros. Ele não costumava ler muito, mas Sia de repente ficou séria.

– Já sei – ela disse. – Vocês têm que ler James Baldwin, Harper Lee, Maya Angelou. Acabei de ler dela *I Know Why the Caged Bird Sings* [Eu sei por que o pássaro canta na gaiola]; vocês precisam ler esse livro. E também *O sol é para todos* e *Go Tell It on the Mountain* [Vá ao alto da montanha dizer isso].

Sia estava ficando animada com a ideia.

– Muito bem – eu disse –, então você nos manda os livros. Pago você quando sair daqui, prometo. Mande só dois livros, aos cuidados de Charlie Jones. Vamos ter que ler e passar para os demais. Mande na ordem em que você achar que devemos ler. Talvez a gente possa falar mais sobre os livros quando você vier na próxima visita, e você poderia me ajudar a pensar em como conversar com eles num clube do livro. O que você acha?

Sia assentiu.

– Vamos começar com o James Baldwin.

– Pois então será o James Baldwin. Ele vai tirar esses caras do corredor da morte!

– O que você quer dizer com isso? – Lester olhou para mim, surpreso.

– Nem todo mundo tem a imaginação que eu tenho. Os caras se afogam no medo e na morte, o dia inteiro, todos os dias. Imagine você saber o dia em que vai morrer. Como é que vai pensar em outra coisa? Esses caras têm que encontrar um jeito de pensar na vida.

Nessa hora, ouviram-se gritos pelo salão. Os guardas correram até outra mesa de visita. Vi o Henry dar um pulo e em seguida ser agarrado por um guarda. As sirenes soaram, e isso significava que tínhamos que deitar todos no chão de bruços.

– Não se preocupem, está tudo certo – eu disse para Lester e Sia, que se assustaram. Fiquei feliz que a minha mãe não tivesse se sentido muito bem para viajar. Teria ficado impressionada demais com a cena. Virei a cabeça e olhei para Henry. Ele também recebera visita, mas eu pude ver que o pai dele estava no chão, rodeado pelos guardas. Fiquei imaginando o que poderia ter acontecido. Cruzei o olhar com Henry, e vi que estava assustado.

– Visita encerrada! Todos os detentos para as celas.

Ouvi sirenes de ambulância à distância. Imaginei que talvez alguém tivesse esfaqueado o pai de Henry. Virei-me para dar um tchau a Lester e Sia, mas eles já estavam sendo levados embora e não me viram. Henry ficou na fila atrás de mim para a contagem.

– O que houve?

– Meu pai estava comentando sobre o julgamento dele, que está se aproximando, e então de repente ele simplesmente caiu. Acho que foi o coração. Ficou totalmente branco, quase azul.

Dava para ouvir que a voz de Henry tremia. O pai dele era um imbecil – um racista, um assassino estúpido –, mas ainda assim era o pai dele.

– Sinto muito, rapaz. De verdade. Espero que ele esteja bem.

– Você sabe, eles declararam o julgamento nulo, por causa do coração dele.

– Sim – eu disse. O julgamento de Bennie Hays havia aparecido nos jornais, e todo mundo sabia do assunto, embora Henry nunca falasse a respeito.

– Sinto muito, Henry. De verdade.

– Obrigado, Ray. Obrigado por tudo.

Henry abaixou a cabeça e não disse mais nada. No dia seguinte, sábado, o pai morreu. O guarda veio dar a notícia a Henry. Então fiz uma oração por Bennie Hays. Rezei para que ele na morte pudesse entender as coisas melhor do que havia feito em vida. Alguém ensinara Bennie Hays a odiar, e Bennie Hays ensinara o filho Henry a odiar. E agora Henry aprendia que o ódio não leva a lugar nenhum.

No Alabama, quando alguém morre, é costume oferecer comida à família. Amigos e vizinhos vêm trazer comida pronta, bolos e canjica, o dia inteiro. É o jeito de demonstrar amor e apoio. Ao final do primeiro dia de luto, a geladeira, a mesa e os aparadores da família estão todos cobertos de comida. Comida é amor, vida e conforto, e uma maneira simples de mostrar aos outros que você está ali pronto a nutrir, a acolher e a ampará-los em seu luto.

Assim que o guarda saiu da cela de Henry, passei um pouco de café da minha cela para ele. Os caras das celas depois da minha iam pegando aquele café e passando adiante. Para cima e para baixo, o dia inteiro, homens que eram simplesmente capazes de se matar ao cruzarem um com o outro na rua começaram a passar seus preciosos alimentos para a cela de Henry – doces, sopa, café, barrinhas de chocolate e até frutas. Quem quer que tivesse alguma coisa de valor trazida da cantina ou sobrado da refeição anterior ia passando de vizinho em vizinho até a cela de Henry. Ninguém reteve nada para si. Ninguém interrompeu a corrente de apoio que seguia em frente e descia até chegar a Henry.

Todos sabiam o que era o luto. Todos sabiam o que era o sofrimento.

Todos sabiam o que era estar sozinho.

E todos estávamos começando a aprender que você pode construir uma família a partir de qualquer grupo.

Mesmo os guardas, talvez pegos de surpresa na própria humanidade, ou porque o pai de Henry acabara de enfartar diante de seus olhos, ajudaram a passar a comida a ele. De uma maneira tortuosa, eram também parte dessa grande e estranha família do corredor da morte. Eram os que tinham o encargo de cuidar de nós todos os dias – a obrigação de ajudar quando ficávamos doentes, mesmo que fossem eles também que nos faziam andar até a morte, que nos amarravam na cadeira, e então viravam as costas quando o diretor da prisão acionava a chave que punha fim às nossas vidas.

No final, estávamos todos simplesmente tentando encontrar nosso caminho.

| 15 |

VÁ AO ALTO DA MONTANHA DIZER ISSO

"Esse fardo era mais pesado que a mais pesada das montanhas, e ele o carregava no coração."
James Baldwin, Go Tell It on the Mountain[20]

OS LIVROS ERAM UMA COISA IMPORTANTE. Ninguém tinha livros no corredor da morte. Eles nunca haviam sido permitidos, e era como se tivessem entrado de contrabando. Apenas seis caras tiveram permissão de se juntar a mim no clube, mas agora todos no corredor estavam autorizados a ter na cela dois livros, além da Bíblia. Alguns caras não tinham interesse, mas outros ligaram para a família e amigos para pedir que mandassem um livro ou dois. Tinha que ser um livro novo e enviado diretamente de uma livraria para a prisão. Era como se um mundo novo se abrisse, e os caras começaram a falar sobre os livros que gostavam. Havia caras que não sabiam ler, outros que eram bem lentos, infantis até, que tinham cursado apenas as primeiras séries do fundamental. Esses caras nem sabiam por que estavam no corredor da morte, e fiquei refletindo que raio de mundo era aquele que tinha tanta

---

[20] Título do primeiro livro de sucesso de James Baldwin ("*Go Tell It on The Mountain*"), ainda não traduzido para o português. O título é uma alusão ao Sermão da Montanha da Bíblia, e também uma referência a um verso de um *spiritual* do século XIX ("Go tell it on the mountain that Jesus Christ is born", isto é, "Vá e diga do alto da montanha que Jesus Cristo nasceu"). [N.T.]

pressa em executar um cara quando poderia igualmente tratá-lo num hospital ou admitir que ele não era mentalmente capaz de distinguir entre o certo e o errado.

A primeira reunião do clube do livro teve a presença de Jesse Morrison, Victor Kennedy, Larry Heath, Brian Baldwin, Ed Horsley, Henry e eu. Tínhamos permissão de nos reunirmos na biblioteca de Direito, mas cada um era obrigado a sentar numa mesa diferente. Não podíamos ficar em pé. Para poder falar com todos ao mesmo tempo, era preciso ficar girando na cadeira, para que ninguém se sentisse excluído. Se alguém quisesse ler alguma coisa do livro, tinha que atirar o exemplar para o outro e torcer para que o cara conseguisse pegá-lo ou que caísse dentro do alcance de alguém, porque não tínhamos permissão de levantar a bunda da cadeira. Os guardas pareciam nervosos quando nos conduziam até a biblioteca. Não estávamos planejando nenhuma rebelião ou fuga; éramos cinco caras negros e dois brancos falando sobre um livro do James Baldwin. Perfeitamente normal. Não havia nada demais nisso.

Quando os livros chegaram, um dos guardas trouxe-os até minha cela. Dois exemplares novinhos de *Go Tell It on the Mountain*, do James Baldwin. Eu lera o livro no colegial, mas li de novo para poder passá-lo ao cara seguinte. Cada um dos sete levou mais ou menos uma semana para ler, portanto, com dois exemplares sendo passados, em cerca de um mês estávamos prontos para o clube. Essa se tornou a rotina de cada livro. Outros caras haviam pedido para as respectivas famílias mandarem o mesmo livro; assim, na nossa seção do corredor – com catorze caras no andar de cima e catorze no de baixo – quase todo mundo parecia estar comentando sobre ele.

Algumas pessoas odiaram a leitura, porque falava muito de Deus; outras amaram, pela mesma razão. Uns dois gostaram porque tinha cenas de sexo. Naquele mês, o corredor pareceu outro lugar. Estávamos em Nova York, no Harlem. Nossos pais tinham um passado complicado e sórdido, e nenhum relacionamento era o que parecia ser. Estávamos na igreja, esperando ser salvos ou sentindo a glória de Jesus conforme nosso corpo era tomado por convulsões. Éramos vítimas de violência. Estávamos presos a uma estranha dinâmica familiar na qual não sabíamos quem era nosso pai ou por que ele nos odiava. Éramos

John, o personagem principal, completando 14 anos e tentando entender o mundo e ter alguma noção do que estava sentindo. Éramos nós mesmos, mas éramos diferentes, e o livro ocupava nossos dias e nossas noites de uma maneira nova. Não estávamos discutindo questões legais, fingindo ser advogados e tentando compreender um sistema que boa parte do tempo não fazia sentido. Não éramos a escória da terra, os mais canalhas dos canalhas, os homens esquecidos e abandonados, sentados num canto escuro do inferno esperando a vez de caminhar até a cadeira elétrica. Estávamos sendo transportados, e do mesmo jeito que eu podia viajar o mundo e ir tomar chá com a Rainha da Inglaterra, vi aqueles homens transportados em suas mentes por uma breve fração de tempo. Eram como umas férias do corredor – e todo mundo era parte do clube do livro, mesmo antes de nós sete termos feito a primeira reunião oficial.

Quando finalmente chegou a hora da nossa reunião, sentamos em nossas respectivas mesas e sentimos uma falta de jeito que não estava presente quando falávamos aos berros uns com os outros através das grades de nossa cela. Larry e Henry, os dois únicos brancos, pareciam especialmente desconfortáveis. Os guardas nos trancaram na biblioteca, então ficamos lá por nossa conta. Não podíamos quebrar as regras, nada de brigas, nenhuma bobagem, qualquer que fosse. Era estranho depois de tantos anos ter uma mudança na rotina. Todo dia, exceto quando nos levavam para o chuveiro, as coisas aconteciam sempre na mesma hora. Assim, quando de repente havia algo novo, especialmente para caras como Baldwin, Heath e Horsley, que estavam ali havia mais de uma década, era uma sensação estranha e eles pareciam tensos.

– Então, o que vocês acham? – perguntei ao grupo.

– Como é que vamos fazer isso, exatamente? Qual é o formato? – Jesse Morrison vinha do Projeto Esperança, então ele sabia como organizar um grupo.

Todo mundo ficou me olhando.

– Vamos simplesmente falar sobre o que a gente tiver lido e sobre o que sentir vontade de falar. Não importa se você gostou do livro ou não. Vamos falar do que a gente gostou, do que não gostou. Do que nos impressionou. O que vocês acham?

Olhei em volta para todos eles, e assentiram. Henry parecia sério.

– Sabe do que eu gostei? – eu disse. – Gostei dessa frase: "Porque o renascimento da alma era perpétuo; só o fato de renascer a cada hora é que podia deter a mão de Satã".

– O que é que você gostou nisso? – perguntou o Larry.

– Gostei porque fala de esperança – eu disse. – É como se sua alma pudesse renascer. Não importa o que você tiver feito, você pode ser alguém novo, outra vez. É uma frase de esperança.

– É, mas Satã está bem ali, tentando você a toda hora – disse Victor. Victor era um cara quieto. Fora sentenciado a morrer por ter estuprado e matado uma senhora idosa. – Quando eu bebo, Satã toma conta; isso eu sei muito bem.

Ficamos em silêncio. Todos sabiam que ele estava bêbado na noite em que ele e Grayson fizeram o que fizeram. Grayson era um cara do corredor também, mas eu nunca havia visto os dois sequer admitirem que se conheciam. Baldwin e Horsley estavam ambos no corredor por um crime que os dois haviam sido acusados de cometer juntos. Horsley confessara ter feito sozinho, Baldwin não tivera participação, mas isso não fez diferença. Baldwin havia sido torturado com um bastão elétrico de tocar gado até confessar. O júri era todo de brancos. Ele e Horsley haviam sido torturados. Horsley tentou dizer a quem pudesse ouvir que Baldwin não estava lá, mas isso não pareceu adiantar. Os dois foram condenados à morte. Apenas mais dois negros tirados das ruas do Alabama.

Heath falava como um pregador, então achei que ele fosse dizer algo sobre o pessoal da igreja do livro. Mas ele estava estranhamente quieto.

– Todo mundo fala em ser salvo nesse livro – disse Henry. – Eu nunca estive numa igreja onde as pessoas que se atiravam no chão fossem salvas.

Eu ri.

– Bem, Henry, você nunca foi a uma igreja de negros. Quando a gente sair daqui, vou levar você a uma igreja e você vai ver o Espírito Santo descer e tomar o corpo de uma pessoa de um jeito que parece que ela vai sair levitando pela janela da igreja! – Comecei a rir. – Você não iria acreditar se visse como as pessoas agem numa igreja de negros. O único problema é que a coisa acaba durando o dia inteiro e noite adentro, então é melhor se preparar e comer bem antes de ir, e estar pronto para sentar lá até que o Espírito o toque. Aí você vai cantar e louvar o Senhor como nunca louvou na vida!

Henry olhou em volta para o grupo.

– Não sei não se vão me querer lá dentro com eles... Sabe, nem todo mundo é que nem vocês.

– Bom, nós vamos ter que lhes mostrar, não é? Vamos ter que mostrar o quanto um homem é capaz de mudar.

Henry sorriu para mim, balançou de leve a cabeça e deu de ombros. Todos sabíamos que o corredor era diferente. Fora dali, o mundo era mais diferente ainda. Henry era um homem branco que havia linchado um adolescente negro. Eu era um cara que supostamente tinha estourado os miolos de um homem por causa de algumas centenas de dólares. Brian e Ed eram o tipo de caras capazes de sequestrar e matar uma garota de 16 anos de idade. Larry matara a esposa grávida. Victor fora capaz de roubar e estuprar uma mulher de 86 anos. Jesse havia assassinado uma mulher por causa de cinco dólares, segundo o seu processo. Dei uma olhada ao redor para o nosso grupo improvável, trancado numa biblioteca da Prisão Holman. Alguns poucos ali eram inocentes, outros não. Mas não era isso o que realmente importava.

– Vou dizer do que eu gostei – disse Baldwin. – A parte em que o John tem que limpar a casa. Vocês lembram? Bem no começo? – Baldwin pegou um pedaço de papel que trouxera com ele e o desdobrou. – Escrevi aqui enquanto ia lendo.

Ele alisou o papel e limpou a garganta.

John odiava varrer aquele tapete, porque levantava poeira, e a poeira entupia o nariz dele e grudava na sua pele suada, e ele via que mesmo que ficasse varrendo para sempre, as nuvens de poeira não iam diminuir, o tapete não ficaria limpo. Aquilo virou na imaginação dele a sua tarefa impossível, da vida inteira, a sua dura provação, como a daquele homem sobre o qual havia lido em algum lugar, cuja maldição era ter que empurrar uma pedra montanha acima, só para chegar ao alto e ver o gigante que guardava a montanha fazer a pedra rolar para baixo de novo – e assim infinitamente, por toda a eternidade; ele ainda devia estar ali, aquele homem infeliz, em algum lugar na extremidade oposta da Terra, empurrando sua pedra montanha acima.

Todos ficaram quietos quando Baldwin terminou de ler. Ele havia lido baixinho e com atenção, como se tivesse ensaiado e não quisesse errar nada.

– Você é como esse cara que empurra a pedra morro acima? – perguntou o Victor.

– É, acho que sim. – Baldwin limpou a garganta. – Não estamos todos nós empurrando a pedra? Todo dia, o dia inteiro, semana após semana, ano após ano, a gente empurra a pedra morro acima, e então o gigante faz ela rolar de volta. E vamos continuar fazendo isso até o gigante esmagar e matar a gente com essa pedra, ou até que alguém nos acompanhe até o alto da montanha e nos ajude. Alguém então vai dizer para o gigante sair da frente, e vamos conseguir empurrar a pedra até o topo e então sentar e descansar, ou algo nesse estilo. Não é assim?

Alguns dos caras riram, mas eu assenti para o Baldwin. Horsley só abaixou a cabeça. Eu mesmo vinha empurrando minha pedra morro acima, esperando que Perhacs, ou Santha, ou agora Alan Black fossem tirar o gigante do caminho. Ou pelo menos segurá-lo até eu conseguir chegar ao topo. Eu sabia o que o Baldwin queria dizer. Sabia o quanto ele se sentia impotente. Eu me sentia assim também.

– Essa é uma boa citação, Brian – eu disse. – É uma coisa que tem a ver com todos nós. – Os outros concordaram.

Horsley levantou a mão para falar, e todos rimos.

– O que você gostaria de dizer, Ed? – perguntei.

– Eu gosto como a gente acha que as pessoas são de um certo jeito, mas aí descobrimos as histórias delas, seu histórico, e vemos como foi que acabaram ficando assim. Certo, talvez o pai de alguém tenha sido um idiota, e ele sofreu alguma perda, e dá a impressão de que quanto mais você conhece a história de cada um, mais tende a perdoar todo mundo pelo que tenha feito. Sabe? É meio como isso aqui, não é? Todos nós tivemos alguma história que nos levou a outra história, e então acabamos fazendo escolhas e algumas nos levaram a cometer grandes besteiras. Todos esses personagens cometem erros, não é? Ninguém vive a vida certinho.

Larry ficou cabisbaixo, mas os outros caras deram grunhidos de aprovação. Então ficou um silêncio, e achei que talvez cada um estivesse pensando nos próprios erros. Eu havia cometido erros, não tinha dúvidas a respeito disso. Mas será que nós não procuraríamos refazer as coisas, caso isso fosse possível, se soubéssemos agora o que não sabíamos na época? Não havia ninguém naquela biblioteca que não faria uma escolha diferente se tivesse a chance.

– Quem mais leu alguma passagem que teve um sentido especial? – perguntei. Não tinha certeza se era assim que um clube do livro era conduzido geralmente, mas eu não tinha um manual ou uma lista impressa de perguntas extraída de algum lugar.

Eu havia conversado com Sia e Lester sobre isso na minha última visita, e Sia dissera que eu deveria simplesmente deixar as pessoas falarem o que tivesse mexido com elas.

– Cada um sente de um jeito diferente quando todos leem a mesma coisa. Você só tem que ver o que fez as pessoas sentirem alguma coisa e então falar sobre isso – disse ela. – Não tente bancar o professor; simplesmente fale sobre o que quer que os caras queiram falar.

Eu concordei. O ponto era fazer com que eles pensassem em qualquer coisa exceto naquele inferno escuro, sujo e quente do corredor. Era uma dádiva passar algum tempo na sua mente afastado da própria realidade. Eu podia levar meu jato particular a qualquer lugar do mundo. Já havia passado a semana inteira entre uma visita e outra jantando com as mulheres mais lindas do mundo. Já vencera o torneio de Wimbledon cinco vezes. Naquela semana, acabara de ser contratado pelo New York Yankees. Estava ocupado na minha cela, ocupado demais para ficar pensando no gigante no alto da montanha fazendo minha pedra rolar para baixo de novo. Isso era tudo o que eu queria para aqueles caras, uma hora de liberdade e de fuga. Uma hora longe dos ratos, das baratas, do cheiro de morte e de coisa podre. Estávamos lentamente morrendo por causa de nosso próprio medo – nossas mentes iam nos matando mais rápido do que o estado do Alabama seria capaz de fazer. Os homens agora fariam todo tipo de loucura antes de desperdiçar outra noite com os próprios pensamentos.

Tragam os livros, pensei. *Vamos deixar que cada homem do corredor tenha uma semana de folga, dentro do mundo de um livro.* Eu sabia que, se a mente pudesse ser aberta, o coração iria atrás. Isso tinha acontecido com Henry. Ele estava agora sentado aqui, numa sala fechada com cinco homens negros que não tinham nada a perder. Havia sido ensinado a nos odiar e a ter medo de nós, a ponto de achar que tinha direito de pegar um adolescente, espancá-lo, apunhalá-lo e linchá-lo simplesmente por causa da cor da sua pele. Eu não tinha raiva de Henry. Ele havia sido ensinado a ter medo de negros. Havia sido treinado a odiar. O corredor da morte fizera bem a Henry. O corredor da morte salvara sua alma. O corredor da morte havia lhe ensinado que seu ódio era equivocado.

– E você, Ray?

Olhei em volta para os caras.

– Lembram quando ele anda pela cidade, acho que era pela Quinta Avenida, e conclui que aquele não era o seu lugar?

– Em que parte fica isso? – perguntou Victor.

– Não lembro exatamente, mas ele é ensinado a acreditar que os brancos não gostam dele, e então lembra de uma professora branca que tratava bem dele quando ficava doente. Ele imagina que um dia os brancos irão valorizá-lo. Respeitá-lo. Lembram disso? – perguntei.

Henry limpou a garganta.

– Eu lembro dessa parte porque é o oposto daquilo que me ensinaram, mas na verdade é a mesma coisa, não é? – Ele olhou em volta um pouco nervoso. – Escrevi isso também.

Henry pegou seu pedaço de papel, um papel que era dado aos detentos, pautado, como se fôssemos burros demais para conseguir escrever reto sem as linhas impressas.

– Posso ler? – perguntou. Todos assentiram. – Me fez lembrar do meu pai. Pensei nele, por isso escrevi o trecho.

– Vá em frente, leia – eu disse. – Vamos ouvir.

Henry começou:

Essa não era a opinião de seu pai. Seu pai dizia que todos os brancos eram maus, e que Deus iria castigá-los. Dizia que nunca se devia confiar em brancos, e que eles só sabiam mentir, e que nunca um branco havia amado um negro. Ele, John, era um negro, e iria descobrir, assim que crescesse mais um pouco, o quanto os brancos podiam ser maus. John havia lido sobre o que os brancos haviam feito com negros: que no Sul, de onde seus pais vinham, os brancos lhes roubavam o salário, e haviam queimado negros e atirado neles – e feito coisas piores, disse seu pai, que a língua não suportava enunciar. Ele lera a respeito de homens negros queimados na cadeira elétrica por coisas que não haviam feito; que nos tumultos eram golpeados com porretes, que eram torturados nas prisões; que eram os últimos a ser contratados e os primeiros a ser despedidos. Não moravam negros naquelas ruas onde John agora andava; era proibido; e, no entanto, ele andava por ali, e ninguém levantava a mão contra ele. Mas será que ousaria entrar nesta loja da qual saía agora uma mulher tranquilamente, carregando uma caixa grande redonda? Ou naquele prédio de apartamentos diante do qual postava-se um homem branco em pé, vestindo um belo uniforme? John sabia que não teria coragem, não hoje, e ouviu a risada do pai: "Não, nem hoje, nem amanhã!". Para ele havia a porta dos fundos, e as escadarias escuras e a cozinha ou o subsolo. Aquele mundo não era para ele. Caso se recusasse a acreditar nisso e quisesse quebrar a cara tentando, então poderia tentar até que o sol decidisse não nascer mais; nunca o deixariam entrar. Na mente de John, então, as pessoas e a avenida sofreram uma mudança, e ele teve medo delas e soube que um dia poderia odiá-las se Deus não o fizesse mudar de opinião.

Ficamos todos em silêncio quando Henry terminou. Todos sabíamos por que Henry havia escolhido aquela passagem. A família dele era da KKK. E ali estava o pai daquele garoto ensinando-lhe exatamente a mesma coisa, só que do lado oposto.

– É uma pena – disse Henry. – O que os pais ensinam aos filhos. Odiar é um pecado, não é, senhor pastor? – Henry olhou para Heath.

– Sim, é isso. É um pecado odiar, mas Deus pode perdoar nossos pecados. E os pecados de nossos pais.

– Essa foi uma bela passagem, Henry – disse Victor, e tanto Horsley quanto Baldwin assentiram. Todo mundo sabia que Henry sentia vergonha, e aqui estávamos nós, cinco negros no Sul tentando confortar um branco que ficaria para sempre conhecido por ter cometido o último linchamento de um garoto negro.

– Eu não acredito que o mundo não seja para ele – eu disse. – Nem que exclua alguém. Somos todos filhos de Deus, e o mundo pertence a todos. Sei que o sol nunca deixará de brilhar. A gente pode não vê-lo, mas eu sei que está ali. Não vou alimentar ódio em meu coração. Passei alguns anos aqui sem ter outra coisa no coração a não ser ódio. Eu não consigo viver assim.

– Você não é alguém que odeia, Ray – disse Jesse.

– Minha mãe não me educou para odiar. E eu sinto muito quando vejo alguém que foi ensinado a odiar em vez de amar, a brigar em vez de ajudar. Sinto muito por isso e por qualquer um nesta sala que sinta vergonha por aquilo que lhe foi ensinado. – Olhei para o Henry. – Deus sabe o que está no coração de cada homem. O que alguém fez ou deixou de fazer fica entre ele e Deus, e não é da conta de mais ninguém.

Todos assentiram, e então pude ouvir o guarda chegando para destrancar a porta. O clube do livro havia sido um sucesso. Havíamos passado uma hora falando de uma coisa importante.

– Um dia, quando eu sair daqui, sabem o que eu vou fazer? – perguntei.

– O que você vai fazer, Ray?

– Vou contar ao mundo que aqui dentro havia gente muito importante. Que se preocupava com os outros e com o mundo. Que estava aprendendo a ver as coisas de maneira diferente.

– Você vai até a montanha dizer isso, Ray? – perguntou Jesse. Os outros riram.

– Vou a todas as montanhas que existem para dizer isso. Vou empurrar essa pedra até o topo e jogar em cima do gigante, e ficar em pé no alto dessa montanha, e no alto de toda montanha que eu encontrar, e vou dizer isso. Vou contar minha história, e vou contar a história de vocês. Raios, quem sabe eu até escreva um livro e conte isso desse jeito.

– Todo mundo levantando! De volta para a cela! Vamos terminar, agora mesmo. – Dois guardas, um na porta, outro dentro da biblioteca, rodearam-nos e nos conduziram de volta às celas. Vi Henry pegar e dobrar de volta seu papel, onde havia copiado à risca a página do livro de James Baldwin. Quem poderia imaginar que aquelas palavras iriam ter essa importância para ele?

Larry Heath foi o primeiro membro do clube do livro a morrer. Não fez sua última refeição, e quando Charlie Jones pediu que dissesse suas últimas palavras, declarou:

– Se é isso o que é preciso para que encontrem cura na vida deles, que seja. Pai, peço perdão pelos meus pecados.

Em 20 de março de 1992, pouco mais de meia-noite, os guardas puseram um saco preto cobrindo sua cabeça, e o diretor do presídio, que lhe permitira o privilégio de ler um livro e reunir-se com outros seis caras para conversar sobre o que aquele livro queria dizer para ele, ligou o interruptor e fez dois mil volts de eletricidade percorrerem seu corpo por um minuto, até ele morrer.

Na sessão seguinte do clube do livro, deixamos sua cadeira vazia.

16

EXTORSÃO

"Amo vocês."
Henry Francis Hays, últimas palavras.

CASEI-ME COM HALLE BERRY num domingo. Foi um casamento muito bonito, e ela usou um vestido branco bem justo, da mais fina renda, feito à mão em Paris por uma centena de costureiras. A cauda do vestido estendia-se por dez metros atrás dela e era coberta por diminutas e preciosas pérolas do oceano. Ela olhou para mim, seus grandes olhos castanhos brilhantes com lágrimas que ameaçavam transbordar, enquanto eu olhava para seu lindo rosto com um amor tão grande que é difícil até descrever.

Prometemos amar um ao outro na saúde e na doença, na alegria e na tristeza, na riqueza e na pobreza, até que a morte nos separasse, e parecia que meu coração ia explodir de felicidade.

– Oh, Ray – ela murmurou –, amo tanto você. Não sei o que seria de mim se não tivesse te conhecido.

– Halle, minha Halle – eu disse, olhando para sua pele morena macia e seus lábios vermelhos carnudos. – Nunca vou abandoná-la. Prometo. Vou cuidar de você.

O pastor nos declarou marido e mulher, e eu sorri, enquanto Lester e minha mãe jogavam arroz em nós, e corríamos até uma longa limusine branca.

– Adeus a todos – eu disse. – Vamos fazer uma viagem pelo mundo, mas daqui a um ano estaremos de volta para vê-los de novo.

— Até mais, bebê — disse minha mãe, abraçando-me bem apertado. — Veja se me traz de volta um netinho, está ouvindo? Quero dois netinhos gêmeos. Um menino e uma menina.

— Vou ver o que posso fazer — eu disse, rindo e beijando seu rosto. Lester apertou minha mão e me deu uns tapinhas nas costas.

— Você conseguiu — ele disse. — Você conseguiu a mulher perfeita para você. Você é um cara de sorte, e Halle é uma mulher de sorte.

Eu sabia que Lester estava sinceramente feliz por mim. Não competíamos um com o outro, e eu sabia que ele estava contente por eu ter finalmente encontrado um amor, como ele e Sia haviam encontrado. A vida era boa. Peguei Halle no colo, e pude sentir os braços dela me envolvendo, e então fui lentamente abaixando até meus lábios ficarem a uns dois centímetros dos seus, e ela então apertou seu corpo contra o meu e pude sentir sua respiração levemente no meu rosto...

— Hinton! Levanta essa bunda daí, Hinton! Vamos logo!

A porta foi aberta com estrondo, e quatro guardas invadiram minha cela e seguraram meus braços, bem na hora em que eles estavam envolvendo o corpo de Halle Berry. Senti meu corpo empurrado contra a parede, minha cabeça virada para a direita até minha cara ficar esmagada contra o cimento frio. A mão de um dos guardas empurrava o alto das minhas costas, e todos entraram com equipamento de controle de rebeliões, com coletes e armas.

Eu não reconheci aqueles quatro guardas. Começaram a revirar meus livros e a jogar meus shorts e meias fora da cela, no corredor. Levantaram meu colchão, e minha muda de roupa, que eu deixara ali nos últimos quatro dias para marcar bem o vinco, também foi atirada no chão e pisada por botas pretas. Vi as fotos da minha mãe e das minhas sobrinhas serem atiradas também fora da cela.

— Você não gosta disso, não é? — um dos guardas perguntou. Não respondi.

— Você tem uma televisão aqui e tudo mais. Parece que o corredor da morte aqui na Holman é bem confortável.

Fiquei aguardando para ver se iam arrebentar minha TV ou atirá-la no meio do corredor, mas eles só vasculharam debaixo dela para ver se não havia nada escondido ou se algum componente eletrônico estava meio solto.

– Você tem roupas demais aqui. Vamos tirar metade delas. Você não tem autorização para ficar com tantos shorts e tantas meias. Isso aqui não é um acampamento de verão.

Assisti enquanto atiravam mais roupas no corredor.

– Você não está gostando nada disso, não é? – o guarda perguntou de novo.

– Não, não estou – respondi.

– A gente talvez volte daqui a cinco minutos e faça tudo de novo. Vamos ficar na sua prisão doze horas hoje, e o pessoal daqui agora está na Donaldson, revistando nossa prisão. Olhos novos veem coisas novas. Sabe, a gente talvez repita isso a cada hora hoje, e o que é que você vai fazer em relação a isso?

Eu sentia o cotovelo do guarda enfiado nas minhas costas, e ele me apertava cada vez mais forte contra a parede.

– Por que vocês simplesmente não se mudam para cá, já que estão querendo fazer isso? Aí vão poder ficar o dia inteiro atirando roupas no corredor. Eu saio, e vocês ficam aqui dentro e fazem o que precisam fazer – eu disse isso tranquilo, quase educadamente, e os três guardas que revistavam minhas coisas pararam um segundo e viraram-se, olhando para mim.

Um deles deu risada. Os outros dois balançaram a cabeça, e o que me segurava contra a parede apertou mais forte ainda.

– Vamos revistar você pelado. Tire a roupa.

Olhei para baixo e balancei a cabeça. Isso era o pior que eles podiam fazer quando vinham revistar você. Nossos guardas raramente mandavam a gente tirar a roupa no corredor para uma revista – precisava haver uma boa razão. Uma arma encontrada em algum lugar, ou então uma grande batida procurando drogas na população geral do presídio. Normalmente, eles nos deixavam por nossa conta, e nós mantínhamos a paz. Todo diretor de presídio preocupava-se em manter a paz no corredor. Nós negociávamos isso com ele. Cada lado do andar tinha um representante que se reunia com o capitão dos guardas; ele dizia o que precisava de nós, e nós pedíamos o que precisávamos. Costumávamos chegar a um acordo, alcançar um meio-termo. Nós não queríamos encrenca, e eles tinham pouco pessoal e também não queriam confusão.

Mas aqueles eram guardas de outra prisão, e gostavam de vir aqui exercitar seus músculos no corredor da morte. Isso fazia com que se sentissem grandes e poderosos. Eu conhecia esses caras. Eram os mesmos do colegial, baixinhos ou ruins nos esportes, ou que se sentiam impotentes ou eram muito atazanados pelos outros, e agora tinham um tiquinho de poder em seus pequenos mundinhos.

– Tire a roupa!

Tirei a roupa e as meias, e fiquei lá em pé, pelado. Dois dos guardas saíram, e os outros dois ficaram.

– Ponha a língua para fora.

Abri a boca e mostrei que não tinha nada debaixo da língua, nem dos lados.

– Mostre a planta dos pés.

Levantei um pé, depois o outro, e mostrei as plantas.

– Abra as pernas.

Abri as pernas e fiquei com elas afastadas.

– Levante as bolas.

Levantei os testículos e depois deixei cair de volta. Eu não estava escondendo nada debaixo deles. Eles sabiam disso, e eu sabia disso também.

– Abaixe para a frente e afaste as nádegas.

Virei-me e abaixei o tronco. Segurei as nádegas, bem abertas.

– Agora tussa.

Tossi, sabendo que meu ânus ia arregaçar para que eles vissem se eu tinha alguma coisa escondida ali. Isso foi feito simplesmente para me humilhar. *Que tipo de homem sente prazer em fazer isso com outro homem? Que tipo de prazer eles extraíam ao irem de cela em cela fazendo um homem se abaixar e mostrar o rabo para eles?*

Eles me fizeram ficar lá abaixado, com as nádegas abertas, por mais tempo do que precisavam. Era um jogo. Para eles, eu não era um homem – nem tenho certeza se chegavam a me considerar humano.

– Pode se vestir agora. E limpe esse lugar direito. Vamos estar aqui o turno inteiro. Talvez a gente volte.

Fiquei de costas para eles enquanto saíam da minha cela e vesti os shorts devagar. Estava tudo bagunçado. Meus lençóis estavam no chão sujo. As botas deles tinham pisado minhas roupas limpas e talvez também minha escova de dentes, que estava agora jogada num canto, perto da privada.

Esperei até eles saírem daquele trecho de celas e chamei o Henry.

— Henry! — eu disse.

— Ray?

— Tudo bem com você? — perguntei. — Jogaram suas coisas para todo lado também?

— Não muito — ele disse. — Só levantaram o colchão.

— Eu tive que levantar os testículos e o colchão — eu disse, e então sorri, enquanto Henry ria. — Bem na hora em que eu estava saindo em lua de mel com Halle Berry. Eles interromperam justo na melhor parte.

— Você anda assistindo *Queen,* não é?

— Acertou, e agora ela é a minha rainha. — Alguns dos caras nas celas em volta de nós riram.

— Nada como uma pequena revista num domingo! — alguém gritou.

Voltei a sentar na cama e fiquei segurando a cabeça com as mãos. No dia seguinte, nossos guardas habituais estariam de volta e fingiriam estar chocados com o que havia acontecido. Nenhum deles iria revelar que havia ido a alguma das demais prisões do Alabama e bagunçado todas as celas ali. É desse jeito que eles conseguem fugir à responsabilidade. *Ele jogou a foto da sua mãe no corredor? Cê tá brincando!*

E era assim que as coisas funcionavam numa revista. Você nunca sabia quando ia acontecer, e ninguém nunca assumia a responsabilidade.

Alan Black entrou com um anexo à petição da Regra 32 em 1994. Em maio de 1997, Henry teve marcada a data de sua execução. Dia 6 de junho. Tentamos manter o ânimo.

— Cabeça erguida, Henry.

— A gente nunca sabe o que pode acontecer.

— O governador pode lhe conceder um adiamento.

— Aguente firme.

Os caras diziam essas coisas para ele no pátio, a caminho do chuveiro. A compaixão não sabe qual é a cor da sua pele, e acho que Henry sentiu mais amor da parte dos negros no corredor da morte do que quando ia às reuniões da KKK ou do que recebeu dos pais.

Nós dois havíamos nos encontrado mais algumas vezes no clube do livro, e lido *Your Blues Ain't Like Mine*, *O sol é para todos* e *A Cabana do Pai Tomás*.[21] Todos esses livros falam sobre o racismo no Sul, e a princípio Henry se sentiu intimidado com o assunto, quase fingindo não saber o quanto os negros haviam sido tratados injustamente, até que chamamos a atenção dele para isso. Ele sentia vergonha pela maneira como havia sido criado e vergonha das crenças que o haviam levado ao corredor da morte. "Nunca se sabe o que uma pessoa pode se tornar quando crescer", dizia ele. "Por que ficar dizendo a uma moça que ela não pode virar enfermeira, ou dizer a um rapaz que ele não pode ser médico ou advogado pelo fato de serem negros? Tanto ele quanto ela poderiam descobrir a cura da AIDS ou do câncer. Nunca se sabe." Eu sabia que ele estava pensando no Michael Donald, o garoto que ele havia assassinado. Sabia que Henry ficava especulando o que aquele garoto poderia ter virado quando adulto. Em quase 85 anos, Henry foi o primeiro branco a ir para o corredor da morte por ter assassinado um negro. Sua morte tinha um significado para as pessoas que estavam fora do corredor. Firmava uma posição sobre racismo, justiça e igualdade de direitos, do mesmo modo que aqueles livros todos que estávamos lendo no clube do livro. Mas, para nós, quem estava sendo morto era um membro da família. Não há racismo no corredor da morte.

Os guardas ficavam excepcionalmente gentis com o detento na semana em que iam matá-lo. Perguntavam como ele estava, se precisava de alguma coisa. Ele podia receber visitas à hora que quisesse, sem precisar preencher papelada ou superar outros obstáculos. Conseguia arrumar alguma bebida gelada e comida da máquina automática, ou então que a cozinha preparasse uma comida especial.

Antes que levassem Henry ao quarto da morte para aguardar a execução, conversamos uma última vez.

– Sinto muito, Ray; sinto pelo que eu fiz.

---

[21] *Your Blues Ain't Like Mine* [Sua tristeza não é como a minha] (1992) é um livro da escritora Bebe Moore Campbell. *O sol é para todos* é da escritora Harper Lee e ganhou o Prêmio Pulitzer em 1961. *A cabana do Pai Tomás* (1852) é um clássico da literatura americana, da escritora Harriet Beecher Stowe. [N.T.]

— Eu sei. E Deus sabe também.

— Não sei se já lhe contei, mas eu tenho um irmão que também se chama Ray. Ele é meu irmão, como você.

Pude perceber que Henry estava chorando, e fiquei com o coração partido. No final, nada disso importava mais. Quem você era, a cor da sua pele, o que você tivesse feito, se havia demonstrado compaixão por sua vítima na hora em que ela morreu – nada disso importava. No corredor, não existia passado nem futuro. Era só aquele momento em que estávamos mergulhados, e quando você luta para sobreviver momento a momento, não cabe o luxo de um juízo de valor. Henry era meu amigo. Isso não tinha nada de complicado. Eu demonstrava compaixão por ele, porque era assim que havia sido criado. Era assim que conseguia colocar a cabeça no travesseiro à noite naquele buraco do inferno e ter a sensação de que conseguiria viver mais um dia. Uma risada aqui e ali. Uma mão amiga. Amizade. Compaixão por outro ser humano que estava sofrendo. Eu manteria minha humanidade. Não iria deixar que me tirassem isso, de jeito nenhum.

Poucos minutos antes da meia-noite do dia 5 de junho, fiquei em pé na porta da cela. Tirei o sapato e fiquei batendo nas barras e na grade. Queria que Henry me ouvisse. Queria que soubesse que não estava sozinho. Vi quando foram raspar a cabeça dele, e ouvi quando o gerador foi ligado. Bati mais forte, e todos os demais caras de todas as celas fizeram o mesmo. Batíamos nas barras da porta por Henry Hays. Negros. Brancos. Não importava. Eu sabia que ele devia estar em pânico. Sabia que estava sozinho. Sabia que tinha medo de encontrar o inferno à sua espera do outro lado do corredor da morte por causa daquilo que havia feito.

Batemos e gritamos e berramos o mais alto possível. Durante quinze minutos, gritei até minha garganta ficar ralada e rouca. Gritei para que Henry soubesse que ele significava alguma coisa. Gritei para quem quer que estivesse assistindo ao estado do Alabama matar em seu nome saber que éramos homens de verdade, e que não podiam nos esconder debaixo de um saco preto e fingir que não sentíamos dor. Gritei porque sabia que homens inocentes haviam sido amarrados naquela pavorosa cadeira amarela, suas cabeças raspadas como se fossem animais, sua dignidade arrancada aos poucos, seu valor como seres humanos amarrado com fios elétricos e descartado como se fosse lixo. Homens inocentes haviam morrido naquela cadeira. Homens culpados haviam morrido naquela cadeira. Homens durões haviam chorado feito crianças, e homens fracos haviam aguentado firme diante da morte. Berrei por Henry, para que me ouvisse e para que soubesse que ele não teria que se encontrar com seu Criador sozinho. E que quem quer que estivesse ali olhando para ele naquela câmara da morte, com frieza no olhar, não era páreo para o calor dos nossos gritos. Gritávamos em protesto e gritávamos em união, e gritávamos porque às vezes gritar é a única coisa que nos resta.

Não é possível ver um homem morrer – isto é, encarar o fato de que um dia ele está ali e no dia seguinte não está mais – e não pensar na própria morte. Alan Black não havia voltado mais para me ver, mas eu recebera a documentação legal quando ele encaminhou o anexo à minha petição. Quando tive a notícia de que viria me visitar, tive esperança de receber boas notícias.

Ele trabalhava no meu caso havia sete anos. Eu me sentia grato a ele.
– Ray, tenho boas notícias – ele disse.
– O que foi? – perguntei.
– Estou trabalhando num acordo. Acho que levei o estado a um ponto em que eles vão ter que considerar a perpétua sem condicional. Estou quase certo de que vamos conseguir tirar você do corredor da morte.

Ele até sorriu para mim ao dizer isso. Como se eu devesse lhe dar um tapinha nas costas e ficar feliz com a notícia.
– Mas eu não quero perpétua sem condicional. Sou inocente. Não posso aceitar perpétua sem condicional. Seria admitir que fiz uma coisa que eu não fiz. – Balancei a cabeça para ele. Eu havia imaginado que ele acreditava em mim, que sabia da minha inocência.
– É uma maneira de salvar sua vida, Ray. É uma ótima solução. – Fiquei encarando-o firme por uns bons cinco minutos.
– Não – eu disse, tranquilo.
– Como assim? – ele perguntou. – Não, o quê?
– Não concordo com isso. Se eu pegar perpétua sem condicional, não saio mais daqui. Não vou conseguir provar minha inocência se

concordar com a perpétua sem condicional. E não vou passar minha vida na prisão.

— Ray, eles vão te matar. Não vão deixá-lo sair daqui. Eles não estão preocupados se você é inocente ou não. Não há nada que os leve a aplicar a lei a seu favor. O juiz liberou dinheiro para contratar especialistas agora porque eles não permitem que você apele por alguma coisa pela qual poderia ter apelado antes. Estão negando todas as nossas alegações. Perpétua sem condicional é uma boa opção.

— E os especialistas? E a questão das balas? — Alan Black ficou simplesmente olhando fixo para mim como se eu fosse um idiota.

— Preciso de dinheiro — ele disse. — Preciso de 10 mil dólares.

— Não tenho dinheiro nenhum. — Eu não acreditava que a gente tivesse que voltar outra vez a essa história. — Você sabe muito bem que estou aqui dentro por roubar pessoas. Por que vocês advogados insistem em achar que eu tenho dinheiro? Peça ao Bryan Stevenson se você precisa de dinheiro. Ele é o cara que mandou você aqui. Eu não tenho dinheiro nenhum, nem minha mãe. Ela tem andado doente. Não vá amolar minha mãe por causa de dinheiro.

— Você precisa ir à sua igreja e pedir dinheiro. Com 10 mil dólares, eu consigo uma perpétua sem condicional para você. Sua igreja precisa levantar o dinheiro. Eles são gente boa, vão fazer isso para salvar sua vida. Ninguém quer ver você morrer, Ray. Nem sua mãe, nem eu, nem Bryan Stevenson, nem seus amigos ou sua família, nem sua igreja. Ninguém quer que isso aconteça com você. — Ele estava advogando em causa própria.

Levantei-me e fiquei em pé bem na frente dele. Não era uma questão de dinheiro. A questão era a minha inocência.

— Quero lhe agradecer pelo tempo que você dedicou e pela sua ajuda, mas não vou precisar mais dos seus serviços.

Ele ficou de boca aberta e deu uma risadinha.

— Do que você está falando, Ray?

— Não vou precisar mais dos seus serviços. Você não é mais meu advogado. Estou dispensando você.

— Você está me dispensando?

— Sim, estou te dispensando. Obrigado por tudo o que fez até agora, mas prefiro morrer pela verdade que viver numa mentira. Não concordo com perpétua sem condicional. Vou apodrecer e morrer aqui antes de concordar com isso. Mas obrigado por ter trabalhado com tanto empenho.

Fiz um sinal para o guarda e saí da área de visita. Não me virei para olhar para Alan Black, portanto não sei se ele ainda ficou lá sentado de boca aberta ou se levantou para tentar ir atrás de mim. Não me importava. Ele não acreditava em mim, e eu não acreditava mais nele.

Eu ficava sem roupa e me curvava quando os guardas me mandavam fazer isso. Não tinha escolha. Mas não ia deixar ninguém mais me extorquir, me deixar sem nada.

Eu não estava a fim de desistir da minha vida. Iria sair daquele lugar como um homem inocente, ou pelo menos morreria tentando. Nada além disso, e nada menos.

| 17 |

O MELHOR ADVOGADO DE DEUS

"Nós temos escolha. Podemos optar por nossa humanidade, o que significa acolher nossa natureza fragmentada e a compaixão, que continua sendo nossa melhor esperança de cura. Ou podemos negar nossas fragilidades, abjurar a compaixão e, como resultado, negar nossa humanidade."
Bryan Stevenson, Just Mercy

DEPOIS DE DISPENSAR ALAN BLACK, vi-me outra vez sozinho – sozinho de uma maneira que não me sentia desde minha condenação. O que eu sabia de fato agora? Para onde poderia me voltar? Havia uma piada horrível que circulava pelo corredor, e os caras a repetiam muitas vezes:

– Sabe o que significa pena capital?

– Significa que se o cara não tem capital ele vai receber uma pena.

Não tinha graça, mas era verdade. E eu sentia isso ainda mais verdadeiro agora, quando oficialmente não tinha mais um advogado trabalhando na minha apelação. Fiquei imaginando quanto tempo ia demorar até os tribunais descobrirem que eu não tinha um advogado me representando. O que eu mais temia era que fosse marcada minha data de execução. Perguntei a um dos guardas enquanto ele fazia a ronda se podia me arrumar um número de telefone.

– Telefone de quem você quer? – ele perguntou.

— Preciso falar com sua esposa. Ela está mandando você para o trabalho com uma marmita de almoço de aspecto muito suspeito, e eu quero perguntar a ela por que ela está tentando matá-lo. Estou querendo salvar sua vida.

Ele riu.

— Para quem você quer ligar? Eu tenho as Páginas Amarelas no meu escritório.

— Eu agradeceria muito se você me arrumasse o número de telefone e o endereço da Equal Justice Initiative, em Montgomery.

Ele inclinou a cabeça de lado e me olhou fixo por um momento.

— Você está tentando entrar em contato com Bryan Stevenson?

Assenti.

O guarda sorriu para mim.

— Espero que isso funcione no seu caso, Ray, falo sério. Você é diferente dos outros caras daqui.

— Somos todos iguais.

— Não é assim que eu vejo. Bem, eu tenho o número dele; trago para você mais tarde. — Ele continuou sua ronda e eu sentei na cama para escrever uma carta.

Olá, senhor Stevenson,

Meu nome é Anthony Ray Hinton, e estou no corredor da morte do Alabama. Gostaria de lhe agradecer pelo advogado de Boston; como muito provavelmente já deve saber a essa altura, não deu certo com ele. Sei que talvez o senhor tenha a intenção de enviar um novo advogado, mas gostaria que o senhor mesmo fosse meu advogado. Por favor, leia a transcrição do meu processo, e se encontrar alguma coisa que aponte para minha culpa, então não se preocupe em ser meu advogado. Eu receberei a punição que o Alabama quer me dar. Não tenho nenhum dinheiro para lhe pagar por seu tempo, mas se puder vir me ver, posso lhe pagar a gasolina. Sou um homem inocente. Nunca mataria ninguém. Espero ter notícias suas em breve.

Que o Deus que nos fez a todos possa continuar a nos abençoar a todos.

Atenciosamente,
Ray Hinton, Z468

Quando o guarda mais tarde me trouxe o endereço e o número de telefone, coloquei a carta num envelope e anotei o endereço com todo cuidado. Deixei a carta sem fechar e escrevi na frente *Correspondência Legal*. Os guardas ainda iriam lê-la. Eles liam tudo.

No dia seguinte, quando chegou a hora de ir para o pátio, em vez disso fui até o telefone. Liguei para a Equal Justice Initiative – ou EJI, como era chamada – a cobrar. Uma mulher atendeu, e aguardei até a gravação informá-la que a chamada a cobrar era de um detento da Prisão Holman. Ela aceitou pagar.

— Gostaria de falar com Bryan Stevenson – eu disse. – É Anthony Ray Hinton, aqui da Holman, corredor da morte.

Ela tinha o tipo de voz na qual você consegue perceber um sorriso.

— Olá, prazer em conhecê-lo, senhor Hinton. Por favor, aguarde um pouco que eu vou colocar o senhor Stevenson na linha.

Começou a tocar aquela música genérica de espera, e fiquei imaginando o quanto custaria para a EJI deixar chamadas a cobrar na espera. Aguardei alguns minutos, e então uma voz de homem entrou na linha.

— Aqui é Bryan Stevenson. – Ele parecia agitado e com pressa.

— Olá, senhor Stevenson. Aqui é Anthony Ray Hinton, da Holman. Corredor da morte.

— Olá? – ele disse, mas soou mais como uma interrogação.

— Gostaria de lhe agradecer por ter mandado Alan Black, mas queria lhe informar que tive que dispensá-lo.

Houve silêncio do outro lado da linha. Um silêncio que durou o que pareciam ser vários minutos.

— Você o dispensou?

— Sim, senhor. Tive que dispensá-lo. Ele me pediu 10 mil dólares. Queria que eu fizesse minha igreja arrecadar esse dinheiro para ele. Eu não tenho esse dinheiro.

— Sinto muito, senhor Hinton. Vou ligar para ele para conversarmos.

— Eu lhe enviei uma carta; preciso que o senhor a leia. Não quero que Alan Black seja meu advogado. Ele estava tentando conseguir perpétua sem condicional para mim. Não posso aceitar isso. O senhor compreende? O senhor vai ler a minha carta? — Eu sabia que tinha só mais uns segundos antes que a ligação fosse cortada, então falava bem depressa.

— Deixe-me conversar com ele primeiro, e depois informo o senhor. Vamos resolver isso. Vamos encontrar uma solução – disse ele. Sua voz parecia sincera, mas eu já havia passado por isso com outros advogados antes.

— Apenas me prometa que irá ler minha carta e dar atenção ao assunto.

— Claro. Eu prometo.

Meses mais tarde, vieram me avisar que eu tinha uma visita legal. Fui andando lentamente até a área de visitação, e vi sentado numa mesa um homem negro, calvo, que parecia um pouco mais jovem do que eu. Estava de terno e gravata. Andei até lá, ele ficou em pé e me deu um largo sorriso.

— Senhor Hinton, sou Bryan Stevenson. — Ele estendeu a mão para me cumprimentar, e quando estendi o braço para dar minha mão, senti quase como se estivesse me movendo em câmera lenta.

— Senhor Stevenson, é muito bom conhecê-lo — eu disse.

Ele segurou minha mão com a dele e nos cumprimentamos, e nessa hora senti uma força, uma compaixão e uma esperança tão fortes que pareciam passar da mão dele para a minha. Foi quase como um choque elétrico, e eu também lhe devolvi o gesto com meu mais efusivo aperto de mãos.

Sentei à mesa, olhei nos olhos dele e senti como se fosse capaz de respirar fundo pela primeira vez em mais de doze anos. Há algumas pessoas que você conhece e já sabe na hora que irão mudar sua vida para sempre. Conhecer Bryan foi assim. Eu olhei para o rosto dele e vi compaixão e bondade. Ele parecia inteligente. Havia rugas em volta dos seus olhos e uma espécie de tristeza escondida naqueles vincos.

— Como vai? – eu perguntei.

— Bem, estou ótimo, obrigado. E como vai o senhor? Está tudo em ordem com o senhor aqui? Algum problema?

— Pode me chamar de Ray – eu disse.

— Certo, então. Pode me chamar de Bryan.

— Obrigado por vir me visitar. Isso significa muito para mim. Sei que você tem feito muita coisa pelos rapazes daqui.

Ele assentiu.

— Conversei com Alan Black. Sinto por isso.

— Pretende ser meu advogado? – perguntei. – É por isso que está aqui?

— Por agora, estou aqui para um primeiro contato e ver se posso conhecê-lo melhor. Apenas para conversar um pouco. Digamos que é para ouvir a respeito do seu caso, do seu julgamento e da sua família.

Ele sorriu para mim, e senti aquela mesma esperança florescer no meu coração. Sabia que ele havia sido enviado por Deus.

— Sabe, quando fui condenado, eu disse àquele tribunal que um dia Deus iria reabrir meu processo.

— É mesmo?

— Sim, eu disse isso. Mas eu não sabia que ia demorar tanto. Estou aqui há quase doze anos. Nem acredito que já estou aqui há tanto tempo. Tem sido um inferno. Nem sei lhe dizer que tipo de inferno tem sido.

Bryan me olhou bem nos olhos, e vi que ele sabia das coisas. Ele entendia. Já presenciara execuções aqui. Perdera pessoas aqui também.

— Mas hoje é um belo dia. Porque hoje Deus me mandou seu melhor advogado. Hoje é o dia em que Deus reabriu meu caso.

Bryan riu. E em seguida ficou quieto e disse:

— Conte-me o que aconteceu.

— Sou inocente. Nunca fui violento na vida. – Respirei fundo e continuei. Eu precisava daquele homem. Precisava daquele advogado do meu lado. Sabia disso melhor do que já soubera de qualquer coisa. Precisava que ele acreditasse em mim. Precisava que acreditasse que eu era inocente. – Cometi alguns erros. Dirigi um carro que não me pertencia. Assinei alguns cheques sem fundo, mas fiz isso em meu próprio nome. Cometi alguns erros. Às vezes acho que Deus está me punindo por esses erros, e outras vezes acho que Deus tem outro plano para mim, e que é por isso que estou aqui. Tenho uma mãe que me ama. Ela me ama mais do que qualquer ser humano merece ser amado. Incondicionalmente. Você sabe o que é isso? Amor incondicional. Não são muitos os caras aqui dentro que conhecem esse tipo de amor. Muitos deles cresceram sem qualquer tipo de amor. Isso machuca um homem. Isso arrebenta o cara. Arrebenta o cara de um jeito que ninguém merece ser arrebentado. Sabe o que estou dizendo?

– Sei. – Bryan parecia triste, mas continuou assentindo.

– Eu estava no trabalho. Não tentei roubar nem matar ninguém. Estava trabalhando, e tinha um guarda que marcava a hora que eu entrava e a hora que eu saía. Eles me disseram que não importava que não tivesse sido eu. Disseram que um homem branco iria afirmar que tinha sido eu e que isso era o suficiente. Que eu seria considerado culpado porque teria um júri de brancos, um juiz branco e um promotor branco. Meu advogado de defesa não estava recebendo nenhum dinheiro. Não conseguiu dinheiro para pagar um especialista. Pegaram a arma da minha mãe e disseram que era aquela arma que havia matado as pessoas. A arma da minha mãe não era disparada havia 25 anos. Meu especialista só tinha um olho. Chorei quando o vi descer do banco das testemunhas. Sabia que iriam me julgar culpado, mas não fiz nada daquilo. Namorei duas irmãs sem que uma soubesse da outra e teve gente que mentiu, e eu nunca machuquei ninguém na vida. Um homem ligou durante o julgamento e disse que tinha sido ele, mas meu advogado ficou bravo porque o homem ligara cedo demais e o acordara. Aquele cara devia saber de coisas. Eu não sei de nada. Nunca machuquei ninguém. Não fui eu. Sou inocente e eles me prendem aqui e eu não posso sair. Estou sufocando aqui dentro. Eles estão matando pessoas. Matando pessoas bem perto de mim. Sou obrigado a sentir o cheiro de meus amigos sendo queimados. Está entendendo? Tenho que inspirar a morte deles e esse cheiro nunca sai, e eles sorriem para você, mas algum dia virão me pegar também e eu sou inocente. Preciso voltar para casa, para minha mãe. Ela não anda se sentindo bem. Ela não vem mais aqui me visitar, e precisa de mim com ela. Preciso voltar para casa. Sou inocente. Não consigo sair daqui, e sou inocente.

Tudo isso saiu num surto, e Bryan ficou lá sentado o tempo todo, e ouviu cada palavra do que eu disse. Não senti que duvidasse de mim nem um segundo. Ficou olhando em meus olhos o tempo todo. Fez perguntas sobre minha mãe e sobre outros familiares. Contei a ele sobre Lester e que ele vinha me ver todo dia de visita em doze anos. Nunca faltara um dia. Isso é que era uma amizade verdadeira, e eu disse a ele que desejava que todo mundo tivesse um melhor amigo como Lester. Ele me perguntou sobre meu julgamento e quem havia testemunhado no dia da minha condenação. Pareceu surpreso quando contei que o Perhacs não havia colocado Lester, minha mãe ou alguém da igreja para testemunhar a meu favor quando fui condenado. Fez algumas perguntas sobre meu trabalho e me fez conduzi-lo pelos meus horários na noite do incidente com Smotherman.

Conversamos por duas horas. Eu me senti à vontade com ele. Perguntei se torcia pelo Auburn e contei que Alan Black era fã dos Red Sox, e que eu já deveria ter percebido na época que as coisas nunca iriam correr bem entre nós. Disse a ele que, depois que me tirasse de lá, poderíamos ir assistir juntos a uma partida dos Yankees.

Ele riu. Perguntei a respeito do trabalho dele. Ele tinha família? Contei-lhe histórias engraçadas sobre os guardas, e também sobre o clube do livro, e que o diretor do presídio queria desativá-lo porque alguns dos outros caras reclamavam que não era justo que a gente saísse para se reunir no clube do livro, e diziam que ou iam todos ou não ia ninguém.

Contei que precisávamos de alguns ventiladores no corredor da morte, que no verão era quente demais até para conseguir respirar direito. Ele ouviu tudo o que eu dizia. Não pareceu ter pressa de encerrar a visita. Não me interrompeu. Simplesmente ouviu. Era uma coisa muito forte poder ser ouvido daquela maneira.

— Eu tenho uma ideia em relação ao meu caso — eu disse.

— E qual é? — ele perguntou. Inclinou-se na minha direção, como quem está de fato interessado.

— Bem, não sei se você é um advogado do tipo que não gosta que seus clientes tenham ideias. — Eu não queria ofendê-lo nem irritá-lo.

— Ray — ele me interrompeu. — Quero ouvir todas as ideias que você tiver. Somos uma equipe. Junto com meu pessoal na EJI, vamos fazer tudo o que estiver a nosso alcance. Quero saber o que você acha a cada etapa do caminho. Eu vou rever sua transcrição muito atentamente. Qualquer ideia que você tiver é importante para mim. Não importa qual seja.

Sorri para ele. Era o que eu precisava ouvir.

— Quero que arrume um especialista em balística.

— Sim, vamos fazer isso; acho que o Alan arrumou alguém.

— Eu preciso que você arrume o melhor especialista em balística que existe. Os juízes daqui são muito tendenciosos. Não pode ser uma mulher. Não pode ser alguém do Norte. Tem que ser um homem, de preferência branco, um homem do Sul. Precisa ser alguém que acredite na pena de morte. Precisa ser o melhor dos melhores, o cara que ensinou os caras do estado. Ele precisa ter todas as razões do mundo para querer me ver morto se eu for culpado, mas precisa ser um cara honesto. Desde que seja um especialista honesto, racista, sulista, branco, eu vou achar ótimo.

Bryan riu.

— Eu entendo seu ponto de vista. É uma boa ideia. Vamos examinar isso. Eu conheço alguém do FBI. Acho que vamos ter que recorrer a mais de um especialista, mas primeiro quero rever seu processo. Deixe-me ver os relatórios dos especialistas do estado. Quero ver o que seu especialista disse e fez. Preciso dar andamento rápido a tudo isso, e então volto aqui para vê-lo. Certo?

Apertamos as mãos de novo, e nossos olhos se fixaram ao nos despedirmos. Ele não me prometeu na época que iria me tirar da cadeia, mas vi isso nos olhos dele. Vi a promessa que ele faria mais tarde. Era uma promessa à qual eu iria me apegar ao longo de muitas e muitas noites escuras.

O guarda me levou de volta à minha cela, e assim que a porta se fechou atrás de mim eu caí de joelhos. Juntei as mãos e abaixei a cabeça. *Obrigado meu Deus. Obrigado por me mandar Bryan Stevenson. Eu acredito que as coisas acontecem no seu devido tempo, então não vou lhe perguntar por que não me mandou ele antes. Por favor, Deus, cuide de Bryan Stevenson. Cuide dele, porque ele está fazendo o Seu trabalho. Deus, abençoe os homens no corredor da morte. Abençoe minha mãe e, por favor, coloque no coração dela a esperança de que seu bebê está voltando para casa. Eu vou contar a ela que Você mandou Seu melhor advogado para mim. Deus, por favor, mantenha-a em boa saúde. Por favor, Deus, faça a verdade aparecer. Obrigado, Deus. Sei que mandou Seu melhor advogado, e sei que reabriu meu processo.*

Terminei minha oração bem quando o primeiro soluço irrompeu no meu peito. Passei as duas horas seguintes de joelhos, chorando como um bebê.

Algumas noites são feitas simplesmente para chorar.

18

EXAMINANDO AS BALAS

*"Por si só, a evidência neste caso simplesmente foi
insuficiente para provar a culpabilidade do senhor Hinton."*
**Bryan Stevenson, questionando a ordem
propositiva do estado, 2002**

MINHA MÃE QUERIA COZINHAR para Bryan Stevenson. Era essa a maneira que ela tinha de demonstrar amor, e depois que lhe falei dele, tudo o que ela queria era demonstrar o quanto o amava.

– Ele vai visitá-la para falar com a senhora – eu disse a ela.

– Bem, e o que ele gosta de comer? – ela perguntou. – Quero fazer algo especial para ele. Você descubra qual é o prato que ele mais gosta, e pode deixar que eu preparo. Eu gostaria também de dar algum dinheiro a ele.

– Não, mãe. Você não pode lhe dar dinheiro. Ele não vai aceitar. Por favor, não tente lhe dar dinheiro.

– Bem, e o que ele diz? Quando é que você volta para casa, bebê? Estou pronta para receber você de volta agora.

Eu sempre ficava sem fôlego quando ela dizia isso. Fazia muito tempo que ela não saía de casa para vir me ver. Era uma viagem difícil demais para ela. Eu sabia que ela estava doente, daquele jeito que se sabe das coisas sobre as pessoas que se ama, mas nem ela nem Lester quiseram me contar nada. Não queriam que eu me preocupasse, e também parecia mais fácil simplesmente fingir que as coisas eram diferentes do que eram de verdade. Eu não podia estar em casa para cuidar dela, e a dor desse fato era grande demais para suportar.

Eu era um detento. Não deveria ser tão difícil assim para um homem inocente sair da prisão, mas era. Há um ponto na luta em que é preciso se render. É preciso parar de nadar contra a correnteza, parar de brigar com ela. Eu não desistira da ideia de sair da prisão, mas não podia lutar esse combate todo santo dia e ainda assim sobreviver. Você faz o possível para voltar para casa e então, a certa altura, decide montar um lar ali mesmo onde está. Eu precisei transformar a Holman num lar para sobreviver. Precisava tirar minha casa real e o mundo lá fora da cabeça. Não importava mais o que as outras pessoas faziam às 10 da manhã todos os dias. Para mim, na minha casa, 10 da manhã era a hora do almoço. Eu tinha que aceitar isso. Tinha que encarar o fato de que, na minha casa, os homens choravam, gritavam e se lamentavam todos os dias, o dia inteiro. Na minha casa, os ratos e as baratas andavam livremente para cima e para baixo, ao contrário de mim. Na minha casa, as pessoas podiam entrar a qualquer hora e pôr tudo de pernas para o ar, e eu tinha que ficar quieto. Tinha que dizer "Sim, senhor" e "Obrigado, senhor", a fim de viver. Na minha casa, a morte estava sempre à porta. Ela rodeava meu lar, vigiando e esperando, e estava sempre presente. Eu sobrevivia principalmente de uma semana a outra – entre uma visita de Lester e a visita seguinte. Mas às vezes era minuto a minuto, hora a hora. Na minha casa, eu sempre sabia quando minha família ia morrer. No mundo real, eu não sabia que a morte também espreitava aqueles que eu amava. Não tinha como sentir essa realidade. Não podia viver no mundo real – apenas no mundo da minha imaginação e no mundo que existia na minha cela.

– Ainda vai levar um tempo, mãe. Ele precisa consertar o que os outros advogados fizeram. É como se ele estivesse começando do zero. Mas prometeu que vai me tirar daqui. Ele sabe que eu sou inocente, mãe; ele acredita em mim. Já provou isso.

– É claro que você é inocente. Nenhum filho meu seria capaz de machucar ninguém. Não gosto do jeito que aquele outro advogado usou seu nome. Ele não agiu direito. Não acho que acreditasse em você.

Ela estava falando do McGregor. Para mim era difícil aceitar que ela vinha ficando confusa de vez em quando. Lester havia dito que ela estava bem, mas que se cansava com muita facilidade e que para ela era um esforço grande demais ficar sentada sete horas seguidas dentro de um carro, o que eu compreendia. A mãe de Lester ainda vinha me visitar, mas com intervalos de alguns meses. Elas estavam ficando mais velhas. Todos estávamos.

Depois que Bryan veio me visitar, recebi uma carta dele.

1º de novembro de 1998
Anthony Ray Hinton, Z-468
Prisão Estadual de Holman,
Holman, 3700
Atmore, Alabama 36503

Caro Ray,
Examinamos a transcrição do julgamento do seu caso e preparamos um resumo. Estamos agora organizando a investigação. Estou lhe mandando uma cópia do resumo do julgamento e gostaríamos que você fizesse uma revisão. Vamos conversar de novo sobre as provas apresentadas contra você no julgamento, e pode ser útil também você refrescar sua memória revendo o resumo do julgamento.

Espero que esteja bem. Estamos começando a fazer algum progresso na identificação de áreas onde pode haver uma base para levar seu caso na direção correta. Vou até aí vê-lo nas próximas semanas. Aguente firme.

Atenciosamente,
Bryan Stevenson

De fato, Bryan veio me ver semanas mais tarde, e também algumas semanas depois disso, e a partir de então passou a vir com regularidade. Acabamos nos conhecendo bem. Em algumas partes da visita ele era meu advogado; em outras, era meu amigo. Às vezes, passávamos uma hora ou mais sem falar nada sobre o caso – nada de balística, de McGregor, de Reggie White ou de qualquer coisa que tivesse a ver com a minha inocência. Em vez disso, falávamos sobre o tempo no Alabama, a temporada de futebol universitário, os pratos de que a gente gostava ou não. Alguns dias, eu via que ele estava cansado, e ficava imaginando o quanto deveria ser desgastante para ele ter a vida de tanta gente dependendo do que ele fizesse a cada dia. Carregava um fardo pesado, e não era só o meu. Falava de justiça, de misericórdia, de um sistema que estava tão falido a ponto de prender crianças, pessoas com sofrimento mental e inocentes.

"Não há ninguém que não mereça redenção", ele dizia. Ninguém que não seja merecedor de conduzir a própria vida ou de exercitar seu potencial de mudança. Ele tinha muita compaixão pelas vítimas e pelos perpetradores, e uma intolerância, até mesmo raiva, por aqueles que detinham o poder e abusavam dele. Bryan Stevenson não estava satisfeito com McGregor, e tampouco com Perhacs. Soube que ele contava com uma equipe de jovens advogados, primeiros alunos das melhores escolas de Direito do país, trabalhando para ele e se dedicando voluntariamente a lutar o bom combate. "Se os primeiros alunos da classe não conseguirem resolver", eu costumava dizer, "você pode tentar com alguns alunos mais medianos. Eles podem saber melhor como operar dentro do sistema. Têm uma malandragem".

Eu gostava de fazê-lo rir. Era possível ver no rosto dele o profissionalismo e a paixão pelo trabalho, mas às vezes ele os deixava em segundo plano e ficávamos como dois caras comuns, simplesmente falando bobagens. Falando de futebol, de política, de um bom churrasco e de caras que a gente conhecia que faziam besteiras. Eu não era mais o condenado, e ele não era mais o advogado. Éramos apenas Ray e Bryan, mais parecidos do que diferentes. Nós dois sabíamos que minha vida estava nas mãos dele – mas esse era um fardo que precisávamos deixar de lado de vez em quando. Era algo que estava sempre ali, e que a gente podia retomar na hora que quisesse, mas às vezes a vida tem um peso tão maldito que a única opção é rir do ridículo de tudo. Era um alívio saber que ele acreditava de fato na minha inocência. Não havia conversa de perpétua sem condicional. Eu era inocente, e ele iria gritar e discutir e lutar até que o estado aceitasse reconhecer que havia cometido um erro.

Eu esperava que fosse logo. Eu rezava para que fosse logo.

Esperança pode ser uma palavra bonita na prisão. Pode ser provocadora por ficar tão próxima e, ao mesmo tempo, tão fora de alcance. Eu tinha esperança. Tinha muita esperança. Mas às vezes ficava impaciente. Minha vida passava por mim muito depressa, e todo ano eu lamentava o ano que havia perdido. Era grato por não ter sido executado, mas era como se eu existisse num limbo – flutuando em algum lugar entre a vida e a morte, sem nunca saber onde pousar.

O resumo do processo original, que Bryan havia preparado, tinha quase duzentas páginas. Gostei que tivesse pedido para eu revisá-lo. Gostei de ele querer saber minha opinião. Gostei de sentir finalmente que eu tinha alguma voz na minha própria defesa.

```
18 de maio de 1999
Anthony Ray Hinton, Z-468
Prisão Estadual de Holman
Holman, 3700
Atmore, Alabama 36503

Caro Ray,
    Passamos alguns dias muito produtivos investigando
seu caso. No domingo, conversamos com Tom Dahl, que era
seu supervisor na noite do assalto ao Quincy's. Dahl
foi muito prestativo e nos deu informações adicionais
em apoio ao seu álibi.
    Também localizamos mais dois funcionários da Manpower
que estavam trabalhando com você no Bruno's na noite
do crime. Ainda estamos procurando outros. Se você se
lembrar de alguém com quem trabalhou naquela noite, por
favor, mande-me o nome.
    Mais cedo naquele mês encontrei-me com sua mãe na
casa dela e foi realmente um prazer a nossa conversa.
Conseguimos falar com Donna Baker, Wesley Mae Williams
e com o reverendo Calvin Parker da sua igreja. Estamos
tentando localizar duas outras pessoas que teriam estado
na igreja naquela noite.
```

Tenho conversado com Alan Black e ele acredita que devemos entrar com uma emenda à petição e comunicar formalmente nossa entrada no seu caso na semana que vem. Na outra semana, estaremos em Dora e Birmingham por três dias, investigando seu caso. Vamos atualizando você a respeito da nossa localização. Há ainda uma audiência marcada para 25 de junho, mas acho que será adiada por mais duas semanas. Estou imaginando agora que para nós a melhor época para uma audiência será em algum ponto entre agosto e outubro deste ano.

Avise-me se precisar de alguma coisa e aguente firme aí. Entrarei em contato com você logo.

Atenciosamente,
Bryan Stevenson

Ele sempre me dizia para "aguentar firme", e essas palavras não eram à toa. Não eram uma mera fórmula para encerrar uma carta ou uma ligação. Nós dois conhecíamos um monte de caras no corredor — onze, para ser exato, desde que eu chegara ali — que haviam escolhido não aguentar firme. Desistir era sempre uma tentação. Tirar a própria vida às vezes parecia uma opção melhor do que deixar que o estado fizesse isso.

Eu não iria tirar minha vida, mas sempre gostava que o Bryan me dissesse para aguentar firme. Fazia-me resistir mais um dia. Mais uma longa noite. Eu me reconfortava com suas cartas e suas visitas. Ele estava trabalhando para mim, e eu rezava por ele toda santa noite.

Ele se encontrou com dois velhos especialistas do Texas e outro do FBI. Eram os melhores dos melhores do país. Geralmente só testemunhavam para a promotoria. Eram brancos. Eram honestos. Tinham credenciais que faziam Higgins e Yates parecerem charlatães. Eram inimputáveis, como Bryan gostava de dizer.

— Ray, tenho boas notícias. — A voz de Bryan parecia animada. Como um menininho no Natal.

— Diga. — Eu fora informado pela guarda de que Bryan queria falar comigo e que devia ligar o quanto antes. Ele tinha um combinado com os guardas, e podia ligar para eles e pedir que me avisassem para entrar em contato, ligando a cobrar. Às vezes, eu ficava com a sensação de que os guardas queriam me ver sair do corredor da morte tanto quanto eu.

— Estou com os relatórios de Emanuel, Cooper e Dillon. Eles dizem que nenhuma das balas das três localizações corresponde à arma da sua mãe. Disseram também que as balas recuperadas e as balas do exame não batem. Também descobrimos que Higgins e Yates tinham planilhas que o estado não repassou ao seu advogado. As planilhas continham vários pontos de interrogação e faltavam informações. Eles não seguiram os procedimentos corretos, nem registraram nenhuma informação sobre impacto e caminho interno dos projéteis para nenhuma das seis balas. Podemos provar isso. Podemos provar que a única evidência contra você é falsa. Não há como as balas corresponderem à arma da sua mãe.

Respirei fundo. Finalmente!

— Então, o que vamos fazer agora? Quando é que eu posso sair daqui? — Estava pronto para empacotar tudo na mesma hora. — Venha aqui me pegar, Bryan; estou pronto para voltar para casa!

— Bem, é praxe entre especialistas que eles se encontrem e revejam juntos os testes quando há resultados conflitantes. É uma cortesia profissional e faz parte do procedimento, do seu código de ética. Emanuel, Cooper e Dillon terão que se reunir com Higgins e Yates. É um processo, Ray, mas estamos no caminho certo. Vou me certificar de que eles entendam bem que existe um problema com o seu processo. A balística é tudo o que eles têm; sem isso, eles não têm a condenação. Eles disseram isso no seu julgamento. Eles admitiram esse fato.

— Muito obrigado — eu disse. — Bryan, nem sei lhe dizer o quanto sou grato a você.

Comecei a soluçar.

— Ainda não estamos em casa, Ray, mas estamos a caminho.

— Eu vou continuar aqui — eu disse. — É só você me avisar quando chegar a hora de eu ir para casa.

— Vou levar você para casa, Ray. Eu prometo.

10 de fevereiro de 2002
Anthony Ray Hinton, Z-468
Prisão Estadual de Holman
Holman, 3700
Atmore, Alabama 36503-3700

Caro Ray,

Quero manter você a par das coisas. Falei com o principal subprocurador distrital do Condado de Jefferson e passei a ele o memorando anexo. Ele se mostrou solícito nos nossos contatos e nos dá crédito quando afirmamos que há um problema com o seu caso. Vai se reunir com o McGregor e eu vou conversar com ele de novo esta semana. Estamos tentando ver se aceitam a moção de anulação da sua condenação e da correspondente sentença diante do juiz Garrett. Se o Condado de Jefferson admitir que a prova equivocada de balística indica que você é inocente, então provavelmente iremos concordar que a arma seja examinada por algum órgão do governo, talvez o ATF[22] ou o FBI. Supondo que os resultados desses exames se mostrem corretos, então vamos pedir uma declaração de inocência.

Não são muitas as chances de que concordem com isso, mas nossas primeiras conversas andaram bem. Você precisa continuar rezando para que isso dê certo, porque se conseguirmos fazer isso correr com algum consenso, acho que você poderá ser solto logo. Se não, o processo será mais longo.

A audiência está marcada para 11-13 de março. A expectativa é que você seja removido para a cadeia do

---

[22] ATF é a abreviatura do *Bureau of Alcohol, Tobacco, Firearms and Explosives* [Escritório de Álcool, Tabaco, Armas de fogo e Explosivos], órgão do Departamento de Justiça dos EUA que protege contra crimes violentos, organizações criminosas, e crimes ligados a armas de fogo, explosivos e desvio ilegal de bebidas alcoólicas e cigarros. [N.T.]

Condado de Jefferson em 8 de março. O escritório do procurador-geral está agindo de maneira insensata, sem lidar realmente com as provas, e restringindo-se a arguir questões procedimentais.

Irei vê-lo na semana de 18 de fevereiro ou na semana de 25 de fevereiro. Fiz contato com um excelente produtor do *60 Minutes*. Vamos nos encontrar em Nova York na quarta-feira. Se o estado não concordar com uma solução não litigiosa, iremos acionar a TV, provavelmente por volta da época da audiência.

De qualquer modo, as coisas estão correndo bem para o caso. Levante a cabeça, alguma coisa pode estar prestes a ceder. Estou incluindo algum dinheiro para ajudá-lo. Diga se precisar de algo mais. Vejo você logo, meu amigo.

Atenciosamente,
Bryan Stevenson

Li a carta e o memorando anexo. O memorando começava com letras em negrito:

O CASO ANTHONY RAY HINTON

Anthony Ray Hinton está há dezesseis anos no corredor da morte por crimes que não cometeu.

O memorando seguia detalhando os achados recentes de balística e a confirmação do meu álibi, de que estava trabalhando no Bruno's; listava os equívocos das provas anteriores de balística; e relatava de novo que a polícia havia pressionado outros empregados da Food World para dizerem que haviam me visto aquela noite, e que estes haviam se recusado e declararam não ter me visto ali. Apenas Clark Hayes, o funcionário da mercearia, disse que me vira ali, e havia sido pressionado do mesmo jeito que os outros. O memorando também mencionava meu teste do polígrafo. O polígrafo que ninguém quis olhar.

Fiquei segurando a ordem de pagamento que Bryan enviara com a carta. Seu altruísmo me impressionava. Ele não só não queria me extorquir, como me enviava cartões, bilhetes e dinheiro para minhas compras na cantina do presídio. A audiência estava marcada para março, e fui para a cama pensando nela. Eles deveriam me soltar após a audiência. Eu era inocente. O especialista do FBI chegou a expressar isso. No entanto, quanto mais coisas Bryan descobria, mais dava a impressão de que não se tratava apenas de um erro inocente. Para me soltar, o Alabama teria que admitir que haviam me mandado para o corredor da morte de propósito. A polícia coagira testemunhas para que dissessem que eu estava na Food World. Os investigadores haviam dado meu nome a Smotherman antes que ele me identificasse a partir de uma foto que continha minhas iniciais. Eu podia sentir a raiva se acumulando de novo em mim – aquele ódio incandescente pelos anos que haviam roubado da minha vida. Dezesseis anos. Quanto mais um homem é capaz de aguentar? Como é que Reggie conseguia dormir à noite, sabendo que havia me mandado para a morte por causa das duas irmãs, algo tão distante no tempo que parecia pouco provável que ainda fizesse alguma diferença para ele? Todo dia, eu precisava continuar lembrando a mim mesmo que eu ainda tinha importância.

O Alabama havia cometido um erro. Eu era inocente.

Nós podíamos provar isso.

Li a carta de Bryan e o memorando várias e várias vezes, e naquela noite rezei com mais fervor do que já havia rezado na vida. A verdade fazia brilhar uma luz tão intensa que eles não poderiam ignorá-la. Rezei pelo juiz Garrett, por McGregor, por Higgins e por Yates. Rezei por Perhacs. Bryan me contou que Perhacs e McGregor eram amigos. Também contou que Bob McGregor tinha um histórico de viés racista e que havia sido considerado culpado duas vezes por discriminação ilegal contra afro-americanos em seleções de júri, uma vez em Mobile e outra no Condado de Jefferson.

Eu não tivera conhecimento de nada disso, mas perdoei o fato de Perhacs não ter revelado que era amigo de McGregor. Eu era jovem e tonto e acreditava demais num sistema que estava armado contra mim desde o início, portanto também rezei para que fosse capaz de perdoar a mim mesmo.

Rezei para que a voz de Bryan fosse a voz da razão, e rezei por equanimidade e justiça. Mas nunca esquecia que Bryan era um negro como eu. E que ele estava enfrentando a mesma ignorância que eu enfrentava. Mas ele era mais esperto do que todos eles. E Deus estava do seu lado.

Tudo isso eu sabia.

Minha mãe havia me ensinado muito bem.

Deus tinha um plano, e Deus estava sempre do lado da justiça. Deus podia tudo, menos falhar. Eu tinha que acreditar. Dezesseis longos anos. Eu estava pronto para a justiça de Deus. Estava pronto para a misericórdia. Minha liberdade estava tão próxima que eu podia sentir seu gosto, sua presença, e às vezes, à noite, via-me de volta ao quintal da minha mãe, num dia quente de julho, cortando a grama e pensando em ir à igreja. Eu olharia em volta e diria que tudo aquilo havia sido um sonho ruim. Que havia sido apenas um sonho. Não passara dezesseis anos da minha vida no corredor da morte. Estávamos em 1985, e eu tinha 29 anos de idade e a vida toda se estendia à minha frente, cheia de grandes possibilidades. No meu sonho, eu entraria na cozinha e encostaria a cabeça no ombro de minha mãe, e ela daria um tapinha nas minhas costas como sempre fazia quando eu tinha algum pesadelo.

Não era real.

Eu tinha a vida inteira pela frente, e minha mãe estava ali dizendo que tudo iria se ajeitar. Eu estava bem. Não havia homens tentando me levar embora.

Era só um pesadelo.

Não era real.

Como seria possível que qualquer parte disso tivesse sido real?

| 19 |

CADEIRAS VAZIAS

"Nunca pensei no quanto adorava ler, até ter medo de perder isso. Ninguém ama respirar."
Harper Lee, *O sol é para todos*

TIVE QUE ESPERAR ATÉ JUNHO de 2002 para finalmente ter minha audiência sobre a Regra 32. Em março, pouco antes da data em que supostamente iria ocorrer a audiência, o Escritório do Procurador-Geral do Estado encaminhou um mandado de segurança para obrigar a primeira instância a desconsiderar totalmente minha petição. Basicamente, eles não queriam que a primeira instância examinasse a evidência da minha inocência. A moção deles para rejeitar a petição dizia que não precisavam ouvir ou defender quaisquer das alegações de inocência, ou examinar os novos exames de balística, porque já havia passado tempo demais, ou porque se tratava de evidência cumulativa, em vez de nova evidência. Era algo maluco. Eles diziam que era uma perda de tempo. Um adiamento foi concedido um dia antes da minha audiência, e o procurador-geral disse em seu parecer que eu deveria ser impedido de estabelecer minha inocência porque isso iria "desperdiçar três dias ou dois dias de dinheiro dos contribuintes". Eles não se dispunham sequer a me ouvir. A examinar as novas provas. A ver o que Perhacs deixara de mostrar a eles em 1986. Isso reabriu de novo as feridas. Que tipo de mundo era aquele em que um homem inocente podia perder dezesseis anos da vida e em que se considerava perda de tempo deixá-lo provar sua inocência? Meus dezesseis anos eram menos importantes do que dois ou três dias do tempo do procurador-geral?

Bryan enviou-me uma carta explicando tudo e oferecendo apoio. Ele estava sempre a postos para não deixar que meu ânimo baixasse demais a cada reviravolta judicial.

```
12 de março de 2002
Anthony Ray Hinton, Z-468
Prisão Estadual de Holman
Holman, 3700
Atmore, Alabama 36503
```

Caro Ray,

Eu só queria entrar em contato com você depois do que pareceram ser cinco dias muito estranhos. Falei com o juiz Garrett na segunda de manhã para tentar bloquear sua transferência para Birmingham e confirmar que não iríamos colocar em litígio essa parte do caso. O juiz está muito irritado com o estado. Acho que ele tem suspeitas até maiores do que eu esperava a respeito do desespero deles em impedir que apresentemos essa evidência. O estado pode ter cometido um grave erro em antagonizar a corte desse jeito. Eles esperaram até um dia antes da audiência para apresentar a moção de adiamento, o que é uma atitude bastante inadequada, para dizer o mínimo.

Iremos entrar com uma resposta aos documentos do estado nas duas próximas semanas. O estado argumenta essencialmente que nossa evidência será a mesma que foi apresentada no julgamento, e que, portanto, não temos direito de apresentá-la. Estamos argumentando que eles não têm como saber qual é essa evidência antes que a apresentemos, e que se ela for inconvincente então eles não têm o que temer. A apelação também indica que antes de maio não será possível marcar outra audiência.

A última semana foi ótima, e organizamos uma apresentação muito convincente. Vou conversar com você sobre alguns desdobramentos recentes, novas testemunhas que encontramos, isso quando for vê-lo da próxima vez na prisão. Vou tentar ir até aí o mais breve possível.

Sei que é perturbador ter a audiência adiada desse jeito. No sábado passei o dia inteiro furioso. Gastamos um monte de dinheiro com passagens aéreas não reembolsáveis para as testemunhas, alugamos equipamentos de computação para apresentações audiovisuais no tribunal, e fizemos um monte de outras coisas em preparação para essa audiência. O mais importante, porém, é que se trata de algo simplesmente injusto que você passe mais dias e semanas no corredor da morte por algo que você não fez. Mesmo assim, nosso dia há de chegar. Não desanime demais, a corrida não é vencida por quem é mais rápido, mas por aqueles que têm maior resistência. Estou mais esperançoso do que nunca de que iremos vencer e que você voltará para casa.

Em anexo, a moção do estado, nossa resposta inicial e a ordem do tribunal. Estou tentando arrumar um tempo para ver você nas próximas semanas. Aguente firme, meu amigo.

Atenciosamente,
Bryan Stevenson

Para mim não era surpresa que o estado fizesse o possível para me manter trancafiado e em silêncio. A corte vinha fazendo isso desde o início. Ainda se tratava de um linchamento. Estavam demorando décadas para ajustar o nó no meu pescoço. Eu também não era ingênuo. O estado não se dispunha a admitir que havia cometido um erro. O estado do Alabama preferia continuar no erro do que admitir que havia errado; preferia aceitar a injustiça do que admitir ter sido injusto.

Eu sabia que homens antes de mim e depois de mim abusavam do sistema, que mesmo sendo culpados exauriam todos os recursos para tentar evitar a pena de morte. Não condenava esses homens. Não podia fazer isso. Quem é que não iria lutar por sua sobrevivência? Por seu direito à vida? Claro que as próprias vítimas não haviam tido a chance de lutar por seu direito de viver. Eu entendia tudo isso. O que eu não entendia era como se podia justificar qualquer assassinato. O homem não tem o direito de tirar a vida de ninguém. O estado tampouco tem o direito de tirar uma vida. Eles estavam matando a gente em nome do povo, e eu ficava pensando no que é que o povo acreditava de fato.

Sim, no corredor da morte havia assassinos brutais, sem remorso, frios, sociopatas e perigosos à sociedade. Sabia que isso era um fato. Eu andava ao lado deles no pátio. Tomava ducha com eles. Conversava com eles. Sabia que alguns podiam me matar num piscar de olhos se quisessem – não que me odiassem, mas matar era algo que faziam. Alguns tinham o intelecto de uma criança, e outros tinham o intelecto de um gênio. Mas mesmo assim eu não acreditava que alguma pessoa ou instituição tivesse o direito de tirar-lhes a vida, não importava o que tivessem feito. *O povo* era um termo muito geral, e eu me perguntava o que aconteceria se a prisão perguntasse a uma pessoa qualquer. "José da Silva, nós vamos matar Anthony Ray Hinton hoje, e vamos fazer isso em seu nome. Ray, vamos dizer que estamos matando você em nome do José da Silva. Tudo bem?" Ou Sarah Paulson, ou Angela Ruiz, ou Victor Wilson, ou o nome que você quiser. *O povo* é composto de pessoas reais, assim como os homens condenados no corredor. A vida é brutal, trágica, insuportável e desumana às vezes. A dor que um homem pode causar a outro é ilimitada, mas eu não via – não *conseguia* ver – como o fato de criar mais dor poderia melhorar alguma coisa. Quando você tira uma vida, isso não traz outra vida de volta. Não desfaz o que foi feito. Não havia lógica. Estávamos apenas criando uma infindável corrente de morte e assassinatos, cada elo ligado ao seguinte. Era uma barbárie.

Nenhum bebê nasce homicida. Nenhuma criança pequena sonha em um dia ir para o corredor da morte. Todo assassino no corredor da morte foi ensinado por alguém a ser um assassino – pelos pais, pelo sistema, pela brutalidade de outra pessoa brutalizada –, mas nenhum deles nasceu homicida. Meu amigo Henry não nascera para odiar. Ele fora ensinado a odiar, e odiar a ponto de justificar o homicídio. Ninguém nasce nesta única e preciosa vida para viver trancado numa cela e ser assassinado. Nem os inocentes como eu, nem os culpados. A vida é uma dádiva que Deus nos concede. Eu acreditava que ela só devia e só podia ser tirada por Deus. Ou no que quer que fosse que alguém acreditasse. Isso não fazia diferença para mim. Mas Deus nunca havia dado aos guardas, ou ao diretor do presídio, ou aos juízes, ou ao estado do Alabama, ou ao governo federal, ou *ao povo*, o direito de tirar a vida.

Ninguém tinha esse direito.

Eu sentia medo todo santo dia no corredor da morte. E também arrumava um jeito de encontrar alegria todo santo dia. Aprendi que tanto o medo quanto a alegria são uma escolha. E toda manhã, ao abrir os olhos às 3 da madrugada e ver o cimento, a grade de arame, a tristeza e a sujeira da cela minúscula, eu tinha uma escolha. Escolheria o medo ou escolheria o amor? Escolheria uma prisão ou escolheria um lar? Nem sempre era fácil. Nos dias em que eu escolhia um lar, eu podia rir junto com os guardas, ouvir o que os outros caras diziam, conversar sobre nossos processos, falar sobre livros e ideias e sobre o que poderíamos fazer se conseguíssemos sair daquele inferno. Mas nos dias em que eu abria os olhos e não sentia nada além de horror, quando cada canto daquela cela parecia um filme de terror em preto e branco, com um assassino psicótico segurando um machado e esperando a hora certa de me atacar e me fazer em pedaços, eu fechava os olhos de novo e ia embora.

Tive que me divorciar de Halle Berry e trocá-la por Sandra Bullock. Eu havia assistido *Velocidade máxima*, e concluíra que Sandra seria uma boa companhia caso eu conseguisse sair do corredor da morte e precisasse de motorista para a fuga. Halle não gostou muito, mas eu acho que foi melhor assim. Sandra e eu éramos capazes de dar risadas juntos de uma maneira que eu e Halle simplesmente não conseguíamos. Sandra tinha uma paixão por justiça social. Eu a via na minha pequena TV no filme *Tempo de matar,* baseado no romance de John Grisham, que eu já havia lido. Sabia que se a tivesse ao meu lado, ela lutaria por mim. Pediria justiça. Não teria medo do procurador-geral do Alabama, do juiz Garrett ou de McGregor. Enfrentaria todos eles e, na minha mente, ela – junto com Bryan – era minha voz no mundo. Sandra e eu nos instalamos numa bela casa, não muito longe da casa da minha mãe. Lester era vizinho nosso. Costumávamos fazer churrasco juntos e, embora muita gente não soubesse disso, Sandra Bullock cantava lindamente. Tão bem que os pássaros vinham se reunir em volta dela para aprender uma coisinha ou outra. Ela cantava a música mais triste que eu já ouvira – com uma voz que era de partir o coração. Ela costumava olhar bem dentro dos meus olhos e cantar apenas para mim. Nós nos amávamos, e eu era grato por ter o amor de uma boa mulher. Era grato por ela estar ao meu lado.

Nunca cheguei a ter filhos – nem com Halle, nem com Sandra. Não suportava a ideia de ficar longe deles. Havia tempos em que eu tinha que me afastar de Sandra, da minha mãe, abandonar minha carreira de jogador de beisebol profissional para voltar ao corredor da morte e ficar ali um tempo. Não queria ter que fazer isso com um filho. Eu sabia o quanto era duro para mim ficar afastado da minha mãe e não queria essa dor para ninguém, principalmente para uma criança.

Os caras do corredor que tinham filhos suportavam uma dor que era quase impossível de presenciar. Sofriam e choravam por estarem perdendo todas as coisas que os outros pais têm como corriqueiras. E também sabiam o quanto seus filhos sofriam – que criança iria se gabar de ter o pai no corredor da morte? Eu sabia que havia mulheres no corredor da morte, a duas horas dali, na Prisão Tutwiler. Não conseguia imaginar os guardas executando uma mulher. Especialmente uma mulher com filhos. Um dos caras no corredor da morte era George Sibley. Ele e a esposa, Lynda, haviam ido parar no corredor da morte, e tinham um filho de 9 anos de idade com eles quando ambos mataram um policial em 1993.

Lynda foi executada antes de George. Como deve ser para um homem ficar trancado numa cela, sabendo que a esposa está prestes a ser assassinada, e não ter como fazer nada a respeito? Eu não convivi muito com George, mas sabia da história dele. E ao ouvi-lo falar, era como se conhecesse sua esposa. Em 10 de maio de 2002, eles a trouxeram até a Holman. Fizeram-na andar pelo corredor. Uma mulher no corredor da morte. Ela estava de roupa branca, como todos nós. Manteve a cabeça erguida e olhava para a frente. Não sei se ela e George conseguiram ver um ao outro. Ele nunca falou daquele dia. Quando ela foi executada, ficamos batendo nas barras. Fizemos algum barulho. Por ela, pelo George. Pelo filho dos dois que agora já tinha 18 anos de idade. Eles rasparam a cabeça dela como faziam com os homens. Colocaram um saco cobrindo seu rosto e a deixaram no escuro ao eletrocutá-la. Eu não conseguia imaginar o tipo de dor que George Sibley sentia. Fiquei fisicamente doente só de tentar me colocar no lugar dele. Quão impotente um homem se sente quando sua esposa está sendo morta e ele não pode fazer nada para impedir?

Eu sabia que o desejo dele era ter ido primeiro.

Os guardas que a amarraram na cadeira e depois colocaram o corpo morto numa maca com rodinhas iriam terminar essas tarefas e depois levar o café da manhã ao George, algumas horas mais tarde. Iriam sorrir e perguntar a ele como andavam as coisas, mas nunca mais seriam capazes de olhá-lo nos olhos de novo.

E como poderiam? Como podiam olhar para qualquer um de nós nos olhos depois de terem executado alguém?

Era o bastante para enlouquecer qualquer um.

Lynda foi a última pessoa a ser eletrocutada na *Yellow Mama*. Após sua execução, a prisão começou a remodelar a câmara da morte e deixá-la pronta para uma nova forma de nos matar.

Chamavam-na de injeção letal.

Era como planejavam matar o resto de nós.

Entrei na audiência da Regra 32 esperançoso. Perhacs foi ao banco depor e admitiu que chamar Payne como especialista havia sido uma falha de sua parte. Disse ao tribunal que não tinha dinheiro suficiente para poder montar uma defesa ou pagar um especialista qualificado. Os três novos especialistas depuseram. Declararam que não havia nenhuma prova de que as balas correspondessem à arma da minha mãe.

Foi bom ver Lester do lado de fora do pátio de visitas. E minha mãe também. Ela tinha um aspecto fragilizado e doentio, e o cabelo dela tinha sumido de várias partes da cabeça. Ela olhou para mim e sorriu, mas era um sorriso fatigado. Eu queria correr até ela e abraçá-la, mas tive que respirar fundo e ser grato por poder vê-la. Era raro falarmos por telefone, e muitas vezes era muito confuso para ela conversar ao telefone e entender com quem estava falando. Phoebe, a mãe de Lester, sentou ao lado dela, deu seu melhor sorriso e adotou uma atitude confiante. Perhacs mal percebeu minha presença na audiência. Havia conversado bastante com Bryan ao telefone, mas, quando Bryan e outro advogado foram encontrá-lo pessoalmente antes da audiência, ele deu uma olhada no Bryan e comentou: "Não sabia que você era bronzeado".

Ao que parece, Bryan havia soado "branco" a Perhacs ao telefone – o que quer que possa ser esse "soar branco". Olhei para o Perhacs e pude ver o quanto envelhecera. Minha vida estivera em suas mãos, mas ele nunca dera valor a ela. Eu era muito jovem e ingênuo em relação ao sistema legal, e acreditara que ele lutava por mim, que de fato se importava com o fato de eu ser inocente. Mas ele sabia que eu era. Pude ver isso nos olhos dele nas poucas vezes que olhou na minha direção. Fiquei pensando se isso alguma vez lhe tirara o sono à noite. Se ele e McGregor haviam chegado alguma vez a falar sobre mim. Provavelmente não. Eu era apenas outro garoto negro que não aceitava calado – um desconforto para eles –, mas nada que preocupasse muito.

McGregor não estava na audiência, mas para mim isso não fazia diferença. Meus dias de odiá-lo já haviam passado. Eu não queria mais jogar esse jogo. Ele sabia o que havia feito. Acima de tudo, eu não queria voltar a ter ódio no coração. Eu perdoara McGregor. Os pecados dele ficavam entre ele e Deus. Eu também perdoara todos os demais. Eram um monte de homens vergonhosos e tristes, e rezei pela alma deles.

Eu era inocente, e os três especialistas em balística não podiam ser arguidos. Fechei os olhos e imaginei Garrett batendo o martelo e levantando para gritar: "À luz desses três especialistas independentes em balística e em nome da verdadeira justiça, eu pelo presente declaro o senhor Hinton inocente e ordeno que seja libertado imediatamente!".

Isso não aconteceu. Na realidade, vi o juiz bocejar durante o testemunho.

Havia três subprocuradores assistentes: Houts, Hayden e Deason. Eles haviam tentado de todas as maneiras impedir a realização da audiência, mas ali estávamos nós, e eles não pareciam nada satisfeitos com isso.

– Quais são os questionamentos que o peticionário quer levantar na Regra 32 desta vez? – perguntou o juiz Garrett. Percebi que ele não olhou para mim uma vez sequer, como se eu não existisse.

Bryan se levantou.

— Meritíssimo, pretendemos apresentar evidências relacionadas essencialmente com a alegação de inocência factual, a alegação de assistência ineficaz do advogado, e com a violação de Brady. E depois há demandas legais, meritíssimo, para as quais não acreditamos que seja necessário apresentar nenhuma evidência. Em nossa petição, estamos falando sobre má conduta da acusação na argumentação final. O registro fala por si só quanto a essa questão.

Fiquei imaginando o que McGregor iria pensar a respeito dessa afirmação. Será que Perhacs iria comentar isso com ele?

— Mas existem alguns problemas legais — Bryan prosseguiu — que acreditamos que tenham a ver também com as novas evidências. Por exemplo, a questão da consolidação dos argumentos é uma demanda legal. Na realidade, não existem fatos que levem a isso. No entanto, se a evidência estabelece que essa arma não poderia ser associada a esses crimes, isso muda a análise jurídica da consolidação. É por isso que esta demanda foi incluída na parte das evidências da nossa apresentação, mas os fatos na realidade encaminham-se para a primeira demanda.

O juiz Garrett discutiu um pouco com Bryan. Não estaríamos nós apresentando a mesma evidência apenas sob uma teoria diferente? Porque não poderíamos introduzir provas se elas já tivessem sido consideradas pelo tribunal. Bryan não recuou.

— Nossa apresentação básica é sobre a reivindicação de inocência, sobre a alegação de ineficácia da atuação do advogado e sobre alegações que decorrem da violação do devido processo, relacionadas à retenção ou supressão de evidência exculpatória. Todas essas questões são de clara percepção neste processo da Regra 32 e são do conhecimento deste tribunal.

Ponto para Bryan, pensei.

Bryan disse a Garrett que iria apresentar evidências de especialistas. Fiquei perplexo quando Garrett não se manifestou a respeito das evidências. Tinha anos que tentávamos fazer com que a corte e o estado examinassem as conclusões desses novos especialistas e seus relatórios.

— Já não há evidência dessas duas coisas por especialistas de ambas as partes no julgamento? — Garrett olhou para Bryan presunçosamente.

— Bem, meritíssimo, eu parto de duas coisas. Acreditamos que o estado estava equivocado, e acreditamos que o senhor Payne não estava qualificado para fazer esse tipo de exame que os atuais especialistas estão qualificados a fazer.

— Bem, essa questão seria discutível já que o ponto foi levantado no julgamento do caso, certo?

Eu suspirei. Por que eles simplesmente não examinavam a evidência? A voz de Bryan subiu um pouco de tom.

— Não. Nós podemos apresentar evidência que estabelece que o estado estava errado.

— Qual seria a natureza do testemunho apresentado por seus especialistas a esse respeito?

Bryan olhou firme para Garrett por alguns segundos e então tomou fôlego. *Mostre a eles, Bryan,* pensei.

— Será basicamente que as comparações microscópicas entre as balas recuperadas não permitem determinar que essas balas foram disparadas de uma única arma. E como o senhor deve lembrar, meritíssimo, a existência de uma única arma foi fator crucial para a teoria do estado no julgamento. Esta corte considerou o senhor Hinton culpado e sentenciou-o à morte com base na crença de que as balas recuperadas de todos os três crimes provinham de uma única arma. Acreditamos que essa crença é claramente inexata, o que a evidência tornará claro. Em segundo lugar...

Garrett interrompeu-o.

— Bem, e isso não é uma simples divergência entre especialistas, um especialista discordando de outro especialista? É claro que já tivemos isso no julgamento do caso.

— Não, meritíssimo. Não acredito que se trate disso.

— E esses são os últimos especialistas no vasto universo inteiro que irão testemunhar quanto a isso?

— Sim, senhor. Acredito que sejam.

— E se viermos a nos deparar com outros especialistas diferentes mais tarde que sejam ainda mais reconhecidos do que os anteriores? É nisso que estamos entrando – numa disputa de especialistas sob juramento.

Nessa hora, percebi que o verdadeiro assassino poderia entrar no tribunal com fotos dele mesmo cometendo o crime, e o juiz mesmo assim não iria aceitar a prova. O promotor diria simplesmente: "Trata-se de uma história antiga em nova embalagem".

– Meritíssimo, não penso que seja o nosso caso. Estamos tentando honestamente, há oito anos, fazer com que o estado reexamine esta evidência. Não acreditamos que alguém do Departamento de Ciências Forenses possa agora olhar para essa evidência e vir aqui dizer que aquelas balas foram disparadas de uma única arma, ou disparadas da arma que foi recuperada da casa da senhora Hinton. Não acreditamos que possa fazer isso. Acreditamos realmente que eles tiveram uma oportunidade de fazer isso e se recusaram a fazê-lo. Temos informação de que olharam para isso em 1994 e concluíram que não podiam mais estabelecer essa correspondência.

– Isto não é uma batalha entre especialistas, meritíssimo – Bryan continuou. – Aceitaríamos de bom grado se qualquer especialista que o estado fosse capaz de nomear para examinar essa evidência viesse a discordar dos nossos achados. Buscamos três especialistas de três lugares diferentes porque quisemos deixar claro que *não se trata* de uma batalha de especialistas. Achamos que qualquer especialista competente e bem treinado que examine essa evidência chegará à mesma conclusão, ou seja, que essas balas não foram disparadas de uma única arma. Que não foram disparadas da arma recuperada da casa do senhor Hinton. Esta é a nossa evidência.

Eu assisti perplexo quando Houts, o assistente do procurador-geral, divergiu de Bryan dizendo que Payne era um especialista competente. Na época do meu julgamento, eles chamaram Payne de tudo quanto foi nome – menos de *especialista*. Bryan argumentou que a nova evidência estabelecia minha inocência, e que isso permitia avaliar a evidência segundo os procedimentos da Regra 32.

Houts virou-se para o juiz.

– Quanto ao fato de o senhor Stevenson estar tentando fazer uma real reivindicação de inocência que seja constitucional, a Suprema Corte dos Estados Unidos não reconhece a inocência de fato como uma reivindicação constitucional por meio da qual seja possível apresentar um pedido de *habeas corpus*.

Eu sabia que um pedido de *habeas corpus* era parte de um processo de apelação federal que iríamos iniciar se perdêssemos em todas as cortes do estado. Eu não queria pensar nisso. Bryan havia me dito que o processo de apelação federal era extremamente rigoroso e difícil.

Bryan limpou a garganta.

– Sinto a necessidade, meritíssimo, de ser absolutamente claro a respeito do que estamos dizendo aqui. E só posso esperar que esta corte não faça outra coisa exceto ouvir o que tenho a dizer. Pois acreditamos que esse homem é inocente, *inocente,* e é por isso que achamos que esta evidência é tão crucial. E este não é como qualquer outro caso padrão da Regra 32. Não é sequer como um caso padrão de pena de morte. A tentação, meritíssimo, que a Corte de Apelação Criminal terá diante de si, se eles aceitarem o argumento do estado do Alabama de que essa evidência deveria ter sido barrada na apelação, no meu entender, não é nada diante da tentação de ignorar a possível execução de uma pessoa inocente. Acreditamos que essa evidência é convincente. Acreditamos que é convincente e que será convincente para esta corte. Acreditamos que deverá ser convincente para o estado. E achamos que nos deve ser concedido o direito de apresentá-la.

O juiz Garrett ficou em silêncio durante um minuto e então perguntou:

– O que torna essa evidência tão diferente daquela que foi apresentada no julgamento, a não ser o fato que procede de pessoas diferentes?

Bryan explicou que era raro ter três especialistas diferentes chegando cada um por sua conta à mesma conclusão, e mais raro ainda que várias pessoas olhassem uma evidência, chegassem à mesma conclusão e que essa conclusão não fosse aquela apresentada no julgamento. Também destacou que ninguém do estado estaria preparado para provar uma correspondência agora, ou afirmar que seriam capazes de chegar agora à mesma conclusão que haviam chegado em 1985.

– Deixe-me dizer o seguinte – começou o juiz Garrett. – O senhor Payne tem sido reconhecido ou era reconhecido como um especialista, e havia testemunhado tanto em processos civis quanto criminais em todo o estado.

– Bem, meritíssimo, ele foi caracterizado pelo estado no julgamento como um charlatão, como alguém que não sabia nada a respeito desse tipo de testemunho. Ele foi ridicularizado.

— Ora, ora, eu vejo isso ocorrer com muita frequência com especialistas de ambos os lados.

— Sim, meritíssimo, mas o senhor raramente vê um especialista que seja legalmente cego de um olho, que não saiba operar a máquina e que nunca tenha sido qualificado para esse tipo de exame e para casos desse tipo. E essa é a distinção.

Garrett não respondeu, então Bryan prosseguiu.

— O que temos aqui são especialistas ou líderes da associação de armas de fogo e exames de marcas de ferramentas. O senhor Dillon foi o chefe dessa unidade no FBI por muitos anos, e antigo presidente da Associação de Examinadores de Armas de Fogo e Marcas de Ferramentas. Ele tem lecionado no país inteiro, é consultor do FBI, e consultor da ATF.

— O senhor Emanuel e o senhor Cooper trabalham principalmente para a promotoria. Eles têm trabalhado para as Forças Armadas dos Estados Unidos, para o estado do Texas. Trabalham regularmente para a promotoria do Condado de Dallas. Esses especialistas testemunharam e examinaram mais de dois mil casos. Foram qualificados mais de duzentas vezes. São líderes em sua área. E nós realmente não poupamos custos para conseguir as pessoas que poderíamos identificar como as melhores do país, porque realmente queremos deixar claro para a corte que não se trata de uma mera disputa, mas de uma evidência factual crucial sobre a qual essa condenação se assenta.

Isso deveria ter sido suficiente para Garrett. Tínhamos especialistas inimputáveis. Homens que teriam todas as razões para achar que eu era culpado. Houts se opôs a isso de todas as formas. Garrett também defendeu o lado do estado. Mas Bryan jamais vacilou. Eu nunca o havia visto daquele jeito. O melhor advogado de Deus estava pregando a lei para eles como nunca a lei fora pregada antes. Desejei que Bryan tivesse me defendido em 1985. Nunca teria ido parar no corredor da morte. Provavelmente não teria ido sequer a julgamento. Não era certo que a justiça pudesse ser tão arbitrária e a verdade, tão difícil de ser admitida pelo estado. Como é que Garrett podia ficar lá sentado e dizer que Payne era um especialista qualificado? Como podia fazer isso em sã consciência, quando o estado havia arguido o oposto?

Bryan não recuou um milímetro.

– O que estamos dizendo, meritíssimo, é que o estado cometeu um erro. Trata-se de um caso "decorrente de um erro". E o que ouço o estado dizer é que é tarde demais. Que se eles cometeram um erro, não dá para fazer nada a respeito. Não se importam com a inocência, não se importam com as evidências, não se importam com a força de nossa reivindicação. É tarde demais. Vamos seguir adiante e simplesmente fazer o caso avançar até a execução. O que estou afirmando é que não é isso o que a lei diz, e que seria um resultado inescrupuloso. Eles cometeram um erro, e nós acreditamos que podemos demonstrar isso.

Ficaram discutindo para lá e para cá até o almoço. O estado achava que nenhuma de nossas reivindicações deveria ser admitida na audiência. Queriam apenas que Bryan calasse a boca e que eu fosse para a câmara da morte. Bryan persistiu, e no final Garrett deixou que a audiência fosse realizada, e tivemos permissão de apresentar todas as nossas evidências e testemunhas.

O estado não aceitava como evidência o fato de Bryan ter encontrado planilhas de trabalho que Higgins, Yates e McGregor não haviam repassado a Perhacs, cheias de pontos de interrogação e de espaços não preenchidos, que mostravam que eles não sabiam quais eram as marcas que havia nas balas e que com certeza não provavam que as balas das vítimas correspondiam às da arma da minha mãe. Não aceitavam nada disso. Não achavam que precisassem examinar de novo as balas ou a arma. Na visão deles, nada disso seria permitido porque já havia sido ultrapassado o limite de tempo, ou então porque não podia ser considerada uma nova evidência, tendo como base a obscura interpretação que faziam das regras da apelação. Eu não acho que uma prova de inocência possa em hipótese alguma ser rejeitada. Quem seremos nós se formos capazes de permitir uma coisa dessas? Que parte de nosso sistema estará funcional se um homem inocente puder ser morto e ninguém se importar por causa de regras que foram feitas para permitir que ele seja morto o mais rápido possível? Como se fosse uma espécie de jogo. O relógio marca o tique-taque. *Prove sua inocência: cinco, quatro, três, dois, um... Tarde demais... Sua cabeça já foi cortada.*

Fui levado de volta para Holman após a audiência. Bryan foi brilhante no tribunal, mas era como se falasse para as paredes. Eles me queriam morto. Culpado ou inocente, eles só queriam me matar. Eu não tivera a chance de dizer nada para minha mãe ou Lester antes de ser levado embora da audiência. Minha mãe ficara com a cabeça encostada no ombro de Lester, de olhos fechados. Ela estava segura. Lester iria mantê-la segura. Eu sabia que Bryan iria falar com eles e oferecer-lhe palavras de encorajamento, assim como fazia sempre comigo. Eu deveria estar animado, mas não tinha muita fé. Nossa evidência era convincente, mas tratava-se do mesmo velho elenco de personagens que haviam me tirado do sério desde o início, ao qual se somava o assistente do procurador-geral, que me via como uma perda de tempo, nada além disso.

Voltei para minha cela e ignorei as perguntas dos caras a respeito de como tinha ido. Até os guardas queriam saber e pareciam esperançosos de que eu pudesse ser solto. Há noites, porém, que pedem apenas silêncio e oração. E no corredor sabíamos que não cabia insistir. Havia um monte de dias ruins e de noites ruins, e se alguém não queria falar, você ficava quieto. O que estava em jogo era a sobrevivência, e nós tínhamos consideração o bastante uns pelos outros para deixar que cada um sobrevivesse a seu modo.

Acordei no meio de uma discussão de um clube do livro pirata. A ideia do clube do livro me entristecia. Quando pensava nele, tudo o que me vinha à mente eram as cadeiras vazias da biblioteca, conforme eles iam nos matando, um por um. Primeiro Larry, depois Horsley; Henry, depois Brian e finalmente Victor. Não restara mais nada do clube, só as cadeiras vazias, a cada execução. Depois que voltaram a nos trancar, os livros que havíamos lido, mais alguns novos, circulavam pelas celas. Não havia mais reunião na biblioteca, mas os caras ainda falavam sobre os livros, gritando de uma cela a outra. Quem não tinha lido o livro ficava só ouvindo. Se tivesse lido, podia dar ideias, opiniões. E as perguntas eram sempre dirigidas a mim, como se eu fosse o professor do clube. Eu não sabia as respostas, e dizia isso aos caras. Não havia certo ou errado no clube do livro. Você simplesmente tinha suas próprias opiniões, interpretações, crenças e ideias. Isso era novidade para um monte deles. Dar sua opinião sincera, e tê-la ouvida e respeitada pelos outros, era um novo tipo de droga que rolava pelo corredor. Discutiam-se questões do coração. Discutia-se também política, racismo e pobreza. Discutia-se violência. E quem já havia discutido o livro deixava que outros discutissem, que tivessem a oportunidade de expressar o que achavam daquelas grandes ideias.

– Ray! Está ouvindo, Ray? – Era um garoto chamado Jimmy Dill. Jimmy era um ex-drogado que frequentara apenas a escola primária antes de ser condenado por roubo e assassinato de um homem por causa de cocaína e de uns duzentos dólares. Tinha uma testa larga e olhos castanhos que ficavam um pouco mais afastados que o normal no rosto. Isso lhe dava certo ar de insegurança quando falava. Jimmy adorava comer, e passava o dia inteiro falando de seus pratos favoritos. Quiabo. Broas. Frango assado. Era o suficiente para enlouquecer qualquer um.

Mas Jimmy tinha uma aura de bondade que tornava difícil imaginá-lo matando alguém com um tiro na nuca.

– O que você quer, Jimmy? – perguntei.

– Quero ler aquele livro *O sol é para todos*. Você tem?

– Tenho.

– Pode me mandar pelos guardas da próxima vez que eles passarem? – ele perguntou.

– Posso.

– Certo. O Johnson também quer ler; aí depois nós dois vamos discutir o livro. Disseram que é bom. Não sei se esse garoto branco vai entender, mas vamos ver o que ele acha.

Ouvi que alguns caras riram. Era assim que funcionava, e o livro ou os livros seriam passados de mão em mão, e então um dia, sem nenhum planejamento, alguém gritaria: "E que tal aquela menina, a Scout?[23]" e a discussão começaria.

Aquele verão foi muito quente e demorado. Estávamos esperando notícia do juiz Garrett sobre minha petição da Regra 32, mas até então nada, só silêncio. Eu não podia imaginar que ele fosse demorar todo o verão para decidir. Era o juiz do julgamento original. Conhecia o caso de trás pra frente. Naquela parte em que eu costumava rezar para que a verdade aparecesse, eu agora rezava para que a verdade pudesse ser

---

[23] No livro *O sol é para todos*, de Harper Lee, Scout é o apelido da menina Jean Louise Finch, filha do advogado branco Atticus Finch, contratado para defender um homem negro injustamente acusado de ter estuprado uma mulher branca. [N.T.]

ouvida. A verdade havia sido provada naquela audiência. Eu era inocente. Eu caíra numa emboscada. Eu havia sido descartado. Eu precisava que Garrett fizesse a coisa certa. Que fizesse o que era honroso fazer. Eu estava pronto para sair.

A visita de Lester em agosto deve ter sido o dia mais quente daquele ano. Parecia fazer cinquenta graus à sombra, e sem ar. Achei que fôssemos todos derreter e virar um charco no pátio de visitas. Eu tentava manter minha roupa branca de visitas limpa e fresca, mas suava tanto que decidi encurtar um pouco a visita para que Lester e Sia pudessem voltar para o ar condicionado do carro.

– Lester, antes de você ir embora, só mais uma coisa – eu disse.

– O que foi? Do que você precisa? – Lester me arrumava tudo de que eu precisasse antes mesmo que eu chegasse a precisar. Sempre cuidava para que não ficasse sem as coisas da cantina, ou sem uma televisão ou rádio, ou mais meias e shorts.

– Preciso da minha certidão de nascimento.

– Sua o quê?

– Vou precisar da minha certidão de nascimento para quando eu sair daqui. Não vou ter nenhum documento de identidade. Vou precisar de algum, e tudo o que vou ter para provar que eu sou quem sou é minha certidão de nascimento.

Lester ficou em silêncio mais ou menos um minuto. Ficou olhando o chão e então respirou fundo.

– Você vai precisar dela – ele disse. E então me deu um grande sorriso. – Como é que eu vou conseguir arrumar isso? Posso mandar pelo correio, mas me diga onde eu procuro.

– Você sabe que Deus pode tudo, exceto falhar, certo?

– Certo.

– Bem, Deus vai ter que me soltar, ou então vai ficar provado que é um mentiroso.

– Como você sabe disso?

– "Por isso vos digo que tudo o que pedirdes em oração, crede que o recebereis, e tê-lo-eis". Marcos, 11:24 – eu disse.

Lester sorriu. Sabia que era minha citação preferida, e eu já havia falado sobre ela um milhão de vezes antes.

— E daí?

— Deus não pode falhar. Portanto, essa escritura tem que ser verdadeira, e eu tenho que ser libertado senão Deus vai passar por mentiroso por ter falhado.

— Você está tentando pegar Deus numa brecha? — Lester riu. — Cara, você realmente deveria ter sido advogado.

— Talvez eu acabe sendo. Talvez eu saia daqui, entre numa faculdade e comece a trabalhar com Bryan para começar a tirar da cadeia todos esses homens inocentes que estão aqui. Acabar com a pena de morte de uma vez por todas. Quem sabe eu faça isso. — Eu tinha 46 anos de idade, e nós dois sabíamos que eu já era velho demais para entrar numa faculdade de Direito, mesmo que saísse dali com a ajuda de Bryan. — Ou talvez eu abra um restaurante. Você sabe que eu cozinho bem.

— Certo, e como vai se chamar esse seu restaurante?

— Atrás das Grades, ou então Churrascaria Corredor da Morte. — Eu mesmo comecei a rir.

— Meio nojento isso, não? Ninguém vai querer comer o que estão assando no corredor da morte.

— As pessoas comeriam meu churrasco onde quer que eu estivesse assando. Até os guardas estão me pondo para cozinhar alguma coisa para eles na sua ala de descanso. Posso sair da minha cela, e é bom que já vou montando um cardápio para quando sair daqui.

— Tudo bem, vou arrumar sua certidão. Vou falar com sua irmã.

— Por que você não pede à minha mãe? Ela deve ter.

Uma sombra passou pelo rosto de Lester por um segundo. Havia algo ali que eu não queria olhar, nem pensar a respeito.

— Certo, vou perguntar às duas, vou arrumar sua certidão.

Olhei para Sylvia, que sorria de orelha a orelha.

— Tá rindo do quê?

— Você vai sair daqui, Ray. Todos sabemos disso. E vai ser um dia muito feliz. Um dia lindo. E não vai demorar. Vamos arrumar sua certidão, e então você vai poder vir à nossa casa e cozinhar um bom jantar para nós.

— Pode ter certeza disso — eu disse.

No dia 22 de setembro de 2002, o capitão dos guardas veio até minha cela.

— Ray, tenho uma notícia para te dar.

Fiquei em pé, olhando para ele junto à porta da cela, e senti meu coração disparar. Não era nada a respeito da minha soltura. Eu já vira mortes suficientes ali para saber de que jeito elas se estampavam no rosto de um homem. Ele tinha a morte em seu rosto, e antes mesmo que dissesse do que se tratava, os gritos começaram na minha cabeça.

— É sua mãe, Ray. Ela faleceu hoje. Acabamos de saber. Sinto muito. Os outros guardas e eu queremos lhe dar nossos pêsames.

Eu não disse uma palavra. A gritaria na minha cabeça era tão forte que eu só queria que ele fosse embora para poder cobrir os ouvidos com meu travesseiro. Virei as costas e andei alguns passos até parar junto à cama. Eu me curvei e pousei as mãos na cama. Achei que fosse desmaiar. Ele pigarreou, e então ouvi seus passos afastando-se pelo corredor.

Chorei baixinho no começo. E depois foi como se meu corpo tivesse sido possuído, porque começou a tremer tanto que eu não conseguia nem segurar o rosto com as mãos. Talvez eu estivesse tendo uma convulsão. Não me importava. Senti o estômago revirar, e corri para a privada, imaginando que fosse vomitar. Queria minha mãe. Ela estava morta. Eu não conseguia entender naquela hora que tipo de mundo era aquele. Eu não era nada. Não era ninguém. Era o filho de Buhlar Hinton, e Buhlar Hinton estava morta. Comecei a soluçar, o choro mais sentido que eu já tivera. Era como se meu corpo estivesse sendo virado pelo avesso. Ela havia morrido e eu não estava lá. Eu não podia viver com isso. Não conseguia nem respirar ao pensar naquilo. Eu não estava lá. Estava aqui, e não conseguira segurar a mão de minha mãe quando ela foi embora. Nunca mais iria segurar a mão dela. Não poderia lhe dizer o quanto a amava. Não conseguira me despedir dela.

Quando é que eles vão deixá-lo voltar para casa, bebê?

Eu podia até ouvir a voz dela.

Logo, mãe. Logo vou voltar para casa.

Eu havia mentido para a minha mãe. Eu não havia voltado para casa. Não havia voltado logo, nem nunca. Eu mentira para ela, e ela havia morrido sem que eu estivesse perto para cuidar dela. Enterrei a cabeça no travesseiro e deixei correrem as lágrimas até deixá-lo tão molhado que pensei que meus canais lacrimais tivessem arrebentado. Nada importava mais. Bryan. A audiência. Se eu ia viver ou morrer. Sair dali. O que importava isso? Minha mãe estava morta. Eu ia voltar para casa, para ela, e ela tinha ido embora para casa antes. Sentia como se um milhão de lâminas fatiassem meu peito. Achei que ia enfartar. Imaginei que se caísse morto iria me juntar a ela em instantes.

Eu vou voltar logo para casa, mãe. Prometo.

Não sei quanto tempo chorei. Quando levantei a cabeça, o dia estava escuro. Eu sabia que a notícia circulara pelo corredor, mas tinha ignorado as pessoas que tentavam me mandar café e ignorado suas condolências. Eu simplesmente não me importava mais. Não conseguiria me recuperar disso. Eu não podia viajar a algum lugar na minha imaginação e fingir que minha mãe não estava morta. Sandra Bullock não era real, e ela não estava ali para me confortar. Eu era Ray Hinton. Um homem condenado no corredor da morte que não conseguia convencer ninguém de sua inocência.

Fiquei horas deitado de costas, e então ouvi uma voz profunda dizer: "A única pessoa que acreditava em sua inocência foi embora".

Eu assenti, e a voz continuou.

"Por que continuar lutando? Por que deixar que o executem? Tire o poder deles. Não há nada agora que justifique viver. Deixe Bryan Stevenson salvar outro cara. Não há por que continuar aqui. Eles não vão deixá-lo sair nunca. Você é apenas um preto pobre, estúpido, e ninguém se importa se você vai viver ou morrer. Eles vão matá-lo de um jeito ou de outro."

A voz seguiu e seguiu, e eu ouvi. Ouvi até que a voz me levou ao lugar mais escuro em que já havia estado, mais escuro que aqueles três primeiros anos no corredor. Minha mãe sempre fora um raio de luz naqueles anos, mas agora não havia mais nada, só escuridão. Monotonia. Era como se toda luz tivesse cessado de existir. Não havia esperança. Não havia amor. Minha vida havia terminado, e eu sabia disso daquela maneira silenciosa em que sabemos que certas coisas são verdadeiras. Eu falhara. Não restara nada dentro de mim para me fazer seguir adiante. Eu não queria viver. Não merecia viver. Não tinha forças para continuar vivendo. Eles tinham vencido, e eu estava aceitando isso. Estava pronto para ir embora.

Respirei fundo. Sentia como se meu rosto estivesse em carne viva no escuro. Meus olhos estavam inchados, raspando, como se estivessem cheios de areia. Eu só precisava decidir como fazer. Estava cansado demais para arrebentar minha cabeça. Não tinha nada afiado para cortar os pulsos. Teria que me enforcar de algum jeito. Logo seria de manhã, e então eu amarraria o lençol em volta do pescoço e acharia uma maneira de me dependurar na cela.

– Menino, eu não criei nenhum covarde!

Ouvi a voz da minha mãe, em alto e bom som, e na mesma hora me encolhi, porque sabia que aquele tom de voz sempre vinha seguido por um piparote na cabeça. Sentei na cama.

– Eu não criei um covarde, e você não vai fugir da raia.

Olhei ao meu redor no escuro. Não acreditava em fantasmas, mas podia ouvir a voz da minha mãe com absoluta clareza.

– Você vai sair daqui. Vai continuar lutando.

– Estou cansado, mãe; quero ficar junto de você – sussurrei. – Quero feri-los do jeito que eles nos ferem. Eles querem me matar, e eu não quero lhes dar essa chance.

– Há tempo de nascer e tempo de morrer. Este é meu tempo de morrer. Pra que chorar por causa disso? Você sabia que eu tinha câncer. Você não queria falar sobre isso, mas sabia.

Comecei a chorar de novo. Ela tinha razão.

– Este não é seu tempo de morrer, filho. Não é. Você tem trabalho a fazer. Tem que provar a eles que meu bebê não é um assassino. Tem que lhes mostrar isso. Você é um farol. Você é a luz. Não dê ouvidos a esse demônio estúpido que lhe diz para desistir. Eu não criei filhos para que desistam quando as coisas ficam difíceis. Você não pode tirar a própria vida. Ela pertence a Deus. Você tem trabalho a fazer. Trabalho duro. Eu vou ficar falando com você a noite inteira se precisar, e o dia inteiro e a noite inteira de novo, e nunca vou parar até você saber quem você é. Você não nasceu para morrer nesta cela. Deus tem um propósito para você. Ele tem um propósito para todos nós. Eu servi meu propósito.

Eu chorava baixinho enquanto ela falava.

— Agora enxugue essas lágrimas, Ray, levante e preste algum serviço a alguém. Não perca tempo chorando de pena de si mesmo. Não adianta nada ficar ouvindo a voz do diabo dentro da cabeça dizendo que nada importa. Tudo importa. Você importa. Você é meu bebê, e você importa mais do que qualquer outra coisa no mundo. Quando eu terminar de falar com você, vou falar com Deus. Ele vai me ouvir, mesmo se eu tiver que falar com Ele por toda a eternidade. Ele vai tirar você daqui, se não vai passar maus momentos, não tenha dúvida disso.

— Certo, mãe, certo — eu sussurrei.

— Não me decepcione, Ray. Ensinei-o a acreditar em você, mesmo que ninguém mais no mundo acredite. Você acredita em você? Acredita?

Assenti no escuro.

— Bem, então da próxima vez que o demônio lhe disser para enrolar um lençol em volta do pescoço, diga a ele para ir para o inferno, que é o lugar dele.

Eu ri baixinho.

— Sim, mãe.

— Vou falar com Deus e nós vamos aqui de cima dar uma mãozinha ao senhor Bryan Stevenson. Há um tempo de viver e um tempo de morrer, Ray.

— Sim, mãe.

— E nunca mais será seu tempo de morrer neste lugar. Nunca mais.

— Sim, mãe.

— Não estou brincando desta vez, Ray. Não me faça voltar aqui.

Então eu caí no sono, um sono profundo, sem sonhos, e quando acordei já havia passado muito da hora do café da manhã. Era quase hora do almoço.

Os presentes começaram a chegar quase imediatamente após eu ter acordado. Café. Chocolate. Doces de todo tipo. Cartões. Livros. O corredor da morte realizava seu próprio funeral do único jeito que sabia.

— Ela amava você muito, Ray. Nunca vi uma mãe amar tanto o filho.

— Ela tem orgulho de você.

— Que ela descanse em paz, Ray.

— Sinto muito, Ray.

— Meus pêsames, Ray.

O dia inteiro, e a noite inteira, os homens gritaram palavras de apoio. Compartilhar a dor é atenuá-la.

E então ouvi o Jimmy Dill.

– Ray! – ele berrou. – Você pode me ajudar um pouquinho?

Respirei bem fundo. Minha mãe dissera para eu prestar algum serviço a alguém.

– Do que você precisa?

– Aqui no livro diz: "Eles já haviam feito isso antes, e fizeram hoje à noite e vão fazer de novo, e quando fazem isso, parece que os únicos que choram são as crianças". O que isso quer dizer exatamente?

Eu sorri. A história do clube do livro parecia ter sido retomada.

– Bem, o Atticus diz isso depois do veredito, certo?

– Certo.

– Acho que é porque a criança é a única que chora quando um homem inocente é condenado. Os adultos simplesmente aceitam. Aconteceu antes, e vai acontecer de novo. O que você acha? – perguntei.

– Acho que é isso mesmo, Ray. Acho que é. Mas o que eu queria dizer é que não é porque eles simplesmente fizeram isso antes e vão fazer de novo que você vai parar de lutar, não é? Penso que as pessoas nunca deveriam se acostumar com isso, você não acha?

– Eu acho que as pessoas nunca deveriam se acostumar com a injustiça – eu disse.

– Então você sabe o que a gente tem que fazer, não sabe, Ray? Sabe o que você tem que fazer sempre?

– O quê?

– Você tem que lutar, Ray. Você tem que nunca parar de lutar.

Parecia que a voz da minha mãe vinha agora da boca de um condenado por homicídio no corredor da morte chamado Jimmy Dill.

20

DIVERGÊNCIA

"É realmente lamentável que tenha passado tanto tempo sem uma solução final, e vou assumir parte da responsabilidade por isso."
Juiz James Garrett, 28 de janeiro de 2002

PHOEBE, A MÃE DE LESTER, veio me visitar depois que minha mãe morreu e, embora isso supostamente não fosse permitido, os guardas fizeram vista grossa e ela me envolveu nos braços e me amparou enquanto eu chorava em seu ombro. Lester ficou lá limpando a garganta e enxugando as lágrimas. Minha mãe era também mãe dele, e ele havia tomado conta dela por quase vinte anos. Eu perdera a mãe, e a mãe de Lester perdera a melhor amiga.

– Quero que saiba de uma coisa, Ray – disse ela, dando tapinhas nas minhas costas do jeito que costumava fazer quando eu era menino. – Um de nós vai sempre estar aqui, até o fim de tudo. Não importa o que aconteça, um de nós sempre vai estar aqui. Você entendeu?

Eu assenti e enxuguei as lágrimas. Me sentia grato por poder contar com os dois. Como poderia ter sobrevivido tanto tempo sem eles?

– Não importa o que aconteça – ela disse de novo, e então ela me deu um último beijo no alto da cabeça.

Quando ela faleceu, uns dois anos mais tarde, Lester e eu choramos juntos e então demos boas risadas pensando em como Deus estaria realmente em maus lençóis agora. Ninguém iria mais dormir ou ter paz no céu até que aquelas duas mulheres conseguissem o que queriam e Deus me libertasse.

Não tínhamos notícia do juiz Garrett. Bryan escrevia uma carta atrás da outra, entrava com pedidos e mais pedidos, e mesmo assim, nada. Depois de um ano, Bryan concluiu que talvez a pressão do público pudesse ser a única maneira de obrigar o estado a fazer a coisa certa, e começou a contatar a mídia a respeito da minha história.

```
19 de novembro de 2003
Anthony Ray Hinton, Z-468
Prisão Estadual de Holman
Holman, 3700
Atmore, Alabama 36503
```

Caro Ray,
Como está? Espero que esteja aguentando firme. Quero atualizá-lo em relação a algumas questões. O juiz Garrett, como você sabe, aposentou-se no dia 1º de novembro. Soubemos que ele iria manter alguns casos e distribuir outros a vários juízes. Embora não tenhamos conseguido nenhuma informação definitiva, parece ele pretende ficar com o seu caso. Após o debate que tive com Pryor, pressionei-o para que dissesse o que pretendia fazer. Ele sinalizou que não vão fazer nada, exceto esperar a decisão do juiz Garrett. Embora isso seja desalentador, não é nenhuma surpresa.

Enviei hoje uma carta ao subprocurador distrital simplesmente para podermos dizer à imprensa que esses caras tiveram todas as oportunidades de fazer a coisa certa. Nossos especialistas também pressionaram o sujeito do estado que foi trazido à sua audiência vindo do Departamento de Ciências Forenses, para ver se ele faz alguma coisa. Ninguém parece disposto a assumir qualquer responsabilidade, então teremos que colocar mais pressão neles publicamente.

Na semana que vem, vou falar com alguém do *The New York Times* a respeito de um artigo, e acho que vamos também trabalhar com alguém de uma revista de circulação nacional.

O *60 Minutes* irá procurar Pryor esta semana. Estou preocupado com eles, porque seguem falando da guerra do Iraque e mostram-se de certo modo vagos a respeito de quando irão de fato fazer alguma coisa. De qualquer modo, provavelmente irei falar com eles de novo na sexta-feira.

Vou até aí vê-lo na primeira semana de dezembro, porque é provável que nos próximos meses tenhamos que armar algumas entrevistas com você e o repórter do *Times* e o da revista. Antes quero conversar com você um pouco a respeito disso.

As coisas como sempre continuam agitadas por aqui, mas estamos pressionando. Estou ansioso para nos reencontrarmos, meu amigo.

            Atenciosamente,
            Bryan A. Stevenson

Passaram-se mais nove meses e eu ainda não tinha resposta sobre minha audiência da Regra 32. Bryan sentia-se frustrado, e eu tentava imaginar o que ele fazia para lidar com o fato de tantas vidas dependerem dele. Eu vivia lhe dizendo que, se as coisas não saíssem do que jeito que a gente queria, eu sabia que ele havia feito tudo ao seu alcance. No final, ele acabou indo direto à fonte.

 23 de setembro de 2004
 Ao Juiz James Garrett
 a/c Anne-Marie Adams, secretária
 Vara Cível do Condado de Jefferson
 Centro de Justiça Criminal, 207
 Blvd. N. Richard Arrington, Jr., 801
 Birmingham, AL 35203

Caro Juiz Garrett,

Escrevo-lhe para inquirir a respeito do andamento do caso de Anthony Ray Hinton. Como o senhor sabe, o senhor Hinton está no corredor da morte do Alabama, apesar de sustentarmos e de termos apresentado provas de que ele é inocente e não teve nada a ver com aqueles crimes. Há mais de dois anos, apresentamos evidências em apoio à alegação do senhor Hinton de inocência factual. Sei que desde então o senhor se aposentou, e é por isso que lhe escrevo, para tentar determinar em que pé está o caso e se o senhor ainda está cuidando de sua revisão. Apresentamos uma nova moção para um julgamento de concessão de soltura em 23 de fevereiro de 2004, e não conseguimos confirmar com o escritório de sua secretária se o senhor recebeu esse pedido ou as subsequentes requisições para tomar uma decisão.

Embora eu reconheça que a extensão de tempo requerida nos casos de pena de morte tem sido um problema para uma série de pessoas, estamos especialmente preocupados a respeito deste caso porque acreditamos que a evidência claramente dá respaldo à inocência do senhor Hinton e que no momento ele já está erroneamente preso no corredor da morte do Alabama há dezenove anos.

Sentir-me-ia extremamente grato se o senhor pudesse informar as partes a respeito da situação do caso ou determinar, sendo o caso, que se façam outros arranjos para sua resolução. Sinto incomodá-lo com uma carta desse teor, mas acredito sinceramente que o senhor Hinton é inocente e que este caso constitui um erro terrível.

Agradeço pela consideração que possa dar a essa questão e espero sinceramente que tudo esteja bem com o senhor.

Respeitosamente,
Bryan A. Stevenson
Advogado de Anthony Ray Hinton

cc: James Houts, assistente do procurador-geral
Jon Hayden, assistente do procurador-geral
J. Scott Vowell, juiz superior

O tempo continuou correndo e então, depois de dois anos e meio sem qualquer notícia, o juiz Garrett finalmente expediu sua decisão. Bryan enviou-me uma carta no final de janeiro. Li a carta em voz alta aos outros caras. Uns dois guardas também ficaram em pé no corredor ouvindo.

28 de janeiro de 2005
Anthony Ray Hinton, Z-468
Prisão Estadual de Holman
Holman, 3700
Atmore, Alabama 36503

Caro Ray,
Examinamos a decisão de Garrett e constatamos que é uma réplica literal, palavra por palavra, da ordem proposta pelo estado. Com efeito, ele esperou dois anos e meio e então simplesmente assinou a ordem proposta pelo estado que havia sido apresentada em 26 de agosto de 2002.

Garrett deixou passar todo esse tempo e então simplesmente assinou a ordem do estado. Fica claro que ele não estava trabalhando em nada quando disse ao juiz superior que iria dar algum parecer por volta do final de dezembro.

Embora isso não seja nenhuma surpresa, deposita mais uma camada no pior exemplo de administração corrupta e injusta da pena de morte de que se tenha notícia em qualquer parte. Sabíamos que não poderíamos esperar muito dele em termos de ajuda, mas ele não precisava ter tirado mais dois anos e meio de sua vida sem qualquer boa razão para isso.

Garrett imprimiu a ordem do estado e mudou as margens; acho que ele imaginou que assim ficaria com uma aparência melhor. Mas parece ser palavra por palavra a ordem proposta pelo estado. Eu anexei a ordem do estado, embora acredite já ter enviado a você há uns dois anos. Você deve lembrar, entramos com uma longa resposta contestando, e anexei-a também, caso você não a tenha mais em seu poder.

Vamos protocolar uma moção objetando que Garrett assine a ordem do estado, só para preservar essa questão para a apelação. Ela será protocolada na semana que vem. Mas não vamos esperar a decisão sobre isso. Depois de dez dias, uma moção é considerada negada, portanto vamos protocolar a nota de apelação neste prazo e começar a trabalhar na papelada da apelação para apresentá-la no final de fevereiro.

Ligamos para sua família e para Lester Bailey, e estou mandando material para nossos especialistas hoje, que eu acho que irão ficar muito ultrajados também com essa história. Vou ver se consigo falar com você na segunda-feira à tarde. Aguente firme.

Atenciosamente,
Bryan

P.S. Jerline recebeu o pacote que você mandou e simplesmente adorou! Obrigado por isso.

Bryan estava furioso, mas àquela altura eu simplesmente precisava entender que o estado iria mentir, trapacear, roubar e protelar para não ter que admitir que estava errado a meu respeito. As evidências não importavam. Nada parecia ter importância. Bryan protocolou uma apelação junto à Corte de Apelações Criminais do Alabama. Marcaram uma audiência, e Bryan aumentou a aposta envolvendo também a Anistia Internacional, os jornais locais e o noticiário nacional.

Em agosto, eles mataram George Sibley. Suas últimas palavras foram "Todos os que estão fazendo isso comigo são culpados de assassinato". Eu bati nas barras por ele e fiz uma oração por seu filho. Fiquei imaginando o que seria para esse garoto ter ambos os pais executados. Era algo pesado demais para qualquer pessoa ter que carregar.

Em novembro de 2005, pouco antes da audiência – os prisioneiros não tinham permissão de comparecer às audiências de apelação neste nível –, foi publicada uma série de artigos no *The Birmingham News*. Dei uma entrevista por telefone. A série de artigos era sobre a pena de morte, com artigos contra e a favor. Bryan escreveu um artigo contra, e quando li o artigo dele aos outros caras do corredor, senti orgulho por tê-lo não só como advogado, mas como amigo.

The Birmingham News Sunday, 7/11/2005

O DEBATE DA MORTE: CONTRA

O sistema judiciário do estado não merece matar

Por Bryan Stevenson

Na última semana, passei duas horas no Estabelecimento Correcional Holman com um homem condenado que está no corredor da morte do Alabama há quase vinte anos. Anthony Ray Hinton é inocente. Nunca cometeu um crime violento. Hinton é generoso, atencioso e tenta, com muito, muito esforço, ser alegre. Ele ajuda guardas e prisioneiros, nunca cometeu uma violação disciplinar, e envia presentes feitos à mão sempre que consegue poupar algum dinheiro.

Embora tenha lutado durante duas décadas para se manter positivo e esperançoso, depois que você conversa com ele durante algum tempo, vê que começam a emergir uma profunda tristeza e uma dor insuportável. Ele acredita que sua condenação equivocada contribuiu para a morte de sua amada mãe. Tem sido atormentado por mais de 30 execuções "logo ali no fim no corredor". Tem ficado trancafiado numa minúscula cela ano após ano. Chora muito, e luta todo dia para controlar a dor e a angústia de um pesadelo contínuo e de uma tragédia americana.

Hinton não foi mandado para o corredor da morte por estar no lugar errado na hora errada. Na realidade, estava no lugar certo e hora exata em que o crime ocorreu, realizando suas tarefas de trabalhador não qualificado em um armazém seguro, a 24 quilômetros de onde foi acusado de ter matado alguém a tiros. Antes do julgamento, Hinton passou num teste de polígrafo, e implorou que a polícia acreditasse em sua inocência. No entanto, sua vida, sua liberdade e seus direitos simplesmente nunca foram levados a sério por ninguém.

Hinton está no corredor da morte porque é pobre. Ele é uma vítima do indigente sistema de defesa do Alabama, gravemente carente de subvenção. O advogado de defesa que foi nomeado para seu caso, como ocorre com setenta por cento daqueles que ainda estão no corredor da morte do Alabama, só podia receber por lei 1 mil dólares para preparar a defesa para o julgamento de seu caso capital. Hinton recebeu quinhentos dólares para pagar um especialista que provasse que a arma que a polícia encontrou na casa de sua mãe não foi a arma usada para cometer aqueles crimes. Com tão pouco dinheiro, o único especialista que ele foi capaz de bancar era legalmente cego de um olho e não tinha experiência no uso do equipamento necessário para examinar a evidência.

Como a maior parte dos prisioneiros do corredor da morte, Hinton foi considerado culpado antes do julgamento. Sem dinheiro, sem poder político ou celebridade, era um homem negro anônimo colocado em risco por um sistema judiciário que é chocantemente tolerante com o erro, um sistema que trata você melhor se você for rico e culpado do que se for pobre e inocente.

Hinton não é a única pessoa inocente que foi mandada para o corredor da morte do Alabama. Em 1993, o estado acabou admitindo que Walter McMillian passara seis anos no corredor por um crime que não havia cometido. Gary Drinkard, Louis Griffin, Randal Padgett, Wesley Quick, James Cochran e Charles Bufford foram todos isentados da pena capital após serem equivocadamente considerados culpados e sentenciados à morte. Com 34 execuções e sete exonerações desde 1975, temos que, de cada cinco execuções, uma pessoa foi identificada como inocente no corredor da morte do Alabama. É uma taxa de erro impressionante. O que mais define a pena capital no Alabama é o erro. Tribunais revisionais concluíram que no Alabama haviam sido impostas de maneira ilegal e inconstitucional cerca de 150 condenações por crime capital e sentença de morte. As reversões superaram as execuções numa proporção de quase 5 para 1. Embora alguns estados tenham examinado a sério seus sistemas de pena de morte e buscado reformas, os líderes do Alabama têm sido diligentes apenas em acelerar os processos de execução.

A Suprema Corte dos EUA decidiu que a execução de pessoas com sofrimento mental é inconstitucional, mas a Legislatura do Alabama recusou-se a promulgar leis que apliquem essa restrição. A Suprema Corte pediu maior deferência aos vereditos do júri, mas o Alabama persiste como único estado da nação que permite que juízes escolhidos para o julgamento se sobreponham aos vereditos do júri sobre prisão perpétua, sem restrições ou padrões. Desde 1990, cerca de 25 por cento de todas as sentenças de morte foram impostas depois de os jurados terem concluído que a pena perpétua sem condicional era a sentença adequada.

Eu represento pessoas do corredor da morte do Alabama há quase vinte anos. Sei que nem todos no corredor são inocentes. Também sei que a pena de morte no Alabama não é algo que trate de culpa e inocência. Anthony Ray Hinton pode dolorosamente contar muito a vocês a respeito disso.

A pena de morte no Alabama é uma mentira. É um perverso monumento à desigualdade, ao fato de algumas vidas importarem mais que outras. É um exemplo violento de como protegemos e valorizamos os ricos e abandonamos e desvalorizamos os pobres. É uma sombra sinistra e perturbadora projetada pelo legado do apartheid social e usada para condenar os desfavorecidos entre nós. É o símbolo que as autoridades eleitas erguem para fortalecer sua reputação de serem duras contra o crime, ao mesmo tempo em que desviam nossa atenção das causas da violência. A pena de morte é inimiga da graça, da redenção e de todos os que

> valorizam a vida e reconhecem que cada pessoa é mais do que seu pior ato.
> Com tanto medo, raiva e violência, é fácil entender o apelo da pena capital. A dor das vítimas de crimes violentos é real.
> No entanto, o trágico número de pessoas inocentes equivocadamente condenadas, as muitas condenações e sentenças ilegais, o tratamento desigual dos pobres e das minorias raciais tornaram a pena capital não mais uma questão de se algumas pessoas merecem morrer pelos crimes que cometeram. Em vez disso, a questão da pena de morte no Alabama é se o governo estadual, com seu sistema político de justiça falho, inexato, tendencioso e povoado de erros merece matar.
> É hora de reconhecer que não merece.[24]

Li o artigo várias vezes. Perto dele no jornal havia outro artigo, de opinião contrária – a favor da pena de morte –, do procurador-geral, Troy King. Seu argumento básico era do tipo "olho por olho, dente por dente", e eu entendia isso. Eu crescera ouvindo isso na igreja. A justiça pedia uma vida em troca de outra. Retaliação. O perpetrador não deve viver, já que a vítima não teve escolha. As pessoas no corredor da morte haviam merecido seu lugar ali, e a justiça não pode ser consumada se houver a proteção dos direitos dos culpados. Mas o sistema não sabia quem era culpado. Eu não era cego. Há uma diferença moral entre sequestrar e matar alguém, e prender e executar alguém. Não há equivalência moral, mesmo que as duas coisas terminem em morte. Mas morte nunca deteve morte. E não podemos ter certeza da culpa, a não ser quando há a admissão de culpa. Uma pessoa podia acreditar na pena de morte e ainda assim acreditar também que é preciso acabar com ela, porque os homens são falíveis e o sistema de justiça é falível.

Até que tenhamos uma maneira de assegurar que homens inocentes nunca sejam executados – até levarmos em conta a existência de racismo

---

[24] Bryan Stevenson, "The Debate of Death: Against", *The Birmingham News*, 7 de novembro de 2005.

em nossos tribunais, em nossas prisões e em nossas condenações –, a pena de morte deve ser abolida. Ponha Troy King uma década ou duas na prisão, com uma sentença de morte e sendo inocente, e veja que tipo de opinião irá manifestar a respeito disso. Não há maneira humana de executar qualquer pessoa. E independentemente de qualquer lei, ninguém tem o direito de executar uma pessoa inocente. Um trecho em particular do artigo favorável à pena de morte me impactou: "Certamente, a sentença de morte nunca deve ser aplicada de uma maneira que permita que um inocente morra". Havia uma ironia implícita. Se ele acreditava nisso, por que se recusava objetivamente a examinar a evidência da minha inocência? O editorial de Bryan era comovente e impressionante. Até os guardas leram trechos dele em voz alta. Eu não sabia o que iria acontecer nos tribunais de apelação, mas sabia sem dúvida que ainda tinha o melhor advogado de Deus lutando por mim.

No dia da audiência, saiu outro artigo citando tanto a mim quanto McGregor. Ele ainda tinha raiva de mim vinte anos depois, por eu tê-lo encarado fixo no tribunal, e também ameaçou que se eu fosse libertado estaria "esperando logo depois do portão com um .38, e não seria dos modelos antigos". Eu esperava que esse comentário ajudasse a provar minha tese na corte de apelação. Duas décadas haviam se passado e ele ainda dizia, para quem quisesse registrar, que iria me pegar de um jeito ou de outro. Bryan pareceu esperançoso depois das exposições orais dos argumentos.

    30 de novembro de 2005
    Anthony Ray Hinton, Z-468
    Prisão Estadual de Holman
    Holman, 3700
    Atmore, Alabama 36503

    Caro Ray,
    Como vai, meu amigo? Na semana passada, o estado protocolou outra petição do seu processo após uma argumentação oral. É impressionante que queiram agora discutir a evidência do seu caso depois de tantos anos dizendo

que estava tudo vedado e invalidado. De qualquer modo, apresentaram uma moção para complementar o resumo deles, porque eu havia enfatizado na argumentação oral o quanto a evidência da arma isentava você, que acho que ficaram preocupados com isso. Anexo uma cópia do que eles enviaram. Nós protocolamos uma resposta à alegação deles, que também está anexada a esta carta.

Acho bom que eles agora sintam alguma necessidade de corrigir os méritos dessas questões. As cartas ao jornal após os artigos do *The Birmingham News* foram todas positivas. Assim que reunirmos todas elas, mandarei cópias.

Espero realmente que este seja seu último Dia de Ação de Graças no corredor da morte. É sempre melhor não ser muito otimista quando lidamos com o sistema judiciário do Alabama, mas você merece ser solto logo.

Vou tentar dar um pulo aí antes do Natal.

A corte expediu uma série de decisões de casos mais antigos na semana passada, portanto estivemos bastante ocupados. Espero que você esteja levando bem as coisas por aí. Tudo de bom, meu amigo.

Atenciosamente,
Bryan Stevenson

Tentei não ficar esperançoso demais enquanto aguardávamos a Corte de Apelações Criminais. Procurava me ocupar ao máximo e sentia-me grato aos guardas por me deixarem passar a maior parte do dia na ala de descanso deles. Eu cozinhava para eles e os aconselhava sobre tudo, de problemas de grana a questões do casamento. Havia uma ironia no fato de eles pedirem conselhos a alguém como eu, trancado numa cela e isolado do mundo exterior havia mais de duas décadas. Eu também ajudava a entregar refeições aos caras do corredor. Era uma maneira também de dar um alô a cada um deles, olhá-los nos olhos e checar se havia sinais de que estivessem indo para aquele lugar entrevado que todos nós conhecíamos bem demais.

Eu estava a serviço dos outros. Era o que minha mãe queria, e isso me fazia levar adiante cada dia de cada mês, até minha visita com Lester.

No final de junho de 2006, avisaram-me que devia ligar para Bryan. Ele contou que a Corte de Apelações Criminais do Alabama negara minha apelação. Íamos agora apelar para a Suprema Corte do Alabama. Voltei à minha cela e contei aos outros caras. Jimmy me pareceu especialmente perturbado com a notícia. Os artigos do jornal haviam estabelecido minha inocência de uma maneira mais real do que aquilo que eu vinha dizendo aqueles anos todos. Minha liberdade virou uma causa pela qual todos no corredor se dispunham a lutar. Ninguém duvidava da minha inocência, e depois do artigo do Bryan, eu havia dito a todos eles que ao sair dali iria lutar para acabar com a pena de morte. Em meus sonhos eu dava palestras em faculdades e igrejas pelo país inteiro, pelo mundo afora. Eu seria uma voz como a de Bryan. Contaria minha história, para que isso não acontecesse nunca mais com outra pessoa.

Mas primeiro eu precisava ser libertado.

E agora íamos a outra corte, uma à qual eu já havia apelado em 1989. Era como se meu caso ficasse quicando dentro de uma máquina estatal de *pinball*. Vara Cível. Corte de Apelações. Suprema Corte e tudo de novo. Várias vezes. Mas não fiquei transtornado. Fiquei apenas atônito. O resultado na Corte de Apelações Criminais do Alabama havia sido 3 a 2. Era uma decisão contrária a mim, mas pela primeira vez dois dos juízes acreditavam na minha inocência.

A divergência era uma coisa boa. E era tudo o que eu tinha.

21
ELES MATAM VOCÊ
ÀS QUINTAS-FEIRAS

*"O grau de civilização de uma sociedade pode ser avaliado
ao entrarmos em suas prisões."*
Fiódor Dostoiévski

APELAMOS À SUPREMA CORTE DO ALABAMA, e eles se recusaram a decidir até que se determinasse se Payne era um especialista qualificado ou não. Isso nos levou outra vez ladeira abaixo, fazendo-nos passar pela Corte de Apelações Criminais e então de volta ao Condado de Jefferson. O juiz Garrett estava agora aposentado de vez – e abandonara meu caso. Eu tinha esperança de que a nova juíza da vara cível – Laura Petro – fosse um pouco mais receptiva ao meu caso. Demorou até março de 2009 para a juíza Petro decidir.

```
11 de março de 2009
Anthony Ray Hinton, Z-468
Prisão Estadual de Holman
Holman, 3700
Atmore, Alabama 36503

Caro Ray,
    Bem, infelizmente, a juíza Petro não ajudou. Ela redigiu uma ordem judicial bizarra que tenta apenas dar andamento ao que ela imagina que o juiz Garrett pensava a respeito de Payne. Ela declara acreditar que o
```

juiz Garrett considerava Payne competente. Interpretamos isso como uma indisposição de Petro em assumir de modo independente que ela considera Payne competente. Muito desapontador. Ligue para mim. Irei aí na semana que vem se você quiser conversar, e poderemos discutir os próximos passos. Por ser bizarra, esta ordem é melhor do que se fizesse o que a corte de fato havia ordenado, ou seja, chegar a achados independentes a respeito da competência de Payne. De qualquer modo, eu havia dito que escreveria a não ser que houvesse boas notícias, então quis te enviar isso o quanto antes. Falo com você logo.
    Aguente firme.

Atenciosamente,
Bryan Stevenson

Estava ficando cada vez mais difícil aguentar firme. A execução de Jimmy Dill fora marcada para o mês seguinte. Desde o dia em que esperávamos que fosse meu último Dia de Ação de Graças no corredor, eu tinha visto 37 homens irem para a morte. Dois já haviam sido mortos em 2009. Eu já vira dez homens morrerem desde que Garrett negara minha petição da Regra 32. Havia um clima solene no corredor. Não havia mais aquelas sessões paralelas de discussão nos moldes do clube do livro. Estávamos todos apenas tentando sobreviver, e os caras mais jovens que chegavam vinham com raiva, agitados, de uma maneira que eu ainda não havia visto. Não tinham nenhum interesse em discutir literatura. E quando uma execução era marcada, isso só deixava o ambiente mais tenso entre os guardas e os homens. Eles não ensaiavam mais ligar o gerador para as execuções, mas ainda as ensaiavam.

— Nós nunca mataríamos você, Ray — um guarda costumava comentar comigo. — Estou só fazendo meu trabalho.

— Rapaz, você se apresentou como voluntário para isso. Está no Esquadrão da Morte como voluntário. Eu sei disso. Você também. Todos os caras sabem.

– Estou só fazendo meu trabalho.

Eu sabia que os guardas iriam me matar se minha execução fosse marcada. Eles sabiam disso também. Não haveria como escapar. Eu ficava imaginando o que aconteceria caso todos eles simplesmente se recusassem a matar. Caso se posicionassem. Como era possível que eles nos levassem ao médico, nos alimentassem, tivessem compaixão por nós, e depois nos conduzissem para a morte? Isso, depois de um tempo, confundia nossas mentes. Aqueles homens também faziam parte da nossa família. Estávamos todos naquele canto escuro e úmido do mundo, encenando uma peça de teatro perversa na qual dávamos risadas juntos seis dias da semana, mas às quintas-feiras eles nos matavam.

Meu caso voltou à Corte de Apelações Criminais, e eles a devolveram de novo para a juíza Petro, porque, como Bryan havia dito, ela não havia decidido a respeito de Payne, se era um especialista qualificado ou não, mas apenas a respeito do que imaginava que Garrett achava em 1986. Em setembro de 2010, ela decidiu que Payne era um especialista, porque "havia adquirido conhecimento sobre identificação de armas de fogo superior ao de uma testemunha comum". Era o mesmo que a corte dizer que eu era qualificado como cirurgião cardíaco por já ter sido submetido a um eletrocardiograma. Fomos mandados de volta à corte de apelações, que confirmou a primeira instância e nos mandou de novo à Suprema Corte do Alabama. Eles devolveram meu caso outra vez para a instância inferior, dizendo que havia sido aplicado o padrão incorreto quando a corte determinou que Payne era um especialista qualificado.

Era o suficiente para deixar qualquer um zonzo.

Bryan nunca desistia, e eu podia ver o quanto isso estava sendo difícil para ele. Carregava o mundo nas costas, e em algumas visitas eram visíveis a tensão e o estresse nos seus olhos. Eu não era o único caso dele, e nenhum de nós estava ficando mais jovem. Eu estava cansado, e já não rezava mais para que a verdade fosse conhecida. A verdade era conhecida. O Alabama sabia que eu era inocente, mas eles nunca iriam admitir isso. Não haviam admitido em 1986. Não admitiram em 2002. Nem em 2005. E não iriam admitir em 2013.

Bryan tinha aquele acordo de enviar uma mensagem à prisão quando precisasse falar comigo. Como havia muita cobertura da imprensa, assim que saía alguma nova decisão sobre o meu caso ela era publicada nos jornais locais. As decisões da corte eram pronunciadas por volta das 2 horas da tarde. A notícia era publicada às 5. Bryan nunca queria que eu descobrisse coisas sobre meu caso pelos jornais.

Quando recebi a mensagem dizendo para ligar para ele, tentei manter minhas expectativas baixas.

– Eles negaram, Ray. Sinto muito.

Mantive o fone afastado do ouvido. Eu tinha muita certeza de que iria acontecer um milagre. Certeza porque dois juízes finalmente haviam tomado meu lado, e então tudo poderia se resolver. Mas parecia que eu nunca mais iria sair dali. Seria amarrado àquela maca e receberia um coquetel de remédios que primeiro me paralisaria para que não pudesse gritar, e depois lenta e dolorosamente iria me matar de dentro para fora. Eu seria posto para dormir como um cão raivoso. Era essa a importância da minha vida – talvez menos ainda. O cão talvez encontrasse conforto em sua morte. Eu iria perder esta vida. Perder Bryan. Eu sabia que ele já assistira à morte de homens que tinham importância para ele. Eu também assistira. Não há palavras que expressem o quanto isso deixa marcas. Não há palavras que digam o quanto cada morte mata uma pequena parte de você. Sua alma morre um pouco, sua mente se parte mais um pouco, seu coração bate forte e sangra enquanto um pedaço dele é arrancado. Uma só mente, um só coração, uma só alma não aguentam tanto.

Eu enxuguei as lágrimas e respirei bem fundo antes de recolocar o fone no ouvido. Bryan continuava falando.

– Talvez eu não tenha feito o suficiente. Eu deveria ter...

Meu coração sofria por causa daquele homem, então o interrompi.

– Senhor Stevenson, aqui é o assistente de Ray Hinton, e ele me pediu para lhe dizer que o senhor tem que ir para casa agora; é sexta-feira. Ele disse para o senhor jantar bem, tomar uma taça de vinho, assistir um filme... Fazer o que for preciso para se sentir melhor, e disse para o senhor simplesmente esquecer Ray Hinton este fim de semana.

– Ray – Bryan tentou me interromper.

– Aqui é o assistente de Ray Hinton, e ele mandou dizer que se deixarem ele ir lá fora este fim de semana ele vai fazer uns arremessos de basquete e relaxar, e dar um tempo nessas questões legais. Disse que você deve fazer o mesmo, e que vai ligar logo cedo na segunda-feira.

Bryan riu baixinho.

– Ray disse também que você tem permissão para curtir seu fim de semana inteiro. Curtir o sol, fazer um belo passeio pelo bosque. Esquecer Ray Hinton, porque Ray Hinton decidiu esquecer de si mesmo por um tempo.

– Diga-lhe que eu agradeço muito. – Eu pude sentir que a voz de Bryan estava mais leve.

– Diga isso a ele você mesmo quando ele ligar na segunda de manhã.

Desliguei o telefone e voltei à minha cela. Que advogado precisa da permissão de um detento para tirar uma folga e curtir seu fim de semana? Bryan se preocupava tanto comigo que me comovia de uma maneira difícil de colocar em palavras. Eu sabia que ele estava fazendo o possível para salvar minha vida. Ele merecia um fim de semana livre desse fardo. Eu queria que Bryan erguesse a cabeça e sentisse o sol no rosto. Ele merecia alguns momentos fora desse lugar, longe das decepções dos tribunais.

Estava escuro na minha cela, mais escuro do que deveria às 5 da tarde em abril. Fiquei pensando se ainda teria alguma chance de virar meu rosto para o sol como um homem livre. Se chegaria um momento em que a luta teria terminado. Às 9 em ponto da manhã de segunda, gritei para o guarda que queria fazer uma ligação. Telefonei para o escritório do Bryan, a cobrar. A senhora Lee atendeu e colocou Bryan na linha.

– E então, Ray, como vai nesta manhã? – Bryan perguntou.

– Estou muito bem, Bryan. Como foi seu fim de semana?

– Foi ótimo meu fim de semana, Ray, muito bom mesmo. – Podia ver pela voz dele que era verdade. Eu não tinha muita coisa para dar a Bryan, então fiquei feliz de poder lhe dar um fim de semana. Mas o fim de semana já terminara.

– Bem, são 9 da manhã, e eu disse que iria ligar, então vamos lá trabalhar de novo no meu caso!

Bryan riu.

– Vou dar um pulo aí para vê-lo. Tem uma coisa que eu quero conversar com você pessoalmente.

– Você tem alguma ideia sobre o que fazer agora?

– Tenho, Ray. Tenho, sim.

– Tudo bem, então, nos vemos assim que deixarem você vir.

Despedimo-nos, e fiquei feliz em saber que Bryan ainda não desistira. Se ele não desistia, então eu tampouco iria desistir.

Dei a notícia a Lester na sua visita seguinte. Sylvia não viera com ele. Ela tivera problemas com uma guarda durante a última visita, e por isso estava dando um tempo do corredor da morte. Fiquei furioso ao saber. Eu iria falar com os guardas. Eles podiam mexer comigo o quanto quisessem, mas não iam mexer com as pessoas que eu amava ou com as minhas visitas.

Lester trouxera minha certidão de nascimento, e conversamos um pouco sobre para onde eu iria se conseguisse sair algum dia. A casa de minha mãe ficara desocupada por dez anos e precisaria de muitos reparos para ficar habitável de novo. Já fazia 27 anos que conversávamos a respeito da minha saída dali. Faltava pouco para eu ter passado mais tempo no corredor da morte do que como um homem livre. Havia menos energia em nossas especulações sobre o futuro. Estávamos os dois ficando velhos. Olhei para ele, e por um segundo todo o meu tempo no corredor da morte passou diante dos meus olhos – mas desta vez sem ele. Ele nunca faltara a uma visita desde que eu fora preso em 1985. Estávamos em 2013. O mundo havia mudado, mas a amizade de Lester era a mesma. Senti lágrimas se formando nos meus olhos.

– O que foi, Ray?

– Lembra daqueles tempos em que a gente costumava voltar para casa a pé e saltava dentro da vala para se esconder? – perguntei.

– Lembro, sim.

– Do que é que a gente tinha medo, exatamente?

Lester não disse nada. Ficou só olhando fixo para mim, e seus olhos estavam mais tristes do que eu já havia visto antes.

– Estou ficando cansado – eu disse. – O tribunal negou minha solicitação de nova audiência. Não acredito que tenha mais muitas opções. A impressão é que eles não estão dando importância à nova evidência. Não parecem ter a menor pressa. Vão marcar uma data de execução ou então ficar me jogando de uma instância a outra até eu morrer. Pela primeira vez em muito tempo, eu não sei se vou sair daqui. Simplesmente não sei.

– Você não pode parar de lutar.

– Por quê? Por que eu não posso parar de lutar? – Não tinha a menor graça. Eu estava simplesmente cansado. – Tenho vivido uma vida plena.

Lester deu um gemido, como quem não acredita.

– Lester, eu ganhei Wimbledon cinco vezes. Fui terceira base dos Yankees e líder em *home runs* da liga por dez anos seguidos. Viajei o mundo. Casei com as mulheres mais lindas. Amei e ri e perdi Deus e o encontrei de novo, e fiquei muitas e muitas horas meditando sobre qual seria o sentido de estar no corredor da morte por algo que não fiz. E às vezes acho que não há propósito – que simplesmente esta é a vida que me coube viver. Fiz disso aqui um lar e formei uma família com alguns dos homens mais assustadores que alguém poderia conhecer. E sabe o que eu aprendi? Que somos todos iguais. Somos todos culpados de alguma coisa, e ao mesmo tempo somos todos inocentes. E, me desculpe, mas dá para enlouquecer tentando fazer com que tudo se encaixe dentro de algum plano. Talvez o plano seja esse mesmo. Talvez eu tenha nascido para viver a maior parte da minha vida num cubículo de um metro e meio por dois para poder viajar o mundo. Eu nunca teria vencido o torneio de Wimbledon se não tivesse vindo parar no corredor da morte. Entende o que eu penso, Lester? Compreende o que estou dizendo?

Lester limpou a garganta.

– Me lembro de voltar para casa a pé com você e pular dentro daquela vala, e você dizer para mim que era estranho como uma pessoa se acostuma com tudo. Lembra disso?

Neguei com a cabeça. Não lembrava.

– Bom, você disse isso. E você sabe por que a gente sentia tanto medo? Sabe por quê, Ray?

– Não, por quê?

– A gente tinha medo porque não conseguia ver o que estava vindo em nossa direção. Então a gente se escondia naquelas valas. A gente se escondia em vez de encarar o que quer que viesse pela frente.

Assenti.

– Não somos mais crianças, Ray, e não estamos com medo. Não vamos nos esconder numa vala juntos. Vamos encarar o que quer que aconteça. Vamos encarar, e vamos lutar se tivermos que lutar, e nunca vamos nos acostumar com isso. Você não nasceu para morrer no corredor da morte. Tenho certeza.

Lester nunca fora alguém de falar, mas daquela vez tinha algo a dizer.
– Ok – eu disse.
– Ainda estamos voltando para casa, Ray. Ainda estamos simplesmente voltando a pé para casa juntos.

Quando entrei na área de visitas e vi Bryan esperando por mim, ele parecia sério. Mais do que sério, parecia determinado de uma maneira que eu nunca havia visto antes. Havíamos tido tantas negativas, tantas conversas por telefone nas quais ele precisava me comunicar que haviam decidido contra mim, que às vezes nem queríamos falar sobre o caso. Ficávamos só dando risadas. De nada em particular, apenas rindo de tudo. Alguns dias, éramos como duas adolescentes que não conseguem parar de rir mesmo quando a professora chama a atenção delas. Alguns dias parecia uma coisa tão maluca que eu ainda estivesse ali, que a gente simplesmente ria sem parar. Era uma sensação boa poder rir daquele jeito. Nos mantinha jovens, e saudáveis.

Bryan sorriu quando me aproximei.
– Como vai, meu amigo?
– Tudo certo.
– Ouça, eu tenho uma ideia. Quero que você realmente pense em tudo o que vou lhe dizer antes de decidir. Temos que tomar algumas decisões estratégicas. Como discutimos antes, nossa próxima opção é entrar com um pedido de habeas corpus na corte federal. As opções são limitadas. Temos severas restrições de prazo e bem poucas questões que possamos alegar que tenham violado seus direitos federais. O habeas federal não oferece a mesma oportunidade de provar que você é inocente, Ray. Eles não podem examinar uma alegação de inocência. Só podemos alegar a supressão de provas com as planilhas e a assistência ineficaz do advogado. Se perdermos na Corte Distrital dos EUA, então vamos apresentar uma apelação na Corte de Apelações dos EUA da decisão da Décima-Primeira Vara Cível. O estado vai entrar com seus resumos. Vai ser parecido com a Regra 32, mas com um foco mais limitado. O estado vai arguir que os tribunais federais têm que deferir as decisões tomadas pelos juízes dos tribunais estaduais no habeas corpus federal. Entende o que estou dizendo?

Assenti e fiz sinal para ele prosseguir.

– Existe uma última oportunidade de falarmos sobre sua inocência, e é ir agora para a Suprema Corte dos EUA. Não podemos alegar inocência no habeas corpus federal, apenas que os seus direitos federais foram violados. A Suprema Corte não pode garantir a soltura a partir apenas da reivindicação de inocência, mas acho que podemos apresentar-lhes uma narrativa que talvez os motive a fazer algo. Sua inocência irá fazer diferença, Ray. Será a última vez que irá fazer diferença para um tribunal.

Assenti de novo. Eu queria que minha inocência fizesse diferença. Eu queria que ela fizesse diferença para sempre.

– Mas, ouça. Se eles negarem o mandado de avocação, então ninguém mais irá ouvir de novo sua alegação de inocência. Se não formos para a Suprema Corte agora, teremos outra chance no final desse processo de habeas corpus federal, que pode levar anos. Você precisa saber disso. Estar preparado para isso. Mas depois, quando a Suprema Corte fizer a revisão, será apenas uma revisão das questões muito restritas que tivermos apresentado no habeas federal. O que eu quero dizer é que eles não irão fazer a apreciação da sua inocência. Eles serão muito específicos no que irão considerar, e a chance de soltura ficará enormemente reduzida.

– E no habeas federal é possível que eu seja mandado de lá para cá entre as diversas cortes de novo? Para lá e para cá, só que desta vez apenas dentro das cortes federais?

– É bem possível. Você sabe como o estado tem agido com a sua apelação. Isso não vai mudar. Talvez a oposição fique até reforçada no habeas federal. Quer dizer, podemos ir depois para a Suprema Corte para uma revisão, mas talvez fiquemos anos nesse litígio, e eles raramente, quero dizer, vai ser difícil de qualquer jeito... e tem outra coisa, Ray. Se levarmos seu caso à Suprema Corte e perdermos, as coisas podem se acelerar. Pode ficar mais difícil para nós ganharmos no habeas federal e mais difícil impedir que o matem.

Interrompi Bryan.

– Você tem dinheiro aí para a máquina automática? Gostaria de beber alguma coisa.

– Claro, Ray. Claro. – Bryan me passou umas moedas e fui até a máquina pegar uma Coca. Sentei e abri a lata.

— Um homem precisa de uma bebida quando vai tomar uma decisão importante.

— Ray...

Ergui a mão pedindo silêncio e dei um longo gole do refrigerante. Pela primeira vez na vida, desejei ter alguma bebida forte para tomar. Nunca fora de beber, mas imaginei que aquela latinha estava cheia de uísque.

— Bryan, sou inocente. Quero que os tribunais admitam que sou inocente. Quero que o mundo saiba que sou inocente. Não quero perpétua sem condicional. Quero sair daqui. Quero viver o resto da vida como um homem livre. Prefiro morrer. Se não puder provar minha inocência, prefiro morrer.

— Então, o que quer fazer, Ray? Pode levar mais oito ou nove meses para ser protocolado, e não há garantia e...

— Quero ir para a Suprema Corte agora, Bryan. Quero que eles saibam que sou inocente. Quero que eles apreciem meu caso agora, quando podemos apresentar tudo. Não quero passar mais dez anos nos tribunais. Não acho que seja capaz de aguentar. Não acho que consiga ficar aqui até os 70 anos de idade e continuar lutando ainda.

Ficamos em silêncio um bom tempo depois disso. Olhei em volta da área de visitas. Eu passara muito tempo ali ao longo das últimas décadas. Comera muita tortinha de limão da máquina automática. E passara a ter grande respeito e amor por aquele homem sentado à minha frente. Ele estava cansado também, e eu era apenas uma das muitas batalhas que ele estava travando. Nós dois merecíamos uma vitória.

Estava na hora.

E se não fosse a hora, então eu teria a minha quinta-feira. Faria minha última refeição, agradeceria a Lester por ter sido o melhor amigo que alguém pode ter e diria a Bryan Stevenson que ele não podia salvar todo mundo e que eu sabia que ele havia feito todo o possível. Eu sentiria alegria sabendo que tinha vivido a melhor vida que alguém pode viver numa cela de um metro e meio por dois.

E que Deus tivesse misericórdia pela alma deles, mas eu sabia quais seriam minhas últimas palavras.

Sou inocente.

22

JUSTIÇA PARA TODOS

"Como não há nenhuma questão aqui que mereça certiorari,[25] *esta corte deve negar a revisão desta matéria."*
Luther Strange, procurador-geral do Alabama, à Suprema Corte dos EUA, novembro de 2013

EXISTEM CERTOS MOMENTOS DOS quais você se lembra para sempre. Para a maioria das pessoas, é quando casa ou tem o primeiro filho. Para outras, é quando conseguem o primeiro emprego, ou conhecem a mulher ou o homem dos sonhos, mas pode ser algo tão simples como conquistar o reconhecimento de alguém ou ter finalmente a coragem de fazer algo que sempre as intimidou.

Passei os seis meses até Bryan protocolar minha petição junto à Suprema Corte dos EUA refletindo sobre meus momentos – mas só sobre os bons momentos. Não queria rever os ruins. A morte da minha mãe. A prisão e a condenação. Os 54 seres humanos que eu vira caminhar até a execução. Sabia os nomes de todos eles e, em julho, uma noite antes que levassem Andrew Lackey, um homem branco que estava no corredor havia apenas cinco anos, para a câmara da morte, eu repassei os 53 na minha mente. Algumas pessoas contam carneiros. Eu contava os mortos.

---

[25] *Certiorari* é um termo jurídico referente à garantia de revisão de uma decisão judicial. Garantir *certiorari* significa que uma corte superior ordena que uma corte de instância inferior envie para revisão uma questão judicial decidida em sua esfera. A parte que recorre protocola uma *cert petition* ou mandado de avocação, e a Suprema Corte decide então se há razões relevantes para julgar o processo na sua instância. [N.T.]

Wayne. Michael. Horace. Herbert. Arthur. Wallace. Larry. Neal. Willie. Varnall. Edward. Billy. Walter. Henry. Steven. Brian. Victor. David. Freddie. Robert. Pernell. Lynda. Anthony. Michael. Gary. Tommy. J. B. David. Mario. Jerry. George. John. Larry. Aaron. Darrell. Luther. James. Danny. Jimmy. Willie. Jack. Max. Thomas. John. Michael. Holly. Philip. Leroy. William. Jason. Eddie. Derrick. Christopher. Não quis acrescentar o nome de Andrew à lista. Ainda não. Não enquanto houvesse alguma esperança. O homem antes de Andrew havia ficado ali quatro anos apenas. Assim como Andrew, Christopher não quis entrar com apelação. Eram caras jovens, mas nenhum dos dois estava em seu completo juízo. Dava para ver que eram mais lentos que a maioria. Eu não tinha certeza se realmente entendiam onde estavam ou se haviam escolhido mesmo não apelar de suas condenações. Era triste, e eu me senti mais velho do que meus 57 anos. Bati nas barras por Christopher e por Andrew, para que soubessem que não estavam sozinhos. Eu já fizera muito barulho por um monte de homens enquanto enfrentavam a própria morte.

Tentei manter a mente focada nos bons momentos. Os momentos anteriores à minha prisão eram as noites quentes de verão jogando beisebol com Lester e outros meninos em Praco. Vivíamos numa feliz ignorância a respeito dos perigos do mundo. Até mesmo os atentados a bomba em Birmingham pareciam distantes de nosso santuário em Praco. Desejei nunca ter saído de lá. E se tivéssemos ficado em Praco e eu continuasse nas minas? O que teria sido da minha vida? Quais teriam sido meus momentos importantes? E se tivesse casado com a minha Sylvia quando tive a oportunidade? Eu seria pai, talvez avô a essa altura. Quantos jogos de beisebol eu havia perdido? Quantos passeios pelos bosques? Quantas alvoradas e crepúsculos pode um homem perder na vida e mesmo assim achar que viveu? Eu vivi no escuro tanto tempo que quase não conseguia mais imaginar como era ser um homem livre sentindo os raios do sol. Pensei em como era a sensação de fazer uma mulher dar risada. Um momento simples em que uma mulher estende a mão e toca seu braço. Lembrava de como era boa a sensação de segurar uma mulher nos braços e fazê-la olhar nos meus olhos. Será que eu beijaria uma mulher de novo? Mesmo que saísse dali, quem iria querer beijar o homem do corredor da morte? Tentei lembrar os momentos que passei pescando com minha mãe ou sentado ao lado dela na igreja rezando. Lembrei-me da comida que ela costumava fazer e do amor que eu podia saborear em cada mordida.

Os bons momentos depois de entrar no corredor da morte eram mais raros. Morrer de rir com Lester e Sylvia nas visitas. Contar-lhes histórias que mantivessem seu sorriso e ajudassem a fazê-los acreditar que a vida no corredor não era tão ruim quanto parecia. Sentar com Bryan e falar sobre meu caso e também sobre futebol. Fazê-lo rir. Ver a tensão sair de seus olhos durante meia hora. Ajudar outro homem no corredor a vencer uma noite longa e escura. Vozes na escuridão chamando umas às outras. Cada um usava o tempo a seu modo. Eu viajava na minha mente. Tinha uma vida plena na minha imaginação, e com isso não era sempre que precisava lamentar o que estava perdendo. Alguns caras nunca falavam. Outros nunca paravam de sentir raiva. Alguns rezavam a Deus, outros nutriam sentimentos que nenhum homem deveria jamais carregar. Tentei me lembrar dos momentos no corredor que teriam deixado minha mãe orgulhosa. Tentei me concentrar nos momentos de luz e risadas. Era o que me ajudava a seguir adiante. Meu caso perdia intensidade. Eu sabia disso. Havia uma contagem regressiva até o dia em que eu não teria mais tempo – o dia em que já tivessem marcado a data da minha execução e eu tivesse que aprender a viver sabendo a data e a hora da minha morte. Eu não queria saber. Preferia a surpresa do que viver trinta ou sessenta dias vendo os rostos daqueles homens que praticavam os exercícios para me conduzirem à morte.

Era difícil não passar certas horas desejando uma vida diferente, mas eu tentava não me apegar muito a todos os "e se...?". E se eu tivesse devolvido aquele carro, em vez de ficar com ele? E se tivesse arrumado outro emprego que não o do Bruno's? E se não tivesse nascido pobre? E se Bryan tivesse sido meu advogado desde o início? Eu ainda estava batalhando pela minha liberdade, mas com uma calma aceitação daquilo que parecia inevitável. Eles nunca iriam admitir que haviam colocado o homem errado no corredor da morte. Eu nunca mais sairia dali.

Bryan entrou com uma petição para um mandado de avocação, a chamada *writ of certiorari*, na Suprema Corte dos EUA, em outubro de 2013, e o estado entrou com sua resposta em novembro. Entramos com uma resposta à resposta deles uma semana mais tarde. Não havia celebração de Ano Novo no corredor da morte, e 2014 chegou como um ladrão furtivo à noite. De fato, o que poderíamos celebrar? Outro ano vivos ou um ano mais próximos da morte?

Como é que homens livres celebram um ano novo?

Eu não sabia, e não conseguia mais lembrar.

Era final de fevereiro quando recebi uma mensagem para ligar para Bryan. Quantas dessas ligações telefônicas eu havia feito nos últimos quinze anos? E quantas haviam trazido boas notícias?

Bryan parecia ofegante quando entrou na linha. E excitado. Tentei não elevar muito minhas expectativas, mas senti que meu coração começava a bater mais depressa.

— Ray, eu só tenho uns minutos para falar, mas preciso lhe contar...

— O que foi, Bryan? Kim Kardashian ligou atrás de mim? — Fazia pouco que eu decidira me divorciar de Sandra por causa de Kim. Era um grande drama com o qual eu vinha lidando todas as noites.

Bryan riu.

— Não, Ray. A Suprema Corte dos EUA deu seu parecer.

Respirei fundo. Eu esperava que eles fossem conceder uma revisão, permitir que houvesse exposição oral de argumentos. Eu tinha certeza de que Bryan poderia fazer mágica se pudesse falar diante deles. Era raro isso ocorrer, eu sabia, mas tinha imaginado como seria. Bryan defendendo minha inocência diante dos juízes da Suprema Corte. Talvez até de Obama. Tínhamos um presidente negro, e ninguém nunca imaginara que isso pudesse acontecer.

— Ray, foi uma decisão unânime. Eles deram uma decisão a respeito do seu caso. Não é que aceitaram fazer a revisão; eles não só fizeram a revisão como já pronunciaram a decisão. Aqui, vou ler um trecho para você.

— O que você quer dizer, Bryan? — eu perguntei. Não conseguia entender o que ele estava dizendo.

— Ouça isso: "Anthony Ray Hinton, detento do corredor da morte do Alabama, pede para darmos nosso parecer a respeito de se as cortes do Alabama aplicaram corretamente o padrão Strickland[26] ao seu caso. Concluímos que não o fizeram e sustentamos que o advogado no julgamento de Hinton teve um desempenho constitucionalmente deficiente. Cancelamos o julgamento da primeira instância e reenviamos o caso para que se reconsidere se o desempenho deficiente do advogado foi prejudicial".

Eu não disse nada. Queria ter certeza de estar entendendo o que Bryan me dizia.

Bryan prosseguiu:

— "A petição de *certiorari* e a moção de Hinton pedindo permissão para proceder *in forma pauperis* foram aceitas, o julgamento da Corte de Apelações Criminais do Alabama está anulado, e o caso foi reenviado para seguir com os procedimentos ulteriores, desde que não sejam inconsistentes com este parecer. Cumpra-se a decisão".

— Cumpra-se a decisão?

— Ray, "cumpra-se a decisão". Da Suprema Corte dos Estados Unidos. Não é que eles concederam a revisão; eles já decidiram de vez. A seu favor. Passaram por cima das cortes de apelação. Ray, foi uma decisão unânime.

Deixei cair o fone, sentei no chão e chorei feito um bebê. Nove juízes da Suprema Corte. Até Scalia.[27] Todos acreditaram em mim. Quem iria discutir com eles? O Alabama teria como fazê-lo?

Após esses instantes, peguei o fone de novo e encostei no ouvido. Não sabia se Bryan ainda estava do outro lado.

— Bryan?

— Estou aqui, Ray.

---

[26] Strickland é o nome de uma decisão da Suprema Corte dos EUA que definiu o padrão para determinar quando o direito que a pessoa tem de ser defendida por um advogado criminal, estipulado na Sexta Emenda, é violado por um desempenho inadequado desse advogado. Para estabelecer que a assistência do advogado foi ineficaz deve-se comprovar que seu desempenho ficou abaixo de um padrão objetivo de bom senso, e que isso criou uma probabilidade razoável de que o resultado poderia ter sido outro caso o desempenho tivesse sido adequado. [N.T.]

[27] Antonin Gregory Scalia foi juiz da Suprema Corte dos EUA de 1986 até sua morte, em 2016, e era considerado um dos mais conservadores. [N.T.]

– Você poderia ligar para Lester por mim?

– Ligo, sim. Ray, ainda há trabalho pela frente, e teremos que passar de novo pelas cortes do estado, mas isso é uma vitória, Ray. Uma grande vitória. Eles terão que lhe conceder novo julgamento.

– Quando começo a empacotar as coisas?

– Ainda não, mas espero que seja logo. Ainda vai levar algum tempo, e você ainda precisa aguentar firme aí, mas espero que seja logo, meu amigo. Espero que seja logo.

Voltei para a cela, mas não contei a ninguém a notícia. Eu ainda tinha etapas a vencer, mas pela primeira vez em 29 anos havia uma luz no fim do túnel. Eu não sabia como a corte de apelações iria reagir agora que a Suprema Corte dos EUA dissera que eles haviam cometido um erro. Pelo fato de Perhacs não ter pedido mais dinheiro para contratar um especialista melhor, eu havia sido prejudicado pelo desempenho dele. Payne se mostrara um especialista horrível. Perhacs não tentara reagir. A Suprema Corte dos Estados Unidos estava do meu lado.

Puta que o pariu!

A Corte de Apelações Criminais mandou-me de volta à vara cível – de volta à juíza Petro –, para que o tribunal determinasse se Perhacs poderia ter contratado um especialista mais competente caso soubesse que havia dinheiro para isso, e se aquele especialista teria criado uma dúvida razoável a respeito da minha culpabilidade. A resposta foi sim. Em 24 de setembro de 2014, a vara cível concluiu que eu havia sido prejudicado. Perhacs havia sido ineficaz, e minha petição da Regra 32 foi aceita. Em dezembro, meu caso foi recolocado em pauta no Condado de Jefferson. Eu voltava para onde tudo começara. Fiquei acordado na cela e entrei no ano novo sozinho, mas feliz – 2015. Era minha única celebração de Ano Novo em trinta anos no corredor da morte. Eu ainda não estava livre, mas teria um novo julgamento, com Bryan Stevenson como advogado e três dos melhores especialistas em balística do país testemunhando a meu favor. Em janeiro, o juiz ordenou que a Prisão Holman me levasse de volta ao Condado de Jefferson para uma audiência em 18 de fevereiro, às 9 da manhã.

Finalmente eu saía do corredor da morte.

Não numa maca de rodinhas. Não num saco de defunto.

Dei minha TV e meus tênis. Passei adiante a comida da cantina, meus livros e umas roupas extras. Foi uma hora feliz no meu bloco do corredor. Quando o guarda veio me tirar da cela, eu berrei aos 28 caras da minha ala.

— Posso ter a atenção de vocês um minuto? — Ouvi alguns assobios e gritos.

— Quero que vocês saibam que estou nos trâmites para minha saída. Estou saindo daqui. Levei trinta anos para chegar a esse momento. Talvez vocês levem 31. Talvez 32, ou 33, ou 35 anos, mas vocês precisam resistir. Precisam se agarrar à esperança. Se você tem esperança, tem tudo. — Os caras começaram a fazer barulho. Não batiam nas barras como fazíamos nas execuções; era um barulho alegre. Uma mistura de aplausos e risadas e cantoria: "Hin-ton! Hin-ton! Hin-ton!".

Fizeram-me voltar ao tempo de escola e da quadra de basquete, aquele tempo em que eu achava que a multidão estava gritando meu nome, mas na realidade não estava. A vida era uma coisa maluca, uma estranha mistura de tragédia e dor e triunfo e alegria.

Andei pelo corredor de cabeça erguida e com minha certidão de nascimento na mão.

Finalmente livre.

Finalmente livre.

Obrigado, Deus Todo-Poderoso, estou livre, finalmente.

Quando subi na van, podia ver as gaiolas em que eu andara durante quase trinta anos. Podia ver as cercas de arame laminado e o pátio árido, empoeirado. Não queria ver aquele lugar nunca mais. Ainda não estava em casa, mas estava um passo mais perto.

23

O SOL AINDA BRILHA

"Você não pode ameaçar matar alguém todo dia, ano após ano, e não lhe causar dano, não o traumatizar, não o destruir de maneiras que são realmente profundas."
Bryan Stevenson

EU TINHA ACABADO DE ME REUNIR com um dos advogados da equipe de Bryan e me despedir quando ele voltou correndo para a sala reservada às visitas legais.

— Ray, Ray, ligue já para o Bryan. Ligue pra ele assim que voltar para a sala dos telefones.

Esperei o guarda me levar, imaginando o que poderia ser desta vez. Eu estava de volta à prisão do condado havia dois meses aguardando meu novo julgamento. A data ainda não havia sido marcada. Havíamos tido algumas audiências, mas houve um atraso porque o escritório do procurador público não conseguira localizar a arma nem as balas. Ele acusara Bryan de tê-las roubado. Era incrível. Bryan Stevenson teria supostamente roubado a prova mais importante no meu caso. Tivemos que recorrer às transcrições da audiência de 2002 com o juiz Garrett para provar que elas haviam sido admitidas de novo como evidência naquele momento, depois de terem sido examinadas pelos meus especialistas. Mais tarde, a secretária encontrou uma caixa no depósito de um dos tribunais, contendo um saco com a arma e as balas do meu caso. Estávamos esperando que os promotores fizessem novos exames de balística. Lester estava preocupado, achando que poderiam me enquadrar de novo e me mandar outra vez para o corredor, mas eu não me preocupei muito. Tinha fé em Bryan. Tinha fé na verdade.

Voltei ao bloco da minha cela e fui até os telefones montados na parede. Liguei a cobrar para Bryan. Um cara jovem chegou perto de mim.

– O que tá rolando aí, Paizão?

Eu apontei para o telefone e balancei a cabeça para o garoto. Ele era provavelmente algum membro importante de gangue. Para mim, eram todos ladróezinhos – pequenos aspirantes a gângster, jogando um jogo sobre o qual não sabiam nada. Eu tinha vontade de sentar com cada um deles e mostrar-lhes qual seria seu futuro se não escolhessem um caminho melhor. A vida era preciosa. Sua liberdade era preciosa. Cada um deles tinha potencial para ser muito mais do que aquilo que os tivesse levado à cadeia, o que quer que fosse. Eu não queria acabar no corredor da morte. Tentei dizer a eles como era aquilo lá. Todos me chamavam de Paizão, porque meu cabelo e barba estavam cheios de áreas grisalhas. Eu tinha 29 anos da última vez que estivera na prisão do condado, não muito mais do que a maioria daqueles garotos.

Fiquei ouvindo a ligação a cobrar sendo passada a Bryan.

– Alô, senhor Stevenson! – gritei. – Disseram que quer falar comigo, aqui estou eu.

Sorri para alguns dos garotos que haviam olhado para mim, por causa do meu jeito de berrar meus cumprimentos ao telefone.

– Ray! – Pude sentir a excitação na voz de Bryan. – Como você está?

– Estou bem. Acabei de falar com o Ben sobre o caso. Ele contou que o Yates disse que não tinha visto o que ele viu trinta anos atrás. Não acreditei, Bryan. Yates mudou de opinião a respeito das balas. Foi honesto. É um milagre.

– Ray, preciso lhe contar uma coisa. Tudo bem, é muito boa a notícia sobre o Yates, mas tem mais coisa.

– O quê?

– Bem, Ray, estou aqui em Nova York, num hotel. Já lhe falei que estou dando palestras em duas faculdades aqui. Estava agora dentro de um carro, e recebi uma ligação da juíza Petro.

– Sério?

— Ray, tive que mandar o rapaz encostar o carro. Ela disse que o procurador distrital publicou algo eletronicamente hoje. Sem avisar ninguém, eles simplesmente publicaram um documento no site do judiciário.

Bryan parecia sem fôlego.

— O quê? — perguntei.

— Ray, você está indo para casa. Eles retiraram todas as acusações contra você. Você está indo para casa, meu amigo. Você finalmente está indo para casa.

Eu agachei e sentei nos calcanhares. Grudei as costas contra a parede e fechei os olhos. Não conseguia falar. Não conseguia pensar. Não conseguia nem respirar.

Voltar para casa.

Fazia muito tempo que eu não ouvia essas palavras.

Para casa. Eu estava voltando para casa.

— Paizão! Paizão! Tudo bem com o senhor? — Abri os olhos, e o jovem bandido estava em pé na minha frente, olhando preocupado.

Sorri para ele e assenti.

— Bryan, isso não é piadinha de Primeiro de Abril, não é? Você não faria uma coisa dessas comigo, certo? Hoje é Primeiro de Abril. Não teria a menor graça.

Bryan riu.

— Não é piada, Ray. A juíza queria soltar você na segunda, mas eu disse a ela que tinha que ser na sexta. Você vai ser solto sexta-feira de manhã. Eu vou estar aí, Ray. Não sei direito como é que vou conseguir chegar, mas vou estar aí na sexta de manhã às 9h30, e você e eu vamos sair andando dessa cadeia, Ray. Você vai voltar a ser um homem livre.

Eu ri.

— Vejo você sexta, então, Bryan, e você vai me trazer alguma roupa para vestir, pode ser? Não posso sair da cadeia pelado.

— Pode deixar, cuidaremos disso.

Ficamos os dois quietos um minuto. Havia tanto a dizer que eu não conseguia achar as palavras. Como é que eu podia agradecer a esse homem? Ele estivera do meu lado durante quinze anos, e agindo nos bastidores por mais tempo que isso. Eu havia ido parar no corredor da morte, e Bryan Stevenson tinha ido até lá para me trazer de volta para casa. Não havia palavras. Não havia como eu lhe retribuir isso.

– Deus abençoe você – eu disse.

– Obrigado, Ray. – Ele tinha a voz tão embargada quanto eu, e nos despedimos. Pus o telefone no gancho, sentei no chão e chorei feito um bebê na frente daqueles gângsteres todos.

Estava indo para casa.

Bryan estava lá na sexta de manhã, e me trouxe um terno preto muito bonito e uma camisa exatamente da cor do céu do Alabama. Tirei minha roupa de detento, vesti a nova e fui até Bryan.

– Como estou? – perguntei.

– Está ótimo, Ray. Excelente. – Bryan também estava de terno, e de gravata.

– Nós dois estamos muito bem, Bryan. Lester veio?

– Sim, está esperando você lá fora. Ele veio buscar você, vai levá-lo até a casa dele. Nós vamos lhe dar alguns dias em casa, mas depois gostaria que você desse um pulo até a EJI. Tem um monte de gente lá da minha equipe que quer conhecê-lo.

Assenti para Bryan. Eu estava excitado e nervoso e também um pouco abalado. Depois de tantos anos imaginando esse dia, era difícil acreditar que ia sair andando por aquela porta, por minha livre e espontânea vontade.

– Ray, tem um monte de gente lá fora. Tem também muitas câmeras e o pessoal da mídia. Essa é uma grande notícia. Com certeza você já viu alguma coisa esses dias. Eles querem que você diga algumas palavras. O que você quiser dizer, e se não quiser dizer nada, também não precisa.

Senti um friozinho de medo, e então pensei nos caras do corredor. Eles estariam vendo o noticiário. Veriam minha soltura. Não sabia o que eu iria dizer, mas diria alguma coisa quando a hora chegasse.

– Está pronto?

– Estou pronto.

Assinei alguns papéis para a cadeia e então andei até as portas de vidro duplo. Podia ver a multidão. Podia ver as câmeras. Estendi a mão para abrir a porta e então olhei por cima do ombro para Bryan.

– Está pronto? – ele murmurou.

– Estou pronto faz trinta anos. – Respirei fundo e passei por aquelas portas com Bryan bem atrás de mim.

A multidão se aproximou. Minhas irmãs. Minhas sobrinhas. Deu para ver Lester e Sia. Comecei a abraçar todos eles. Minhas irmãs choravam e davam graças a Deus, e as câmeras lançavam seus flashes na minha direção, pop, pop, pop. Estendi a mão para segurar o ombro de Lester. Ele também estava com um terno bem bonito.

Foram uns dez minutos, acho, até que a choradeira e o tumulto amainassem. Todos fizeram silêncio, esperando que eu falasse. Olhei em volta para todos os rostos. Eu era um homem livre. Não havia ninguém ali para me dizer o que fazer ou não. Eu era livre.

Livre.

Fechei os olhos e ergui o rosto para o sol. Fiz uma oração para minha mãe. Agradeci a Deus. Abri os olhos e olhei para as câmeras. Havia vivido na densa escuridão por muito tempo. Muitos dias escuros e noites escuras. Agora, não mais. Havia vivido num lugar onde o sol se recusava a brilhar. Não mais. Nunca mais.

– O sol ainda brilha – eu disse, e então olhei para Lester e Bryan, dois homens que haviam me salvado, cada um a seu modo. – O sol ainda brilha – disse de novo.

E então as lágrimas começaram a correr.

Subi no carro de Lester e pus o cinto. Era a primeira vez em trinta anos que eu viajava no banco da frente de um veículo.

– Carro bacana – eu disse.

– Velho e cansado. Como nós. – Lester riu. – Para onde?

– Quero ir ao cemitério. Ver o túmulo da minha mãe. – Ele acelerou pela rua e seguiu em direção à estrada. Sia tinha arrumado carona para casa com amigos, deixando que Lester e eu tivéssemos um tempo a sós.

– Em duzentos metros, vire à direita.

Dei um pulo no assento. Era uma voz de mulher, e virei rápido a cabeça para olhar o banco de trás. Não havia ninguém. Olhei na terceira fileira de assentos, lá atrás, e também não vi ninguém. Onde estava ela?

– Vire à direita – a voz disse de novo.

– Cadê a mulher? – cochichei para o Lester.

– Cadê quem?

– A mulher branca no carro, dizendo para onde você tem que ir?

Lester olhou para mim espantado por um segundo, e de repente desatou a rir. Riu pelo menos uns dois quilômetros.

– É o GPS, o sistema de navegação do carro. Não tem mulher branca nenhuma no carro, Ray, juro.

Com certeza eu tinha muita coisa a aprender.

Olhei a lápide com o nome da minha mãe. Isso fez meu coração doer de novo, como da primeira vez.

– Estou em casa, mãe. Eu disse que voltaria. Seu bebê voltou. – Lester ficou perto de mim em silêncio enquanto eu chorava pela terceira vez naquele dia.

Era estranho estar aqui do lado de fora. Sem guardas. Sem cercas. Sentia uma ansiedade meio esquisita, que nunca sentira antes. Lester deve ter percebido meu desconforto, porque pôs a mão no meu ombro e deu um aperto. Fizemos mais uma parada antes de ir para casa – dessa vez num restaurante local, tipo bufê. Eu não acreditei naquela variedade toda de comida. Enchi minha bandeja com churrasco e broas, quiabo frito e pudim de banana. Fiquei esperando meu chá gelado enquanto Lester se adiantou. Ele parou mais adiante e deu um cartão para a moça do caixa, e ela o devolveu. Ele não se virou para olhar para mim, continuou andando em direção a uma mesa.

Eu gelei.

Não tinha um tostão. Eu não havia visto Lester dar nenhum dinheiro à moça. Comecei a ficar em pânico, e então vi Lester virar e olhar para mim. Fiquei simplesmente olhando para ele, olhos arregalados, enquanto a menina do caixa olhava para mim. Ele veio até onde eu estava e cochichou:

– Qual é o problema, Ray?

– Eu... Eu... Não tenho dinheiro para pagar a moça – respondi baixinho.

– Já paguei, Ray. Não se preocupe.

Podia sentir meu coração pulando dentro do peito. Lester não dera dinheiro nenhum à moça. Eu tinha ficado de olho. Não entendia o que ele estava fazendo.

— Lester, eu não vi você dar nenhum dinheiro à moça do caixa. E fiquei olhando você o tempo todo. Não vou voltar pra cadeia por ter roubado um pouco de quiabo frito!

— Paguei com cartão de débito, Ray, não com dinheiro. Está tudo certo. Já pagamos tudo. Não precisa se preocupar.

Segui Lester até a mesa e sentei. Senti que tinha um monte de gente me olhando. Eu estivera em todos os noticiários desde aquela quarta-feira, quando minha libertação havia sido anunciada. Torci para que fosse essa a razão de as pessoas estarem me olhando. Eu não usava garfo havia trinta anos, então me atrapalhei com ele e tentei não me preocupar. E se as pessoas estivessem olhando para mim como se eu fosse o cara que matou e conseguiu driblar a justiça? E se acreditassem que eu era de fato um assassino? E se dissessem alguma coisa? O que eu responderia? Sentia o pânico tomando conta de mim de novo.

— Ray — Lester disse baixinho. — Está tudo certo, Ray. Sem problemas. Vamos terminar de comer e vamos para casa. Hoje à noite você vai dormir numa cama de verdade. Tudo vai se arranjar, certo?

Assenti. Eu queria sair dali. Era estranho ficar rodeado de tanta gente, dar as costas às pessoas. Aquilo me deixava inquieto. Comi rápido, e quando chegamos à casa do Lester fiquei feliz ao ver Sia. Ela sorriu para mim, e então senti a ansiedade ir embora.

Eu estava livre. Estava realmente livre.

— Seja bem-vindo de volta, Ray. Bem-vindo a nossa casa. — Ela me abraçou, e senti que antes que o dia terminasse eu iria chorar de novo.

Ficamos acordados até quase 2 da manhã, rindo e conversando. Vimos o noticiário das 11 da noite e comentamos como eu estava elegante de terno. Quando finalmente dissemos boa-noite, deitei no quarto de hóspedes, na cama mais macia em que eu já dormi na vida.

Eu sabia que no corredor eles já deveriam estar se aprontando para o café da manhã. Podia ouvir o som dos guardas andando para cima e para baixo da ala. O barulho das bandejas batendo umas nas outras.

Homens gritando bom-dia. O cheiro de suor e sujeira. Eu podia ver, ouvir e sentir o cheiro daquilo tudo.

Era algo que me parecia mais familiar do que o travesseiro macio debaixo da minha cabeça e os cobertores de cheiro doce que eu puxei até o queixo. Era tudo muito estranho, e senti a ansiedade voltando de novo. Comecei a sentir a respiração pesada e acelerada. O que estava acontecendo comigo? Fiquei na dúvida se deveria acordar Lester e pedir que me levasse até o hospital. Era assim que ia terminar? Comigo tendo um infarto no dia da minha libertação? Tentei estabilizar a respiração, mas era como se as paredes estivessem se mexendo para a frente e para trás, e o quarto inteiro girasse. Não gostei daquilo. Levantei da cama e fui até o banheiro. Tranquei a porta e sentei no chão com a cabeça entre os joelhos.

Na mesma hora, meu coração parou de bater forte e minha respiração desacelerou. Levantei a cabeça e olhei em volta. O banheiro tinha quase o tamanho exato da minha cela. Deitei no chão, a cabeça apoiada no tapetinho do banheiro.

Dormi ali mesmo naquela noite. Sentia-me mais em casa.

24

BATA NAS BARRAS

> *"Raça, pobreza, assistência legal inadequada e indiferença processual em relação à inocência conspiraram para criar um exemplo didático de injustiça. Não consigo pensar num caso que dramatize com maior urgência a necessidade de reformas do que o de Anthony Ray Hinton."*
> **Bryan Stevenson**

A ÁGUA É DO AZUL-TURQUESA mais cintilante que já vi. As praias são de areia branca macia, e a sensação é que seus pés descalços estão pisando em travesseiros. Lester brinca com um lêmure e eu jogo basquete com George Clooney. Jogo basquete com George Clooney e ganho dele.

É um belo dia.

Já tive dias assim antes, no corredor da morte, mas agora não estou viajando em minha mente. Estou de fato jogando basquete com George Clooney, e Lester está brincando mesmo com um lêmure. Mais tarde, vamos pular de roupa e tudo na piscina de Richard Branson, e vai ser a primeira vez que entro numa piscina em trinta anos. Não vou conseguir lembrar agora que existem coisas chamadas celulares, e então vou acabar esquecendo de tirar o meu do bolso antes de pular na parte funda da piscina.

Às vezes me pergunto se ainda estou imaginando coisas e na verdade ainda estou trancado na minha cela, mas rompi de vez com a realidade. Eu digo às pessoas que sou o único homem que foi Destaque do Jogo na NBA [Liga Nacional de Basquete], na NFL [Liga Nacional de Futebol] e na MLB [Liga Principal de Beisebol]. Elas olham para mim e algumas dizem em voz alta o que todas as demais estão pensando: "Você de fato perdeu o juízo lá dentro, não foi?".

Passei o ano desde a minha libertação contando minha história a quem quisesse ouvi-la. Fui convidado a ir até a Ilha Necker – a ilha particular de Richard Branson – e contar minha história a um grupo de celebridades e outras pessoas que estão trabalhando intensamente para pôr fim à pena de morte. Vou aonde me pedem para ir – igrejas, faculdades, pequenas salas de reuniões, ilhas particulares. Sou uma curiosidade – o homem que sobreviveu ao corredor da morte –, mas também sou uma voz. Uma voz para cada um dos homens que ainda estão no corredor.

– Acredito na justiça – digo isso a um monte de gente. – Não sou contrário à punição. Mas não acredito em crueldade. Não acredito em punições inúteis.

Numa igreja não muito longe de Birmingham, um homem ergue a mão depois de uma fala minha e pergunta que conselho eu daria a alguém que estivesse na minha posição.

– Rezar – eu digo. – E quando terminar de rezar, chame Bryan Stevenson.

As pessoas sempre riem quando digo isso. Riem quando falo dos meus casamentos com Halle, Sandra e Kim. Mas rir deixa as pessoas mais à vontade, de uma maneira que ajuda a fazer com que escutem. Era assim no corredor da morte, e é assim aqui fora.

Lester comprou uma casa a uns duzentos metros da casa da minha mãe. Reformei a casa dela – o que não foi nada fácil depois de mais de dez anos de abandono – e agora moro lá sozinho. Reformei a varanda que ela tanto amava. Ainda corto a grama do jeito que fazia no dia em que fui preso. As pessoas perguntam como é que eu ainda consigo viver no Alabama. Por que não fui embora? O Alabama é meu lar. Eu adoro o Alabama – os dias quentes de verão e as tempestades no inverno. Adoro o cheiro do ar e o verde dos bosques. O Alabama sempre foi a terra de Deus para mim, e sempre será. Adoro o Alabama, mas não gosto do estado do Alabama. Desde a minha libertação, nenhum promotor, procurador-geral do estado, ou qualquer pessoa que tenha tido algo a ver com a minha condenação pediu desculpas. Duvido que o façam um dia.

Eu os perdoo. Fiz uma escolha após aquelas primeiras semanas difíceis na casa de Lester, quando tudo era novo e estranho e o mundo parecia não fazer sentido para mim. Decidi perdoar. Decidi ficar atento a quaisquer indícios de raiva ou ódio no meu coração. Eles tiraram trinta anos da minha vida. Se eu não fosse capaz de perdoar, se não fosse capaz de me sentir feliz, seria como dar a eles o restante da minha vida.

O restante da minha vida é meu.

O Alabama tirou trinta anos.

Já é suficiente.

Não tem sido fácil me acostumar com a vida fora do corredor da morte. Computadores, internet, Skype e celular, mensagens de texto e e-mail. Eu não conhecia nada disso. Todo um mundo de tecnologia surgiu enquanto eu estava na cela, e tem sido difícil acertar o passo. E por mais que eu tente mudar isso, meu corpo e minha mente ainda estão apegados à rotina que aprendi no corredor da morte. Levanto às 3 horas, já pronto para o café da manhã. O almoço é às 10. O jantar, às 2 da tarde. Eu durmo ocupando apenas um canto da minha imensa cama king-size. É difícil criar uma nova rotina, mas eu tento.

A liberdade é uma coisa engraçada. Tenho minha liberdade, mas em certos aspectos ainda estou preso ao corredor. Sei em que dia eles servem peixe no jantar. Sei quando é dia de visita e em que hora os caras estão andando pelo pátio. Minha mente volta para lá todo santo dia, e percebo que era mais fácil para a minha mente sair do corredor quando eu estava lá dentro do que agora que estou livre.

Da primeira vez que senti chuva na pele, chorei. Não sentia a chuva havia trinta anos. Agora, quando chove, corro para ela como se fosse um doido. A chuva tem uma beleza que eu só conheci ao ficar sem ela. Caminho toda manhã – cinco quilômetros, ou sete, oito –, o tempo que eu quiser e a distância que me der vontade. Ando porque posso andar. Isso também tem uma beleza que eu desconhecia.

Carrego cicatrizes que apenas Lester e Bryan conseguem ver de fato. Documento cada dia da minha vida. Recolho recibos. Ando de propósito diante de câmeras de segurança. Não gosto de ficar em casa sozinho muito tempo sem ligar para algumas pessoas e contar-lhes o que estou fazendo. Sempre ligo para alguém e digo boa-noite. Não é que me sinta sozinho ou tenha medo de ficar sem ninguém por perto. Sob vários aspectos, prefiro ficar sozinho.

Crio um álibi para cada dia da minha vida.

Vivo com medo de que possa acontecer comigo de novo.

Não confio em ninguém, exceto em Lester e Bryan.

Alguns dias da semana, vou até Montgomery e trabalho com Bryan e a equipe dele na Equal Justice Initiative. Viajo pelo país com Bryan ou com alguém da sua equipe e conto minha história. Estou com 60 anos de idade e não tenho nenhuma pensão de aposentadoria. Não tenho o luxo de me aposentar, e não acho que ia querer, mesmo que fosse possível. Aposentar-me do quê? Já fiquei aposentado nos meus trinta anos, e nos meus quarenta e cinquenta. Agora estou pronto para viver. Acordo toda manhã sentindo-me grato por estar vivo e grato por estar livre. Sou uma voz para os homens que ainda estão no corredor. Sou uma voz em defesa da justiça. Sou o porta-voz de tudo o que está errado no nosso sistema prisional.

Quero acabar com a pena de morte.

Quero ter certeza de que o que aconteceu comigo nunca mais acontecerá com ninguém.

Quero comprar um Cadillac Escalade para Lester, para retribuir todos os quilômetros que ele rodou nos carros dele – sem nunca ter perdido um dia de visita em trinta anos.

Quero conhecer Sandra Bullock.

Há tanta coisa que eu ainda tenho a fazer neste mundo que eu rezo a Deus para que me dê tempo para tudo. Converso com o retrato da minha mãe toda noite e digo a ela que estou em casa. Cuido do lugar que nós chamávamos de lar, e sinto a presença dela todo santo dia.

Sento na varanda que ela amava, toda noite. Quando há uma execução agendada na Holman, bato a mão contra a madeira e murmuro as palavras que eu disse antes, 54 vezes. "Aguente firme. Não desista. Mantenha a cabeça erguida. Estamos aqui. Você não está sozinho. Tudo vai se ajeitar." Cinquenta e quatro vezes, e eu nunca soube a coisa certa a dizer.

Ainda não sei.

Vivi uma vida em que conheci o amor incondicional. Aprendi no corredor da morte o quanto isso é raro. Minha mãe me amou completamente; Lester também. Nossa amizade é rara e preciosa, e toda vez que sou convidado a algum lugar para falar – seja a Ilha Necker ou Londres – levo Lester comigo. É o mínimo que poderia fazer, e de vez em quando nos olhamos e sorrimos da loucura disso tudo. Somos dois meninos pobres da velha cidade de mineração de carvão de Praco, e eles simplesmente fecham o Palácio de Buckingham para que possamos fazer um tour privado.

Fui ver um jogo dos Yankees.

Fomos até o Havaí.

Tenho estado ocupado, e me sinto abençoado. Mas trocaria isso tudo para ter meus trinta anos de volta. Trocaria todos os dias com George Clooney por apenas um minuto a mais com minha mãe. Desculpe, George, é assim. É difícil não ficar imaginando o que teria sido da minha vida – imaginar quem eu seria – se eles não tivessem vindo me buscar. Eu tento não perguntar "Por que eu?". Essa é uma pergunta egoísta.

Por que qualquer pessoa?

Por que julgamos que algumas pessoas são menos merecedoras de justiça? Por que a inocência tem que pagar um preço? McGregor já faleceu, e escreveu um livro antes de morrer. Ele me cita no livro e diz que sou um cara mau. Que eu era um homicida esperto. Que só de olhar para mim ele *sabia* que eu era culpado. Eu o perdoo. Alguém o ensinou a ser racista, do mesmo modo que alguém havia ensinado Henry Hays. Eles são dois lados da mesma moeda.

Eu perdoo Reggie. Perdoo Perhacs, perdoo Acker, perdoo o juiz Garrett e cada um dos procuradores-gerais que lutou para impedir que a verdade fosse revelada. Perdoo o estado do Alabama por ser um tirano. Você precisa resistir aos tiranos. Eu perdoo porque não perdoar só serviria para me magoar.

Eu perdoo porque foi assim que minha mãe me criou. Perdoo porque tenho um Deus que perdoa.

É difícil não embalar sua vida numa história – uma história com começo, meio e fim. Uma história que tenha lógica, propósito e uma razão maior que explique por que as coisas tomaram o rumo que tomaram. Eu procuro um propósito para o fato de ter perdido trinta anos da minha vida. Tento achar um sentido em algo tão equivocado e tão sem sentido.

Todos fazemos isso.

Precisamos encontrar maneiras de nos recuperarmos depois que coisas ruins acontecem. Temos que fazer com que todo final seja um final feliz.

Cada um de nós quer sentir que tem importância no mundo. Queremos que nossas vidas, nossas histórias e as escolhas que fizemos ou deixamos de fazer tenham importância.

O corredor da morte me ensinou que tudo isso tem importância.

A maneira como vivemos importa.

Escolhemos o amor ou escolhemos o ódio? Ajudamos uma pessoa ou tentamos prejudicá-la?

Porque não há como saber o exato segundo em que sua vida muda para sempre. Só dá para começar a entender esse momento olhando para trás.

E acredite quando eu lhe digo que você nunca, jamais vê esse momento chegando.

Epílogo

REZE POR ELES PELO NOME

"Se esta Corte não tivesse ordenado que Anthony Ray Hinton fosse recebido em outras audiências na corte estadual, ele poderia muito bem ter sido executado em vez de libertado."
Stephen Breyer, juiz da Suprema Corte dos EUA

EM MARÇO DE 2017, os homens e mulheres da lista a seguir eram os que estavam no corredor da morte neste país. Estatisticamente, uma de cada dez pessoas dessa lista é inocente. Leia todos os nomes. Cada um tem uma família, uma história, uma série de escolhas e de eventos que o levou a passar a vida dentro de uma jaula. Leia os nomes. Você consegue saber quem foi sentenciado equivocadamente? Saber quem é inocente? Leia seus nomes. Meu nome já esteve nesta lista. Apenas mais um nome nessa longa lista. Mais uma pessoa considerada irrecuperável. *O pior tipo de assassino de sangue-frio que já pisou na Terra.*

Só que isso não era verdade.

Leia os nomes. Conheça suas histórias. Será que podemos julgar quem merece viver e quem merece morrer? Será que temos esse direito, e será que o temos quando sabemos que, com muita frequência, nos equivocamos? Se um de cada dez aviões caísse, iríamos interromper todos os voos até descobrir qual é o defeito. Nosso sistema é defeituoso, e é hora de colocarmos um fim à pena de morte. Como meu bom amigo Bryan Stevenson diz, o arco moral do universo tende para a justiça, mas a justiça precisa de ajuda. A justiça só acontece quando pessoas de bem se erguem contra a injustiça. O arco moral do universo precisa de gente para apoiá-lo em sua tendência. E, sim, ele precisa também que as pessoas escolham um lado.

Leia os nomes em voz alta.

Toda vez que chegar ao décimo nome diga "Inocente".

Acrescente à lista os nomes de seus filhos e filhas. Ou o nome do seu irmão, da sua mãe ou do seu pai.

Acrescente meu nome à lista. Acrescente o seu.

A pena de morte é defeituosa, e ou você é parte do Esquadrão da Morte, ou então está batendo nas barras em protesto.

Escolha.

Seifullah Abdul-Salaam
Abuali Abdur'rahman
Daniel Acker
Stanley Adams
Michael Addison
Isaac Creed Agee
Shannon Agofsky
Nawaz Ahmed
Hasan Akbar
Rulford Aldridge
Bayan Aleksey
Guy S. Alexander
Billie Jerome Allen
David Allen
Guy Allen
Kerry Allen
Quincy Allen
Scott Allen

Timothy Allen
Juan Alvarez
Brenda Andrew
Terence Andrus
Antwan Anthony
William Todd Anthony
Anthony Apanovitch
Azibo Aquart
Arturo Aranda
Michael Archuleta
Douglas Armstrong
Lance Arrington
Randy L. Atkins
Quintez Martinez Augustine
Perry Allen Austin
Rigoberto Avila, Jr.
Abdul H. Awkal
Carlos Ayestas

Hasson Bacote
John Scott Badgett
Orlando Baez
Juan Balderas
John Balentine
Terry Ball
Michael Eric Ballard
Tyrone Ballew
John M. Bane
George Banks
Stephen Barbee
Iziah Barden
Steven Barnes
William Barnes
Aquila Marcivicci Barnette
Jefrey Lee Barrett
Kenneth Barrett
Anthony Bartee
Brandon Basham
Teddrick Batiste
John Battaglia
Anthony Battle
Richard Baumhammers
Richard R. Bays
Jathiyah Bayyinah
Richard Beasley
Tracy Beatty
Bryan Christopher Bell
Rickey Bell
William H. Bell
Anthony Belton
Miles Sterling Bench
Johnny Bennett
Rodney Berget

Brandon Bernard
G'dongalay Parlo Berry
Donald Bess
Norfolk Junior Best
Robert W. Bethel
Danny Paul Bible
James Bigby
Archie Billings
Jonathan Kyle Binney
Ralph Birdsong
Steven Vernon Bixby
Byron Black
Ricky Lee Blackwell, Sr.
Herbert Blakeney
Roger Blakeney
Andre Bland
Demond Bluntson
Scott Blystone
Robert Bolden
Arthur Jerome Bomar
Aquil Bond
Charles Bond
Melvin Bonnell
Shaun Michael Bosse
Alfred Bourgeois
Gregory Bowen
Nathan Bowie
William Bowie
Marion Bowman, Jr.
Terrance Bowman
Richard Boxley
David Braden
Michael Jerome Braxton
Alvin Avon Braziel, Jr.

Mark Breakiron
Brent Brewer
Robert Brewington
Allen Bridgers
Shawnfatee M. Bridges
Dustin Briggs
Grady Brinkley
James Broadnax
Joseph Bron
Antuan Bronshtein
Romell Broom
Arthur Brown
Fabion Brown
John W. Brown
Kenneth Brown
Lavar Brown
Meier Jason Brown
Micah Brown
Paul A. Brown
Michael Browning
Charles Brownlow
Eugene A. Broxton
Jason Brumwell
Quisi Bryan
James Nathaniel Bryant
Laquaille Bryant
Stephen C. Bryant
Duane Buck
George C. Buckner
Stephen Monroe Buckner
Carl W. Buntion
Raeford Lewis Burke
Junius Burno
Kevin Burns

William Joseph Burns
John Edward Burr
Arthur Burton
Jose Busanet
Edward Lee Busby, Jr.
Ronson Kyle Bush
Steven A. Butler
Tyrone Cade
Richard Cagle
James Calvert
Alva Campbell, Jr.
James A. Campbell
Robert J. Campbell
Terrance Campbell
Anibal Canales
Jermaine Cannon
Ivan Cantu
Ruben Cardenas
Kimberly Cargill
Carlos Caro
David Carpenter
Tony Carruthers
Cedric Carter
Douglas Carter
Sean Carter
Shan E. Carter
Tilon Carter
Linda Carty
Walter Caruthers
Omar Cash
August Cassano
Juan Castillo
Eric Cathey
Ronnie Cauthern

Steven Cepec
Tyrone Chalmers
Terry Ray Chamberlain
Frank Chambers
Jerry Chambers
Ronald Champney
Kosoul Chanthakoummane
Davel Chinn
David Chmiel
Troy James Clark
Sedrick Clayton
Jordan Clemons
Curtis Clinton
Billie W. Coble
James Allen Coddington
Benjamin Cole
Jaime Cole
Wade L. Cole
Timothy Coleman
Douglas Coley
Jesse Celeb Compton
Gary Cone
Michael Conforti
Jerry W. Connor
James T. Conway III
Derrick L. Cook
Robert Cook
Wesley Paul Coonce
Odell Corley
Raul Cortez
Luzenski Allen Cottrell
Donney Council
Bernard Cousar
David Lee Cox

Jermont Cox
Russell Cox
Daniel Crispell
Dayva Cross
Billy Jack Crutsinger
Obel Cruz-Garcia
Edgardo Cubas
Carlos Cuesta-Rodriguez
Daniel Cummings, Jr.
Paul Cummings
Rickey Cummings
Clinton Cunningham
Jeronique Cunningham
George Curry
Brandon Daniel
Henry Daniels
Johnny R. Daughtry
Tedor Davido III
Lemaricus Davidson
Erick Davila
Brian E. Davis
Cecil Davis
Edward E. Davis
Franklin Davis
Irving Alvin Davis
James Davis
Len Davis
Michael Andre Davis
Nicholas Davis
Phillip Davis
Roland T. Davis
Von Clark Davis
Jason Dean
Eugene Decastro

Jose Dejesus
James Anderson Dellinger
Reinaldo Dennes
James A. Dennis
Paul Devoe
Robert Diamond
Anthony James Dick
William Dickerson, Jr.
Archie Dixon
Jessie Dotson
Kevin Dowling
Marcus Druery
Troy Drumheller
John Drummond, Jr.
Steven Dufey
Jefrey N. Duke
David Duncan
Joseph Duncan
Timothy Alan Dunlap
Harvey Y. Earvin
Keith East
Dale Wayne Eaton
Stephen Edmiston
Terry Edwards
John Eichinger
Scott Eizember
Gerald C. Eldridge
John Elliott
Terrence Rodricus Elliott
Clark Richard Elmore
Phillip L. Elmore
Areli Escobar
Joel Escobedo
Noah Espada

Gregory Esparza
Larry Estrada
Kamell Delshawn Evans
Henry Fahy
Nathaniel Fair
Richard Fairchild
Robert Faulkner
Angelo Fears
Leroy Fears
Donald Fell
Anthony James Fiebiger
Edward Fields
Sherman Lamont Fields
Cesar R. Fierro
Ron Finklea
Robert Fisher
Stanley Fitzpatrick
Andre Fletcher
Anthony Fletcher
Robert Flor
Charles Flores
Shawn Eric Ford, Jr.
Tony Ford
Linwood Forte
Kelly Foust
Elrico Fowler
Anthony Francois
Antonio Sanchez Franklin
Robert Fratta
James Frazier
Darrell Wayne Frederick
John Freeland
Ray Freeney
James Eugene Frey, Jr.

Danny Frogge
Clarence Fry, Jr.
Robert Ray Fry
Chadrick Fulks
Barney Fuller
Marvin Gabrion II
David Gainey
Tomas Gallo
Bryan S. Galvin
Joseph Gamboa
Larry James Gapen
Ryan Garcell
Edgar Baltazar Garcia
Fernando Garcia
Hector L. Garcia
Joseph Garcia
John Steven Gardner
Daniel T. Garner
Humberto Garza
Joe Franco Garza, Jr.
Bill Gates
Malcolm Geddie, Jr.
Jonathan Lee Gentry
Ronald Gibson
John Gillard
Richard Glossip
Milton Gobert
James Gof
Tilmon Golphin
Ignacio Gomez
Nelson Gongora
Michael Gonzales
Ramiro Gonzales
Mark Anthony Gonzalez

Clarence Goode
Christopher Goss
Bartholomew Granger
Donald Grant
John Marion Grant
Ricky Jovan Gray
Ronald Gray
Gary Green
Travis Green
Randolph M. Greer
Allen Eugene Gregory
Warren Gregory
William Gregory
Wendell Arden Grissom
Timmy Euvonne Grooms
Scott Group
Angel Guevara
Gilmar Guevara
Howard Guidry
Geronimo Gutierrez
Ruben Gutierrez
Randy Guzek
Daniel Gwynn
Randy Haag
Richard Hackett
Thomas Hager
Kenneth Hairston
Conan Wayne Hale
Delano Hale, Jr.
Billy Hall
Charles Michael Hall
Darrick U. Hall
Gabriel Paul Hall
Jon Hall

Justen Hall
Leroy Hall
Orlando Hall
Randy Halprin
Ronald James Hamilton, Jr.
Phillip Hancock
Gerald Hand
Patrick Ray Haney
James Hanna
Sheldon Hannibal
John G. Hanson
Alden Harden
Marlon Harmon
Garland Harper
Donnie Lee Harris, Jr.
Francis Bauer Harris
James Harris, Jr.
Jimmy Dean Harris
Roderick Harris
Timothy Hartford
Nidal Hasan
Jim E. Haseldon
Larry Hatten
Gary Haugen
Thomas Hawkins
Anthony Haynes
Michael James Hayward
Rowland Hedgepeth
Danny Hembree
James Lee Henderson
Jerome Henderson
Kennath Henderson
Warren K. Henness
Timothy Hennis

Fabian Hernandez
Fernando Hernandez
Charles Hicks
Danny Hill
Genesis Hill
Jerry Hill
Anthony Darrell Hines
George Hitcho, Jr.
Henry Hodges
Timothy Hofner
Michael Hogan
Brittany Holberg
Norris Holder
Allen Richard Holman
Mitchell D. Holmes
Dave Taberone Honi
Dustin Honken
Cerron Thomas Hooks
Darien Houser
William Howard Housman
Gregory Lee Hover
Jamaal Howard
Samuel Howard
Gary Hughbanks
Marreece Hughes
Robert Hughes
John Hughey
Stephen Lynn Huguely
John Hummel
Calvin Hunter
Lamont Hunter
Jason Hurst
Percy Hutton
Terry Alvin Hyatt

Johnny Hyde
Ramiro Ibarra
Dustin Iggs
Jerry Buck Inman
Billy R. Irick
William Irvan
Ahmad Fawzi Issa
David Ivy
Andre Jackson
Christopher Jackson
Cleveland Jackson
Jeremiah Jackson
Kareem Jackson
Nathaniel Jackson
Richard Allen Jackson
Shelton Jackson
Daniel Jacobs
Timothy Matthew Jacoby
Akil Jahi
Stanley Jalowiec
James Jaynes
Joseph Jean
Willie Jenkins
Robert M. Jennings
Ralph Simon Jeremias
Christopher Johnson
Cory Johnson
Dexter Johnson
Donnie E. Johnson
Donte Johnson
Harve Lamar Johnson
Jesse Lee Johnson
Marcel Johnson
Martin Allen Johnson

Marvin G. Johnson
Matthew Johnson
Nikolaus Johnson
Raymond Eugene Johnson
Roderick Andre Johnson
William Johnson
Aaron C. Jones
Donald Allen Jones
Elwood Jones
Henry Lee Jones
Jared Jones
Julius Darius Jones
Odraye Jones
Phillip L. Jones
Quintin Jones
Shelton D. Jones
Clarence Jordan
David Lynn Jordan
Lewis Jordan
Elijah Dwayne Joubert
Anthony B. Juniper
Jurijus Kadamovas
Jefrey Kandies
William John Keck
David Keen
Troy Kell
Emanuel Kemp, Jr.
Christopher Kennedy
Donald Ketterer
Joseph Kindler
John William King
Terry King
Juan Kinley
Anthony Kirkland

Marlan Kiser
Melvin Knight
John J. Koehler
Ron Laferty
Richard Laird
Keith Lamar
Bernard Lamp
Mabry Joseph Landor III
Lawrence Landrum
Eric Lane
Edward L. Lang III
Robert Langley
Robert Lark
Thomas M. Larry
Joseph R. Lave
Mark Lawlor
Daryl Lawrence
Jimmie Lawrence
Wayne A. Laws
Wade Lay
William Lecroy
Daniel Lee
Guy Legrande
Gregory Leonard
Patrick Leonard
William B. Leonard
John Lesko
Emanual Lester
David Lee Lewis
Harlem Harold Lewis III
Armando Leza
Kenneth Jamal Lighty
Antione Ligons
Kim Ly Lim

Carl Lindsey
Marion Lindsey
Kevin James Lisle
Leo Gordon Little III
Emmanuel Littlejohn
Juan Lizcano
Robbie Locklear
Stephen Long
Christian Longo
George Lopez
Manuel Saucedo Lopez
Charles Lorraine
Ernest Lotches
Gregory Lott
Albert Love
Douglas Anderson Lovell
Dwight J. Loving
Jose T. Loza
Melissa Lucio
Joe Michael Luna
David Lynch
Ralph Lynch
Glenn Lyons
Clarence Mack
Michael Madison
Beau Maestas
Floyd Eugene Maestas
Mikal D. Mahdi
Orlando Maisonet
Ricky Ray Malone
James Mammone III
Charles Mamou, Jr.
Darrell Maness
Leroy Elwood Mann

Kevin Marinelli
Gerald Marshall
Jerome Marshall
David Martin
Jefrey Martin
Jose Noey Martinez
Mica Alexander Martinez
Raymond D. Martinez
Lenwood Mason
Maurice Mason
William Michael Mason
Damon Matthews
Kevin Edward Mattison
Charles Maxwell
Landon May
Lyle May
Randall Mays
Angela D. McAnulty
Jason Duval McCarty
Ernest Paul McCarver
Robert Lee McConnell
Michael McDonnell
George E. McFarland
Larry McKay
Calvin McKelton
Patrick McKenna
Gregory McKnight
Freddie McNeill
John McNeill
Mario McNeill
Charles D. McNelton
David McNish
Thomas Meadows
Anthony Medina

Hector Medina
Rodolfo Medrano
Pablo Melendez
Frederick Mendoza
Moises Mendoza
Ralph Menzies
Jefrey Meyer
Hubert Lester Michael, Jr.
Donald Middlebrooks
David S. Middleton
Iouri Mikhel
Ronald Mikos
Blaine Milam
Cliford Ray Miller
David Miller
Demontrell Miller
Dennis Miller
Alfred Mitchell
Lezmond Mitchell
Marcus Decarlos Mitchell
Wayne Mitchell
Jonathan D. Monroe
Milton Montalvo
Noel Montalvo
Marco Montez
Caron Montgomery
Lisa Montgomery
William Montgomery
Nelson W. Mooney
Blanche T. Moore
Bobby James Moore
Lee Edward Moore, Jr.
Mikal Moore
Randolph Moore

Richard Bernard Moore
Hector Manuel Morales
Samuel Moreland
James Lewis Morgan
William Morganherring
Farris Morris
William Morva
Carl Stephen Moseley
Errol Duke Moses
Naim Muhammad
Michael Mulder
Travis Mullis
Frederick A. Mundt, Jr.
Eric Murillo
Craig Murphy
Jedediah Murphy
Julius Murphy
Kevin Murphy
Patrick Murphy
Patrick Dwaine Murphy
Harold Murray IV
Jeremy Murrell
Austin Myers
David Lee Myers
Ricardo Natividad
Keith D. Nelson
Marlin E. Nelson
Steven Nelson
Clarence Nesbit
Calvin Neyland, Jr.
Harold Nichols
Avram Vineto Nika
Tyrone L. Noling
Lejames Norman

Michael W. Norris
Clinton Robert Northcutt
Eugene Nunnery
Billy Lee Oatney, Jr.
Denny Obermiller
Abel Ochoa
Richard Odom
Walter Ogrod
James D. O'Neal
Arboleda Ortiz
Gregory Osie
Gary Otte
Freddie Owens
Donyell Paddy
Miguel Padilla
Scott Louis Panetti
Carlette Parker
Johnny Parker
Michael Parrish
Maurice Patterson
Jefrey Williams Paul
James Pavatt
Pervis Payne
Kevin Pelzer
Albert Perez
Kerry Perez
Louis Perez
Lawrence Peterson
Us Petetan
Tracy Petrocelli
Bortella Philisten
Mario Lynn Phillips
Ronald Phillips
Mark Pickens

Michael Pierce
Christa Pike
Briley Piper
Alexander Polke
Richard Poplawski
Ernest Porter
Thomas A. Porter
Gilbert Postelle
Gregory Powell
Kitrich Powell
Wayne Powell
Gerald Lee Powers
Ted Prevatte
Jefrey Prevost
Taichin Preyor
Ronald Jefrey Prible, Jr.
Robert Lynn Pruett
Corinio Pruitt
Michael Pruitt
Joseph Prystash
Wesley Ira Purkey
Derrick Quintero
Syed M. Rabbani
Charles Raby
Derrick Ragan
Walter Raglin
William Raines
Ker'sean Ramey
John Ramirez
Juan Raul Ramirez
Robert M. Ramos
Andrew Darrin Ramseur
Charles Randolph
Samuel B. Randolph IV

William Rayford
Dennis Reed
Rodney Reed
Michael Reeves
Robert Rega
Albert E. Reid
Anthony Reid
David Renteria
Horacio A. Reyes-Camarena
Juan Reynosa
Charles Rhines
Rick Allen Rhoades
Charles Rice
Jonathan Richardson
Martin A. Richardson
Thomas Richardson
Timothy Richardson
Cedric Ricks
Raymond G. Riles
Billy Ray Riley
Michael Rimmer
Britt Ripkowski
Michael Rippo
Angel Rivera
Cletus Rivera
Jose A. Rivera
William Rivera
Warren Rivers
James H. Roane, Jr.
Jason Robb
Robert Roberson
Donna Roberts
Tyree Alfonzo Roberts
James Robertson

Mark Robertson
Charles L. Robins
Antyane Robinson
Cortne Robinson
Eddie Robinson
Gregory Robinson
Harvey Robinson
Julius Robinson
Marcus Robinson
Terry Lamont Robinson
William E. Robinson
Felix Rocha
Kwame Rockwell
Alfonso Rodriguez
Juan Carlos Rodriguez
Pedro Rodriguez
Rosendo Rodriguez
Dayton Rogers
Mark J. Rogers
William Glenn Rogers
Martin Rojas
Richard Norman Rojem, Jr.
Edwin R. Romero
Christopher Roney
Clinton Rose
Christopher Roseboro
Kenneth Rouse
Darlie Lynn Routier
John Allen Rubio
Rolando Ruiz
Wesley Ruiz
Travis Runnels
Eric Walter Running
Larry Rush

Pete Russell, Jr.
Michael Patrick Ryan
James C. Ryder
Victor Saldano
Tarus Sales
Thavirak Sam
Michael Sample
Gary Lee Sampson
Abraham Sanchez
Alfonso Sanchez
Anthony Castillo Sanchez
Ricardo Sanchez
Carlos Sanders
Thomas Sanders
William K. Sapp
Daniel Saranchak
David Allen Sattazahn
Kaboni Savage
Byron Scherf
Conner Schierman
Michael Dean Scott, Jr.
Kevin Scudder
Ricky D. Sechrest
Juan Meza Segundo
Manuel M. Sepulveda
Ricardo Serrano
Bobby T. Sheppard
Erica Sheppard
Donald William Sherman
Michael Wayne Sherrill
Brentt Sherwood
Anthony Allen Shore
Duane A. Short
Tony Sidden

Brad Keith Sigmon
Kenneth Simmons
David Simonsen
Kendrick Simpson
Rasheen L. Simpson
Mitchell Sims
Vincent Sims
Fred Singleton
Michael Singley
George Skatzes
Henry Skinner
Paul Slater
John Amos Small
Christopher Smith
Demetrius Smith
Jamie Smith
Joseph W. Smith
Kenny Smith
Michael Dewayne Smith
Oscar F. Smith
Reche Smith
Roderick Smith
Wayne Smith
Wesley Tobe Smith, Jr.
Ricky Smyrnes
Mark Isaac Snarr
David Sneed
John Oliver Snow
Mark Soliz
Michael H. Sonner
Walter Sorto
Pedro S. Sosa
Anthony Sowell
Jefrey Sparks

Robert Sparks
Dawud Spaulding
William Speer
Melvin Speight
Warren Spivey
Mark Newton Spotz
Mark L. Squires
Steven Staley
Stephen Stanko
Norman Starnes
Andre Staton
Roland Steele
Patrick Joseph Steen
Davy Stephens
Jonathan Stephenson
John Stojetz
Ralph Stokes
Sammie Louis Stokes
Patrick Jason Stollar
Bobby Wayne Stone
Paul David Storey
Bigler Jobe Stoufer II
Darrell Strickland
John Stumpf
Tony Summers
Brian Suniga
Dennis Wade Suttles
Gary Sutton
Nicholas Sutton
Larry Swearingen
Richard Tabler
David Taylor
Eddie Taylor
Paul Taylor

Rejon Taylor
Rodney Taylor
Ronald Taylor
Von Taylor
Donald Tedford
Ivan Teleguz
James Tench
Bernardo Tercero
Gary Terry
Karl Anthony Terry
Michelle Sue Tharp
Thomas Thibodeaux
Andre Thomas
Andrew Thomas
Donte Thomas
James Edward Thomas
James William Thomas
Joseph Thomas
Kenneth D. Thomas
Marlo Thomas
Steven Thomas
Walic Christopher Thomas
Ashford Thompson
Charles Thompson
Gregory Thompson
John Henry Thompson
Matthew Dwight Thompson
John Thuesen
Raymond Tibbetts
Jefrey Dale Tiner
Richard Tipton
Chuong Duong Tong
Andres Antonio Torres
Jorge Avila Torrez

Jakeem Lydell Towles
Heck Van Tran
Michael Travaglia
Stephen Treiber
Carlos Trevino
James Earl Trimble
Daniel Troya
Gary Allen Trull
Isaiah Glenndell Tryon
Dzhokhar Tsarnaev
Russell Tucker
Albert Turner
Michael Ray Turner
Bruce Turnidge
Joshua Turnidge
Raymond A. Twyford III
Stacey Tyler
Jose Uderra
Alejandro Umana
Kevin Ray Underwood
David Unyon
Fidencio Valdez
John E. Valerio
James W. Vandivner
Robert Van Hook
Siaosi Vanisi
Richard Vasquez
Christopher Vialva
Jorge Villanueva
Warren Waddy
James Walker
Henry Louis Wallace
Shonda Walter
Christina S. Walters

Billy Joe Wardlow
Faryion Wardrip
Byron Lamar Waring
Leslie Warren
Anthony Washington
Michael Washington
Willie T. Washington
Gerald Watkins
Herbert Watson
John Watson III
James Hollis Watts
Obie Weathers
Michael Webb
Timmy John Weber
Bruce Webster
John Edward Weik
James Were
Herbert Dwayne Wesley
Hersie Wesson
Steven West
Robert Wharton
Daryl K. Wheatfall
Thomas Bart Whitaker
Garcia G. White
Melvin White
Timothy L. White
Keith Dedrick Wiley, Jr.
George Wilkerson
Christopher Wilkins
Phillip E. Wilkinson
Willie Wilks
Robert Gene Will II
Andre Williams
Antoine L. Williams

Arthur Lee Williams
Cary Williams
Charles Christopher Williams
Christopher Williams
Cliford Williams
Clifton Williams
David Kent Williams
Eric Williams
Eugene Johnny Williams
James T. Williams
Jefrey Williams
Jeremy Williams
John Williams
Perry Eugene Williams
Robert Williams, Jr.
Roy L. Williams
Terrance Williams
Howard Hawk Willis
Edward T. Wilson
James Wilson
Ronell Wilson
Louis Michael Winkler
Andrew Witt
William L. Witter
Jefrey Wogenstahl
Ernest R. Wolver, Jr.
David L. Wood
Jefery Wood
John Richard Wood
Termane Wood
Aric Woodard
Robert Woodard
Anthony Woods
Darrell Woods

Dwayne Woods
Vincent Wooten
Charles Wright
William Wright
Raghunandan Yandamuri
Robert Lee Yates
Robert Ybarra, Jr.
Christopher Young
Clinton Young
Leonard Young
Edmund Zagorski

AGRADECIMENTOS

EM PRIMEIRO LUGAR, quero agradecer ao meu melhor amigo, Lester, e à sua esposa, Sylvia. Obrigado por estarem ao meu lado nos bons momentos e nos mais terríveis. Obrigado por nunca terem me julgado, e por nunca terem desistido de mim. Vocês foram me visitar durante trinta anos enquanto estive encarcerado, e continuam em contato comigo agora que estou livre. Obrigado aos dois por compartilharem seu tempo, suas risadas e seu amor infinito. Obrigado por trazerem luz ao pátio de visitas. Obrigado por tudo o que fizeram, tudo o que se dispuseram a fazer e tudo o que continuam fazendo. Obrigado por trabalharem a noite inteira e depois dirigirem o dia inteiro para se certificarem de que eu teria alguém com quem sentar e conversar. Obrigado por todos os quilômetros rodados. A maior parte das pessoas fala de amor, mas vocês dois me mostraram o que é de fato o verdadeiro amor e a verdadeira amizade. Amo vocês não pelo que fizeram por mim, mas por quem vocês são e pelo que significam para mim. Se vocês alguma vez precisarem de mim, da maneira que precisei de vocês, darei todo o meu apoio, do jeito que vocês me apoiaram. Lester, quando penso em você, penso em João 15:13: "Ninguém tem maior amor do que aquele que dá a sua vida pelos seus amigos".

Quero agradecer a Bryan Stevenson pelas muitas noites em claro que passou trabalhando no meu caso e por acreditar em mim quando ninguém mais no sistema legal acreditava. Bryan, você é realmente a voz moral e a bússola do sistema judiciário. Obrigado pelo trabalho que fez em defesa dos pobres, por ser o melhor advogado de Deus, e por sempre lutar, quaisquer que sejam as vicissitudes. Obrigado por ser não só um grande advogado, mas um grande homem. Você é meu advogado, meu irmão e meu amigo. Se eu tivesse um bilhão de dólares, não seria suficiente para lhe agradecer por tudo o que fez por mim. O respeito que tenho por você é incomensurável, e sou grato a Deus por tê-lo colocado na minha vida. Você restaurou minha fé na humanidade, e me ensinou que há seres humanos bons e decentes no mundo. Se eu puder ser metade do homem que você é, vou ficar feliz. Desejo que mais homens e mulheres atendam ao chamado que você recebeu de servir aos pobres e marginalizados. Senhoras e senhores, se alguma vez se encontrarem na minha posição, se alguma vez forem presos por um crime que não cometeram, meu conselho é: primeiro façam uma oração, e depois liguem para Bryan Stevenson. Ele é o seu contato de emergência.

Quero também agradecer a muitas outras pessoas da Equal Justice Initiative que passaram muitas horas e noites em claro trabalhando no meu caso. Obrigado a Charlotte Morrison, Aaryn Urell, Drew Colfax, Cathleen Price, Andrew Childers, Sia Sanneh, Carla Crowder, Stephen Chu e Ben Harmon. Vocês também salvaram minha vida e serei grato a vocês para sempre.

Quero agradecer ao meu agente literário, Doug Abrams, e à sua equipe na Idea Architects. Obrigado, Doug, por acreditar na minha história e me guiar pelo processo editorial com incansável energia e entusiasmo. Obrigado por seu compromisso de tentar tornar o mundo um lugar mais justo, e por criar livros que tocam mentes e corações. Ninguém consegue agenciar como ele agencia, e sou grato por tê-lo conhecido.

Também quero agradecer à minha parceira escritora, Lara Love Hardin. Obrigado, Lara, por sua impressionante habilidade com as palavras, sua compreensão, sua paciência e sua disposição de percorrer oito mil páginas de transcrições de audiências e documentos de processos judiciais. Você seguiu comigo nesta jornada em cada passo do caminho, e ouviu as histórias problemáticas e as memórias difíceis, sempre colocando meu bem-estar emocional acima de quaisquer prazos. Obrigado por entrar na minha cabeça e me ajudar a condensar trinta anos de corredor da morte numa história que revela a humanidade presente em todos nós.

Obrigado a meu editor na St. Martin's Press, George Witte, por promover minha história e produzir a melhor versão que meu livro poderia ter. Obrigado também à incrível equipe da St. Martin's: Sara Thwaite, Paul Hochman, Gabrielle Gantz, Martin Quinn, Laura Clark, Tracey Guest, Rafal Gibek, Sara Ensey e Chris Ensey. Um agradecimento especial a Michael Cantwell por sua contribuição. Agradeço também a Sally Richardson e Jennifer Enderlin por publicarem este livro.

Desde a minha libertação tenho falado diante de incontáveis plateias, e quero agradecer a todos aqueles que ouviram minha história e me deram seu amor, apoio e inspiração para continuar contando-a, mesmo quando isso fica difícil. Eu gostaria de agradecer especialmente a Michael Mouran e à sua esposa, Kathy – uma nova amizade, que espero dure o resto da vida. Espero que minha história inspire outros a lutar por justiça, a ser o melhor amigo de alguém, a amar incondicionalmente e a reconhecer que todos temos um papel a cumprir e um trabalho a fazer para corrigir um sistema judiciário que nem sempre é justo.

Se você está lendo meu livro e está no corredor da morte, encarcerado por um crime que não cometeu, ou encarcerado por um crime que de fato cometeu – meu desejo é que encontre esperança nestas páginas. Esperança de continuar lutando, de continuar vivendo, de acreditar que você pode mudar ou que a sua situação pode mudar. Lembre-se de que nenhum de nós é a pior coisa que tenha feito, e que neste exato momento, onde quer que esteja, não importa quem seja, você pode estender a mão ao seu próximo e trazer sua própria luz a lugares escuros.

Este livro foi composto com tipografia Adobe Garamond e impresso
em papel Off White 80 g/m² na gráfica Assahi.